Change & Transform

想 改 變 世 界 · 先 改 變 自 己

Change & Transform

想改變世界・先改變自己

李
文

跟任何人都可以聊得來

巧妙破冰、打進團體核心，想認識誰就認識誰。

HOW TO TALK TO ANYONE

92 Little Tricks for Big Success in Relationships

哈囉說完了，
然後呢？

一個人的成功，
85%歸功於會聊天；
偷學92個高手圈的談話得分術，
聊一聊就存進人脈！

國際人際溝通權威
萊拉・朗德絲 著
Leil Lowndes
鄭煥昇 譯

趙少康╳黑幼龍 高手推薦

【推薦語】

台灣的教育不鼓勵學生說話，所以從小到大，大多是老師自說自話，很少雙向溝通，但「言為心聲」、「誠於中，形於外」，不說，別人怎麼知道你想些什麼？但如何在適當的時間說適當的話，這學問就大了，難怪孔子要說「時然後言，人不厭其言」。

朗德絲女士的《跟任何人都可以聊得來》，顧名思義，對任何人都可以自在地、切中要點地談話，可幫助讀者在增進人際關係上，更上層樓。

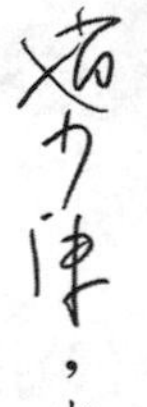
，中國廣播公司董事長

學會這些新的人際互動技巧，巧妙破冰只是最基本的，你會很容易和別人建立起好交情。

賴瑞・金，名電視節目主持人

目錄 CONTENTS

【引言】如何想要什麼，別人都會雙手奉上（嗯，至少讓機會變大點。） 18

第一部：不用開口就讓全場驚豔

第一章 你該怎麼笑？ 24

第二章 用眼睛告訴別人你有多聰明、多有見地 29

第三章 怎麼用眼神讓別人愛上你 36

第四章 如何不管到何處，看起來都像個大贏家 39

第五章 如何用赤子之心贏得人心 45

第六章 如何與人一見如故 53

第七章 如何得到別人百分之百的信任 59

第八章 如何看人能料事如神 64

第九章 你如何確保不錯過任何蛛絲馬跡 70

第二部：哈囉說完了，然後呢？ 75

第十章 如何聊得起來，聊得開心 81
第十一章 如何聽起來個性超級讚（不論你說什麼！） 86
第十二章 如何讓人想跟你聊天 93
第十三章 如何想認識誰就認識誰 96
第十四章 如何打進小團體 98
第十五章 怎麼把「你老家在哪兒」變成一個超熱血的問題？ 100
第十六章 被問到「那你是做哪一行的？」如何完美落地？ 108
第十七章 如何以主人之姿扮演潤滑劑 112
第十八章 如何讓半腳進棺材的對談起死回生 115
第十九章 如何用你選擇的話題迷倒眾生：聊對方就對了！ 119
第二十章 如何不再擔心「我接下來要說什麼？」 122
第二十一章 如何讓人聊得欲罷不能（好讓你想走就走！） 127
第二十二章 怎麼讓人覺得你很陽光、很正面 134
第二十三章 怎麼樣才能永遠不缺有趣的話題 136

第三部：如何說起話來像個VIP 139

第二十四章　如何不問，也能知道別人的職業　141
第二十五章　被問到「你是做什麼的？」該如何回應？　144
第二十六章　如何聽起來像個聰明人？　151
第二十七章　如何從容不迫，讓別人發現你跟他們是一夥的　156
第二十八章　如何用「您先請」去贏得別人的尊敬與好感　160
第二十九章　如何讓人覺得你不是對誰都笑　166
第三十章　如何避免「狗嘴裡吐不出象牙」？　171
第三十一章　如何師法激勵大師，讓自己講起話來虎虎生風　173
第三十二章　如何像大咖一樣談笑風生（有話直說才是強者風範）　180
第三十三章　如何避免天字第一號的大「突槌」　182
第三十四章　如何當隻討人喜歡的烏鴉　185
第三十五章　不想回答，希望對方閉嘴的時候該如何回應　187
第三十六章　遇到名人怎麼應對　189
第三十七章　怎麼讓人對你心存感激，讓人想要謝你　194
第四部：如何打進任何團體的核心　197
第三十八章　不分男女，如何當個現代版的達文西（達文西再世）　200

第三十九章 如何聊起別人的工作或休閒，都完全狀況內，一副很懂的樣子 206
第四十章 如何摸清對方底細，把他們搞定（基本醫生對話） 211
第四十一章 如何神不知鬼不覺摸清對方背景 215
第四十二章 到了國外怎麼開口講話 220
第四十三章 如何不論買什麼，都能用說的得到好價錢 225

第五部：怎麼讓人覺得跟你是一個模子出來的 232

第四十四章 如何讓人覺得你跟他們是「同梯的」 234
第四十五章 怎麼讓人覺得你跟他是一家人？ 237
第四十六章 如何把話眞的說清楚 246
第四十七章 如何讓人覺得你懂（但不用說出「好、嗯哼、是喔」） 251
第四十八章 如何讓人覺得你的所見所聞與感受和他們一致 253
第四十九章 如何讓人想的是我們，而不是你跟我 258
第五十章 如何用「你知我知」的笑點，讓友誼油然而生 262

第六部：如何如智者般善用讚美，避免像蠢人獻媚 267

第五十一章 如何誇獎對方，但不會被誤會是在拍馬屁 270

第五十二章 如何當隻稱職的信鴿（喜鵲） 272
第五十三章 怎麼讓你的欽慕之情「自然」流露 275
第五十四章 如何學習「便衣」，讚美人於無形之間 277
第五十五章 怎麼一刀斃命，讓被誇獎的人永遠記得你 280
第五十六章 如何要點小手段讓對方笑著輕微暈船 284
第五十七章 如何掌握正確的讚美時機 287
第五十八章 如何讓別人樂於恭維你 290
第五十九章 如何讓愛人覺得你可以託付終生 295

第七部：如何一通電話，直撥對方心坎裡 300

第六十章 如何在電話裡展現熱情 303
第六十一章 如何遠在天邊，但聽來近在眼前 306
第六十二章 怎麼讓他們覺得打電話給你，值回票價 308
第六十三章 如何面對攔路虎，順利闖關 314
第六十四章 如何在跟大人物講電話的時候，打出漂亮的伸手牌 316
第六十五章 怎麼心想事成，要什麼來什麼——時機的掌控！ 319
第六十六章 怎麼用語音留言留下漂亮的身影與印象 323

第六十七章　怎麼讓人回電給你　328
第六十八章　如何讓把關者覺得你跟老闆已經是麻吉了　331
第六十九章　如何讓人肯定你的貼心　334
第七十章　電話裡如何聽出話中有話　336

第八部：如何縱橫會場，就像政客左右逢源　343

第七十一章　如何避免在派對上搞烏龍　350
第七十二章　怎麼進場進得像在走星光大道　352
第七十三章　如何想認識誰，就認識誰　354
第七十四章　派對上，如何讓人不知不覺被你吸引過來　359
第七十五章　如何讓人覺得自己像是個電影明星　363
第七十六章　怎麼用你記得的事情讓對方大吃一驚　367
第七十七章　如何用眼球把東西賣掉　370

第九部：如何打破最難打破的玻璃天花板　378

第七十八章　如何睜一隻眼，閉一隻眼，讓人感受你的體貼　382
第七十九章　如何解救對方於語塞之際，贏得對方的心　386

第八十章　怎麼讓人知道「這對我有什麼好處？」　389
第八十一章　怎麼讓人想要幫你的忙　393
第八十二章　如何正確開口，得到你需要的協助　396
第八十三章　怎麼知道派對上什麼話不能說　398
第八十四章　怎麼知道吃飯時什麼話不能說　401
第八十五章　怎麼知道巧遇時什麼話不能說　404
第八十六章　如何讓人準備好聽你說話　407
第八十七章　如何不出三句話，讓憤怒獲得扭轉　411
第八十八章　如何讓人即便你搞砸了，還是喜歡你　414
第八十九章　如何困住對方但又不失格調　416
第九十章　如何面對服務人員能夠予取予求　420
第九十一章　想當領頭羊，不想當跟屁蟲，該怎麼辦　423
第九十二章　如何能怎麼做，怎麼對　427

這世上有兩種人；
一種進門會說：
「嗯，我來了！」
一種進門會說：
「啊，你在這喔！」

引言

如何想要什麼，別人都會雙手奉上（嗯，至少讓機會變大點。）

你有沒有羨慕過有些「成功」的人好像「什麼都不缺」？不論是商場上開會或是私人的聚會，你會看到他們輕鬆寫意地穿梭其中，充滿自信地與人交談。他們的工作比別人好，老婆（或老公）比別人稱頭，交遊比別人廣闊，銀行存款比別人雄厚，就連他們住家的郵遞區號都比較炫，你說氣不氣人？

更氣人的是，他們又沒有比你聰明。他們的學歷不見得贏你，長得更不見得有你俊俏（或美麗）。所以到底是怎麼回事？這時候就會有傳言說他們是富二代，東西是家裡留給他們的，不然就是嫁入（娶）豪門或中樂透才會有這麼優渥的條件，但既然是傳言，就多半不是真的。追根究柢，他們的過人之處在於懂得與人相處。

我想說的是，沒有人平步青雲是只靠自己一個人。那些看來很成功的人，都是經年累月地征服了許多人的心，得到了許多貴人的認同，才能夠在其所選擇的人生軌道上，一階一階地往上爬。很多在底下還不得其門而入的人，總是會抬頭望著高聳入雲的社經階梯覺得心灰意冷，甚至覺得已經在上面的，那些有權有錢的男男女女，一定都非常的勢利眼。如果功成名就的人不與下面的人相交，不與不如他們的人分享情誼與機會，就會被貼上「畫小圈圈」的標籤，就會被批評是既得利益者「自己玩自己的」。有些不得志的人會形容自己頭上有片玻璃天花板，成功看得到，但吃不到。

很多人成不了大器，他們不了解自己上不了檯面不是別人的錯。他們不懂事實是，自己留不住男（女）友，交不到朋友，做不成生意，是因為自己的溝通能力太差。在他們眼裡，很多人的人緣之好，就好像他們像小叮噹一樣有個百寶袋，信手拈來就有一堆妙招、魔法，就好像他們不論想做什麼，都可以點石成金，無往不利。

如果他們真的有個百寶袋可以讓你翻一翻，我想你會看到下面這些東西：能讓友誼穩固的人格特質，能讓旁人折服的靈活手腕，顧人疼的個性。林林總總加起來，他們就是能讓老闆看到人就喜歡，捨不得不用，用了他們，又捨不得不重用；客人遇到他們，就是會讓他們吸引住，一而再，再而三地回來光顧。這樣的吸引力是寶貴的資產，讓客人就是寧願向他們買，而不會跑到對手那邊去。其實上面這些寶貝，我們每個人多少都有一兩樣，只是有人多，有人少。多的人，自然就會變成贏家，有些還是大贏家。少的人也不用怕，《跟任何人都可以聊得來》收集了九十二種贏家天天在用的小法寶，好讓你也能加入他們，成為人生這場遊戲的高手，成為心想事成，滿載而歸的勝利者。

祕技的輪廓如何浮現

多年前，我還是大學生時，有一位戲劇老師看到我的演技很差，氣得大叫：「不！不！不！你的肢體動作跟唸的台詞根本對不起來。每個動作不論多小，每個位置不論多細微，」他嗓門真的很大，「都會透露出你在想什麼。一個人的臉可以做出七千種不同的表情，每一種都可以清楚地告訴別人你的為人與某個點上你在打什麼主意。」話畢他又補了一句讓我記到現在：「你的身體，你每動一次就是在用身體寫日記！」

他說的真的是，太對了！人生就是一場戲，我們都是演員；在舞台上，我們的每個動作都默默地訴說著自己的人生故事。很多人耳聽不到的聲音，狗狗聽得到；很多在黑暗中我們視而不見的東西，蝙蝠看得一清二楚。同樣的道理，很多動作我們都沒有意識到，但卻深深地決定了我們是討人喜歡還是惹人討厭。每一抹微笑、每次蹙眉、嘴裡吐出的每個音節、每個遣詞用字，都決定了別人會想要「靠過來」，還是看到你就「很倒彈」。

男人——你是否曾經憑著一股直覺放棄某筆生意？女人——你是否曾憑著女性的第六感，決定接受或拒絕企業開出的工作邀約或條件？清醒的時候，我們很難說出直覺是什麼。但就跟狗狗的聽覺或蝙蝠的視覺一樣，直覺的存在是真真切切，無庸置疑的。

請你想想，假設有兩個人共處在一個超先進、超精密的室內空間裡，身上貼滿了電子線路可記錄兩個個體間所有的訊息流動。這兩個人之間每一秒鐘，互通的訊息單位可以高達一萬個。「如果要用人力去處理兩個人一小時的溝通量，我們大概得把美國一半的成年人都找來，終其一生都只做這件事，才有可能」，至少賓夕維尼亞大學的通訊學教授是這麼估的。

兩個人之間的訊息傳遞與互動頻率直逼恆河沙數，而且就像細沙那麼纖細，那麼若有似無，我們真的有辦法想出確切具體的技巧來讓我們每次與人溝通都更有條理，更有信心，更讓人信任，更能展現魅力嗎？

決心要找出答案的我找來一堆談溝通技巧、個人魅力、人際間化學作用的書籍，念了個徹頭徹尾，滾瓜爛熟，另外我還搜尋到數百份來自世界各地論及領導力與可信度的研究，好好地拜讀了一番。膽大包天的社會科學家翻天覆地地找了一番，就像英文說的把每塊石頭都翻過來找了一遍，希望能找到一則公式來解決所有「人」的問題。比方說，中國有些異想天開的研究者覺得人應該要有辦法「吃」出魅力（他們不是在開玩笑，我也不是），於是他們竟然大費周章地把受試者的個性與尿液樣本裡的兒茶酚胺(catecholamine)濃度拿來比較。不用說在我之前，已經很久沒人看過這份報告了。

卡內基的東西很棒，在上個世紀是對的，現在還是對的

還有很多研究只是證明了戴爾．卡內基（Dale Carnegie）在一九三六年的經典《人性的弱點》（*How to Win Friends and Influence People*）裡面，說的都是對的。他傳世的智慧告訴我們成功的祕訣在於微笑，在於讓別人覺得你對他有興趣，在於讓他們「自我感覺良好」。「不然呢？」我在想。這些話七十年前是對的，現在還是對的。

所以如果卡內基跟他之後到現在所有的名師，看法都一致，我們還需要多一本書，把同樣的看法再告訴我們一次嗎？答案是需要，而且是非常需要，兩個緣由讓我說給你聽。

緣由一：假設一位智者告訴你：「在中國要講中文」，但他又不教你中文，你覺得這樣ＯＫ嗎？眾家溝通大師就像這位智者，他們只告訴你要做什麼，卻沒告訴你怎麼做。在今天這樣一個複雜到無以復加的世界上，光知道要「微笑」，光知道要「誠心稱讚別人」，是不夠的。商場上大家心機都很重，你的笑，可能會被解讀為不同的意思；你的稱讚，可能會遭懷疑有各種的動機。畢竟有錢的帥哥美女每天不知道有多少蒼蠅圍在四周，趕都趕不走，這些人哪個不是滿臉笑容，哪個不是嘴巴甜得很。客人也早就厭倦了賣東西的人對他們說：「這件你穿很好看」，客人不是笨蛋，他們看得到說這話的

人忙著手打收銀機，眼睛根本沒看他們。滿腦子想著上床的男人對正妹說：「妳好美」，也不容易有女人買帳。

緣由二：這世界一直在變；我們想成功，做法自然也得有所改變。為了替讀者找到正確的方法成功，我觀察了當代的巨星，我探究了是用哪些技巧，超級業務員能做成買賣，講者能說服群衆，神父能夠感動教衆，女神卡卡可以令台下瘋狂，宅男女神可以謀殺底片，運動員可以帶領球隊、拿到冠軍。

結果我發現這些人的成功除了有具體的基本功之外，還有許多抽象，只能意會，較難言傳的個人特質與眉角。但為了讓更多人能體驗成功，我把這些原本不易掌握的技巧拆解成一則一則的新知，讓讀者好消化。每則技巧，我都盡量取了個好記的名字，這樣每當你遇到溝通上有什麼障礙，就可以立刻從大腦的索引中把資料調出來。我一方面開發整理這些技巧，一方面也開始在世界各地舉辦研討會，藉此與人分享我的心得。正所謂教學相長，許多來參加研討會的夥伴與學員也貢獻了他們的建議與想法，畢竟他們當中不乏見多識廣的高階主管，甚至有《財星》雜誌五百大的企業執行長。會中大家的腦力激盪與迴響只能用熱烈來形容。

身處在這群光芒耀眼卻又討人喜歡的領導者中，我分析了他們的肢體語言與臉部表情；我仔細傾聽他們閒聊時說些什麼，看他們如何選擇開口的時機，遣詞用字又是如何拿捏；我觀察他們如何面對家人、朋友、同事，甚至競爭對手。每當我瞥見他們展現出溝通的天賦，每當我目睹他們與人的交流亮出火花，我便會立刻請他們在腦中按下快門，然後趁印象還深趕緊存進電腦，列印出來。拿著列印出來的成果，我們會一起分析，然後把所有的招數分解成所有都看得懂，學得會，享受得到的步驟。

我的發現，加上很多溝通強者的本領，都一一進了本書；這些技巧時而微妙，時而讓你會心一笑，但只要有心，你都能做得到。正所謂熟能生巧，只要善用這些方法，你一定能讓親友同事打開心胸，讓你登堂入室，他們會樂於與你分享他們的心思、他們的居所、他們的事業，甚至於他們的財富。

帶著這些溝通技巧向前行，當驀然回首，你看到的會是很多人對著你投以微笑，因為與你分享，讓他們也感受到同等的開心。

第一部

不用開口就讓全場驚豔

十秒鐘之內，你得讓在場的人感受到你的存在。

兩個人類，眼神的交會，有著難以言喻的電力。第一眼看到你，對方的眼神就像掃瞄器，會把你的產品條碼掃進到他或她的記憶體裡，那印象很久很久都不會忘記。這樣如水銀瀉地、稍縱即逝的情緒反應，有時會被藝術家給捕捉下來。我有位朋友叫勞勃．葛羅斯曼（Robert Grossman），他是一位諷刺畫的畫家，相當優秀，常常替《富比士雜誌》（*Forbes*）、《新聞週刊》（*Newsweek*）、《運動畫刊》（*Sports Illustrated*）、《滾石雜誌》（*Rolling Stone*）與其他知名的刊物作畫。勞勃厲害的地方，除了能夠把畫裡主人翁的外表畫得很像之外，更重要的是他能夠準確用筆觸捕捉到其人的神韻與個性。不知多少名人的外型與內在在他的畫板上活了過來，可以說只要看一眼勞勃的諷刺畫，你就能一窺他筆下人物的內心世界。

有時候在餐聚或宴會的場合，勞勃會即興在餐巾上畫下賓客的模樣。他一邊作畫，其他人會在他身後欣賞，而就在現場無聲的讚嘆中，賓客看著自己可能也認識的人出現在紙上，唯妙唯肖，栩栩如生。畫完之後放下筆，他會把承載著自己作品的紙巾遞給本人，接著就是對方不可置信的眼光。然後典型的反應是這位先生或小姐會不知所云，禮貌性而含糊地答道：「嗯，這個，畫得很棒，但是跟我不像吧。」群眾的反應是不會騙人的。「超像的啊！」的聲音此起彼落，不容主角反駁，他或她就像在受審一樣，只能默默地接受世界眼中的他或她就是長這樣。

有次我去勞勃的工作室找他，我問他能夠對人觀察入微到這種程度，祕訣在哪裡？他說：「很簡單，我用看的。」

「不，」我追問。「我是問你怎麼能把他們的個性抓得那麼清楚？你該不會事先研究過對方的祖宗八代與生辰八字吧？還是你有去跟蹤他們，知道他們的生活狀況？」

「沒有啦，我跟你說過了，萊拉，我真的只是用看的。」

「蛤？」

他接著解釋說，「人的個性不論是再小的面向，幾乎都能在外表上看到蛛絲馬跡，不論是他們的姿勢或動作，都可以透露出他們內心的想法。比方說……」他邊說邊要我過來看他所珍藏的政治人物畫像。

「你看，」勞勃指著從不同的角度看過去，歷任美國總統有著不同的樣貌與體態。

「孩子氣的克林頓」似笑非笑，「不自在的老布希」看來肩膀有些僵硬，「萬人迷的雷根」綻放著迷人的笑容；「變色龍般的尼克森」喜歡頭斜斜的，給人一種不知道在打什麼壞主意的感覺。勞勃如數家珍，又抽出了小羅斯福（Franklin Delano Roosevelt）總統的畫像，然後點出他高聳的鼻梁，「看到他多驕傲了嗎？」原來，臉孔與身體可以告訴我們一個人這麼多事情。

第一印象，往往牢不可破，而這一點原因很簡單。我們活在一個快步調而且資訊爆炸的時代，每分每秒都有不可勝數的輸入在刺激著我們的感官與大腦，在這樣的世界裡，每個人都會感覺到暈頭轉向。因此他們必須在對外在刺激的判斷上展現出高效率，這樣他們才能同步掌握環境的變化，進而決定下一步該如何踏出。因此不論在什麼場合下「看見」你，旁人都不會有那個美國時間去對焦、取景，他們的雙眼不會像是笨重的單眼相機，而會是會自動對焦，可以隨手就拍的傻瓜相機，或者是手機內建的相機。而且很快地拍了一張你的照片之後，他們也不會有空去修片，而會立刻把這張照片歸檔，成為每次想到你，就會調出來的既定印象。

你還沒開口，身體所散發的訊息已經震耳欲聾了

外在的印象——你可能會問，準嗎？不用感到驚訝，夠準了。你可能還沒張嘴，聲帶都還沒準備好要振動，你之所以是你的氣質與本質已經直搗黃龍，一躍而進到別人的腦海中了。你的外表，跟你的行爲舉止，就足以構成第一印象的八成，一切盡在不言中。

我在很多國家生活過、工作過，很多時候我並不會說當地的語言。但多年的經驗顯示即便語言完全不通，我對人的第一印象也往往是對的。每次有新的同事來，我立刻就可以判斷出他們對我的友善程度，他們的自信強弱，還有他們在公司裡大致上的地位高低。只要觀察他們的一舉一動，我就能察覺誰是大咖，而誰又只是還好而已。

我並沒有特異功能，這些事情只要你想，一樣觀察得出來。怎麼說呢？就說你在有時間去理性思考之前，對別人的第六感就會先行啓動。研究顯示人會先有情緒反應，然後才知道自己爲什麼會有這樣的反應。所以別人第一眼看到你，對你還沒有任何具體的認識，就會先排山倒海地感受到你帶給他的影響，而這影響便會成爲雙方日後互動的框架。勞勃說他就是利用這第一眼的衝擊，才能把素昧平生的人畫得那麼像。

看到勞勃這麼厲害，正在寫《跟任何人都可以聊得來》的我動了個自私的念頭，想好好利用他一下。我說：「勞勃，如果你要畫的是一個眞的很棒的人，你知道，功課好、體育好、人緣好、品行好，加上風趣、有同理心，對人與生活充滿熱情……。」

「那還不簡單」，勞勃不等我講完，他已經知道我想問什麼。「你就把他畫得很稱頭就是了，抬頭挺胸，自信的微笑，不閃躲的眼神。」是號人物，就該長這樣！

怎麼樣能看起來是號人物

我另外一位朋友凱倫，是個風評很好的室內設計師。她的老公在通訊產業服務，也跟太座一樣優秀。這對璧人養了兩個兒子。

凱倫每次出席業界的場合，其他設計師都會對她畢恭畢敬，她是這一行裡永遠的VIP。在很多設計師都會共襄盛舉的大拜拜裡，同儕們會擠破頭，只是為了跟她閒聊個兩句，因爲只要有聊，就有機會被拍到。如果能被像《居家裝潢經理人》(*Home Furnishings Executive*)或是《傢俱世界》(*Furniture World*)等被尊爲業界聖經的雜誌拍到跟凱倫杯觥交錯、有說有笑，那可不是開玩笑，而是可以開心好多天的大事。

但是凱倫也有吃不開的時候。她很悶地說陪老公出席通訊產業的場合，她簡直什麼都不是；帶小孩去參加學校的活動，她跟其他的媽媽們沒什麼不同。凱倫問過我：「萊拉，在一群人中我要怎麼樣才能看起來出類拔萃，把不認識的人給吸過來，或至少讓他們注意到我，遠遠地覺得我很令人好奇？」如果你跟凱倫有一樣的疑惑，本書的第一部會給你滿意的答案。善用第一部所提及的九項技巧，你不論遇到誰，都會看起來很特別，不論你身處在什麼樣的團體當中，你都會像是個巨星，即便你跟這團體沒啥淵源也沒關係。

就先說說你該怎麼笑好了。

第一章 你該怎麼笑？

一九三六年，卡內基在《人性的弱點》一書中提到六件事非做不可，其中一件就是笑！接下來每十年只要有溝通大師寫書演講，一定都會呼應笑的重要性。但是到了今日，我們不得不重新檢視笑這件事，在深度人際互動上所扮演的角色。深究卡內基所言，你會發現一九三六年的「笑法」，已經不值得我們全然效法，畢竟現在已經是二○一二年了。

在今天這樣一個複雜的世界裡，就說是人心不古好了，傳統那種傻氣的說笑就笑已經達不到你要的成效。看看現今叫得出名字的政壇領導人、談判家，乃至於企業巨擘，當中沒有任何一位會妄想用笑去討好人。不論身處於哪個行業、哪條跑道，贏家都會在笑這件事情上非常「愛惜羽毛」，他們會把笑容當成一種資產來投資，一項工具來琢磨，他們要的是不笑則已，但寶劍一旦出鞘，他們就希望能笑得讓世界驚艷，讓世界與他們一同微笑。

研究顯示人的笑法多達數十種。有人笑得很僵，就像一條繃得很緊的橡皮筋，這樣的人多半是說謊被抓包，所以才會笑得這麼不堪；小寶貝被爸媽搔癢弄得受不了，會笑得花枝亂顫，理所當然。有些笑讓人暖到心坎裡，有的笑讓人不寒而慄；有些笑發自內心，有些笑虛假無比。你去串門子，朋友明明覺得你來幹嘛，表面上還是會笑著說「你來啦……」。要選總統的人明明四處拜票，每到一個城市都堆滿笑容說：「這是我最喜歡的地方……」。嗯，最好是。

贏家與一般人不同之處，是他們知道笑是一把利器，平日要好好保養，不輕易示人，但正如小李飛刀只要出手，例不虛發。問題是你笑對了嗎？

你笑對了嗎

就在去年，我大學時的老同學蜜西接下了位於美國中西部的家族事業，他們家做的是B2B的瓦楞紙箱生意，客戶主要是製造業的廠商。有天她打電話給我，跟我說她要來紐約談生意，然後她邀我陪她去跟幾位開發中的新客戶共進晚餐。接到她的電話我著實開心，也滿心期待跟老朋友敘舊，畢竟她的笑容如水銀瀉地，笑聲也超有感染力。我說感染力不完全是比喻，因爲對蜜西而言，笑就好像是她的絕症一般，怎麼也停不下來，但這也是她的魅力所在。

去年她父親過世之後，蜜西告訴我她打算挑起家裡的生意。當時聽她這麼說，我第一個想法是她的個性可能不太適合，畢竟這個行業並不好做，而要管理一家企業，她感覺人太夢幻了。不過話說回來我也可能過慮了，畢竟我哪懂瓦楞紙箱呢？

蜜西、三位潛在客戶和我在城中一家餐廳附設的酒吧碰了頭，然後一起進了用餐的包廂。蜜西趁這時跟我咬了耳朵，她說：「今天晚上不要叫我小蜜，叫我蜜西。」

「我知道，」我說，並向她使了個眼色，「很少有企業老闆會叫小蜜這麼可愛的小名吧！」餐廳領班招呼我們入席之後，我立刻注意到蜜西不再是大學時那個愛笑的女生了。她的魅力不減，也沒有繃個臉都不笑，但就是有什麼地方不太一樣。我一時也沒有頭緒。

雖然她還是跟以往一樣活潑、一樣帶勁，但是我確定她在席間說的每一件事都很有見地，而且也都是發自內心。面對準客人，她的態度溫暖中帶著誠懇，客戶顯然也很喜歡她。回想起來，她那天晚上的表現只能用讓人驚豔來形容，準客戶對她簡直是五體投地，完全折服於她的魅力，而我也對她無可挑剔。於是那晚賓主盡歡之後，她便為公司新添了三位大客戶。

那之後有次單獨跟她在計程車裡，我說：「蜜西，你接掌公司以後眞的變了個人耶，成熟好多喔，你現在人又酷又亮眼，做起生意來簡直是無往不利。」

「嗯嗯，不過其實我只有改變一點啦。」她回答我。

「哪一點？」

「我的笑。」她說。

「你的什麼？」我以爲我聽錯了。

「我的笑。」她很肯定地爲我重複了一次。「你聽我說，」蜜西眼神瞬間變得深邃，「爸病了之後，就想到過我會在幾年後接班，於是他把我找去跟他促膝長談。那天他說的話我永生難忘。爸說：『蜜西，孩子，你記得有首老歌嗎？它是這麼唱的：我愛你，寶貝，但你的腳太大了。我想說的是，如果你想在賣箱子這一行裡做出點名堂，那聽爸爸一句：我愛你，寶貝，但你的笑太快了。』」

「他接著拿出一張已經泛黃的剪報文章，上面講的是一項研究。他特意把這張剪報給留下來，就是要在適當的時機拿給我看。**這項研究的主題是職業婦女，而研究的結論是在職場上的女性愈晚笑，在別人眼中的可信度就愈高。**」

正當蜜西一邊說著，我開始想到歷史上偉大的女性，像是「鐵娘子」英國前首相佘契爾夫人、當過印度總理的甘地夫人 (Indira Gandhi)、擔任過以色列總理的邁爾夫人 (Golda Meir)、美國前國務親歐布萊特 (Madeleine Albright) 與其他可以跟她們平起平坐的傑出女性，**她們沒有一個人笑個不停**。

蜜西接著說：「這份研究有說到燦爛的笑容是一項資產，但前提是這笑容得賣點關子；因爲笑得慢一點，感覺就比較眞一點。」經過父親的指點，蜜西說她在職場上走跳時，一點也沒有把自己大大的笑容給收起來，但她確實會要求自己笑容綻放得緩慢一點。就這麼一點點改變，蜜西的笑容看起來多了幾分誠懇，多了幾分專屬於對方的感覺。

眉角就在這裡！**蜜西只是慢一點點笑，就讓自己給人的感覺更有深度，更值得付託。**即便只是遲個半秒，至多一秒，她美麗的笑容就能出落得更爲獨特、更加出於自然。

因著蜜西給我的啓發，我決定更深入去研究笑這件事。想賣鞋，你就會盯著每個人的腳看；想換髮型，你就會去注意別人的頭。同樣的道理，我連著好幾個月，都把心思放在四周人的笑容上。漫步在街上，我會去注意別人怎麼笑；在家看電視，我會留心螢幕上的笑容給我什麼感覺。我看遍了政治人物的笑、神職人員的笑、企業大亨的笑、各類領導人的笑，結果你猜我發現了什麼？我發現在無數潔白的牙齒與打開的嘴唇之間，總是笑得慢的人感覺比較可信、比較可靠。而且當這些人笑起來，他們的笑容也比較滿、比較全面，比較不會給人一種皮笑肉不笑的感覺；這樣的笑，品嚐起來也比較有味道，就像慢食。於是我把這種技巧，稱作是：「漲潮般的笑容」

技巧1：漲潮般的笑容

跟人打招呼，不要劈頭就笑，那樣給人的感覺是任何人進入你的視線，都可以享受到這樣的對待。換句話說，不要亂槍打鳥，不要用笑容去不定向掃射。你得有目標，你得看著對方至少一秒，定桿，觀察一下對方可能是個怎樣的人，思考一下她或他給你什麼樣的第一印象，然後再讓你燦爛的笑容慢慢做出回應，就像漲潮的海水一樣慢慢地浮上臉龐，最終盈滿你的眼眸。這樣的笑真的會像海洋一樣，溫暖地打在對方的身上。只要hold住你的笑容一下下，一秒都不用，你的笑就會很特別、很真摯。

接下來讓我們從笑容動身往北移動幾吋，去拜訪一下人體最強大的溝通利器，人的靈魂之窗：你的雙眼。

聽說特洛依的海倫有傾國傾城之貌，光靠張臉就可以讓千帆齊發，其實也不算太誇張，就像說早年馳騁美國邊疆的戰爭英雄大衛．克羅 (Davy Crockett) 可以瞪退一隻熊，也不是全然的鬼扯。你的眼睛，就像是火焰發射器，可以射出炙熱的眼神，引爆別人的情緒。就像武術大師會把雙拳登記爲殺人武器，你也可以透過學習成爲眼神接觸的大師，讓自己的雙眼可以殺人。

玩家級的生活達人不會只記得「要保持適當眼神接觸」的老生常談。先不說別的，他們至少知道對某些疑心病重或沒安全感的人來說，太多眼神關注是一種侵犯，讓人覺得不舒服。

小時候我家有一位來自海地的管家，而海地最有名的就是充滿巫婆、巫師與黑色法術的神話與傳說。或許就因爲成長在這樣的背景，左拉這位管家堅持不與我的暹羅貓「路易」單獨共處一室。害怕的她曾在我耳邊細訴：「路易可以看穿我，看到我的內心與靈魂。」

過於強烈的眼神接觸，像是瞪人，在某些文化中就等同巫術，或至少是一種威脅或不敬的表示。這就是爲什麼很多大咖如果因爲工作需要繞著地球跑，他們隨身行李裡放的那本小書常常不是旅遊會話，而是談文化差異或肢體語言的參考書籍。不過話說回來，在美國或西方的主流文化裡，贏家深知突出的眼神接觸可以是一種優勢，特別是在異性之間。而且即便是在職場或商場上遇到不是你的菜的帥哥或美女，這一點也同樣適用，有力的眼神同樣可以讓你很吃得開，讓你在互動上占得上風。

波士頓有家機構於是進行了一項研究，希望了解眼神在異性間互動裡的確切影響。研究人員找來男生女生，讓他們閒聊兩分鐘，並叫實驗組其中一方受試者要去數對方在這兩分鐘內眨了幾次眼睛。這當然只是研究人員的小手段，目的是讓交談雙方產生密切的眼神接觸。至於在控制組的部分，研究人員就沒有提出這樣的要求。

事後他們訪問受試者，渾然不知自己被要了的「眨眼方」顯示出對「放電方」較高的認同感或好感，即便前者根本不認識後者，即便後者只是在數前者眨了幾次眼而已。

我自己也曾經體驗過與陌生人間熱烈的眼神接觸，那確實會讓人產生一種莫名的親切感，讓兩人的距離瞬間拉近。有一次在一場幾百人與會的研討會上擔任主持人，我注意到群眾裡一位女性的臉龐。但那倒並不是因爲她的外貌有什麼奇特之處，而是整場研討會下來，她自始至終都沒有把眼神挪開我的臉上，連一下下都沒有。就算是當我講完一點，準備接著往下講的空檔，她饑渴的雙眼都還是會黏在我的臉上。我感覺她彷彿等不及要品嚐從我口中吐出的每一句見解，那感覺好極了！她對我的全神貫注與癡迷程度，讓我勁兒都來了，臨場又想起好多精采的典故與觀點。

演講完之後，我決意跟這位死忠的新粉絲交個朋友。於是正當大家夥兒魚貫準備離開會場，我趕忙側著身子擠到了這位新朋友的身後。「對不起。」我說。但她還在往前走。「對不起。」我提高嗓門再叫了一聲，但我的這位仰慕者還是沒有放慢步伐，還是一股腦地往門口走。我跟著她到了走廊上，才輕輕地拍了一下她的肩膀。這次她終於轉過身來，但看著我的表情略顯驚訝。我嘴裡含著滷蛋，口齒不清地向她倒了歉，並向她解釋說我很感謝她聽講時的熱情，順便想請教她幾個問題。

「嗯，你今天來參加研討會，有什麼收穫嗎？」我放膽問了。

「嗯，其實談不上有什麼收穫耶，」她倒是很坦白。「你在台上走來走去，一會朝東一會面西，所以你說了什麼我根本聽不太清楚。」

一瞬間我全明白了。這位女士是有聽覺障礙，而非如我一廂情願地以爲是被我精采的演講內容所迷住。我想太多了，她根本沒有被我的演講吸引，她盯著我，只是因爲她得讀我的唇！

但不論眞相爲何，她給予我的眼神接觸還是讓我在台上覺得甚爲開心，讓我充滿幹勁地縱橫全場。於是爲了報答她，我儘管拖著疲累的身軀，還是堅持要她跟我一起邊喝杯咖啡，邊讓我把整場研討會的內容爲她一個人再講一遍。眼神接觸的力量之大，可見一斑！

關於熾熱的眼神接觸還有一種看法。除了喚醒別人對你的認同與愛戴之外，維持厚實的眼神接觸還能讓你給人的印象更聰明，更有深度。所謂有深度，是說你能做更爲抽象的思考，而抽象的思考者相對於只能做直觀思考的人而言，更有能力去整合接收到的資訊。抽象的思考者能不受靜默影響，繼續看著對方的眼神，他們的思考過程，不會受到對方眼神的影響。

現在再回來談談那些使命感十足的心理學家。在耶魯大學，研究人員覺得自己已經完全弄清眼神接觸是怎麼一回事了，於是他們追加了一樣實驗，並確信這實驗可以再一次證實「眼神接觸愈多，正面感受愈強」的命題爲眞。這一次，研究者指揮一部分受試者在實驗的夥伴面前自剖一番，也就是要受試者在別人面前掏心掏肺，這是說者的部分。聽者的部分，研究者要求他們邊聽實驗夥伴表白，邊將眼神接觸的量遞減。

結果咧？一如預期，**女生對女生表露心跡的時候，眼神接觸的增加會激發出對方更高的意願去分享自己的感受。但是一遇到男生，這樣的邏輯就踢到了鐵板。有些男生被另外的男生看著，所激發出的不是分享，而是敵意；**還有些男生會覺得被同性盯著看，有種被威脅的感覺。甚至有少數男性會覺得對方有病，幹嘛對自己這麼有興趣，想著想著拳就揮出去了！

對於你的深邃眼神，別人的反應都有其生理學上的根據。當你若有深意地看著別人，對方會心跳加速，血液裡的腎上腺素會瞬間飆高。這就跟人陷入愛河時的反應一模一樣。你只要刻意增加看著對方的頻率，即便不是在特別浪漫的環境，即便對方對你沒有意思，你也能讓對方以爲你爲他們深深著迷。

男性對女性說話，或女性對任何人說話，都可以使用下面這項，我稱之爲「雙眼黏TT」的技巧，對方必然會有眼睛在吃冰淇淋的錯覺，而你想做什麼也可以無往不利。（男生對男生的版本也有，待我稍後補上。）

技巧2：雙眼黏TT

想像用溫熱而粘稠的太妃糖，把你的眼睛黏在說話對象身上，就算他或她的話說完了，也不要讓眼神接觸中斷。萬不得已得移開視線，也要盡量把速度放慢，而且要一副心不甘情不願的樣子，讓太妃糖牽絲能牽多遠，就有多遠。

男生遇到男生，怎麼辦？

聽著，各位男士：**當你們面對其他雄性動物的時候，你還是可以使出「雙眼黏ＴＴ」的絕招，只是得注意在討論私事的時候把黏度降低一點**，這樣對方才不會覺得受到威脅，也才不會誤會你在搭訕。**如果跟其他男性所進行的是日常性的溝通，你應該以平常心為之，眼神接觸比正常值稍高一些也無妨**。至於如果你講話的對象是位女性，那你就放膽去放電吧！十萬伏特！總之眼神接觸所傳達出來的，就是一種理解，一種尊重，一種認同。

我有一個朋友山米是業務員。在別人眼中，他是一個很傲慢的人，但他自己渾然不覺。他不是故意的，但時不時會態度輕佻，感覺像是在踐踏別人的感受。

有次一起在餐廳吃飯，我跟他說起了「雙眼黏ＴＴ」這個技巧。我想他是聽進去了，於是當服務生過來的時候，山米像是變了一個人。他不像往常悶著頭看菜單，連珠炮地把想吃的東西丟出來讓服務生幾乎來不及記，反倒貼心地看著服務生，溫柔地笑了笑，然後才開口點了前菜。說完前菜，他還把眼光在服務生的身上多停駐了一秒，接著才再低下頭來看菜單，看看今天的主餐什麼好吃。我實在很難用言語形容山米當時那種煥然一新的感覺，就好像他突然間變了個人似的！他突然變成一個很仔細、很體貼的紳士，而改變這一切的不過是兩秒鐘的眼神接觸。對那位服務生來說，這兩眼顯然很受用，很令人感動，因爲那天晚上後來的服務，只能用「頂級」來形容。

過了一個禮拜，山米打了通電話給我。他說：「萊拉，『雙眼黏ＴＴ』讓我獲得了新生，我現在做得超徹底的。面對女人，我會超級黏；遇到男性，我會有點黏又不會太黏。不論誰見了我，現在都超客氣，都跟我超麻吉的。像這個星期我就多談成了好多筆生意，業績比上個月全月還好。」

如果你在工作上需要面對客人，需要與買方交手，那「雙眼黏ＴＴ」絕對派得上用場，這招絕對會是你升官發財的錦囊妙計。對在相同文化背景的大多數人來說，眼神交流意謂著信任、意謂著了解，意謂著一種「我挺你」的態度。

接下來讓我們把「雙眼黏ＴＴ」送去改裝，讓它馬力更大。就像以毒攻毒的特效藥一樣，接下來的升級版本端視你怎麼用，用不好藥到命除，用得好藥到病除，正所謂「水可載舟，亦可覆舟」。

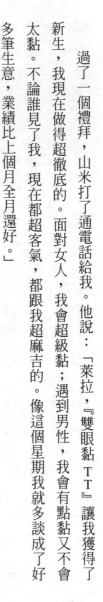

說到眼神的運用，各位，大絕招來了：非常黏，黏到像三秒膠一樣黏的眼神，姑且稱之爲「樹脂眼」好了。大老闆會用樹脂眼去打量員工，刑警會用樹脂眼去威嚇嫌犯，腦筋動得快的羅密歐會用樹脂眼讓女人愛上他；如果你需要愛，樹脂眼就是你的春藥，而且絕對有效。

樹脂眼作爲一種技巧，需要至少三個人的參與：你、你的目標對象，還有第三個人。這是怎麼回事呢？且聽我說。通常你在和兩個或兩個以上的人聊天的時候，你會看著那個正在講話的人，**但是若是懂得使用樹脂眼這項技巧的人，就知道要把注意力放在聽的人身上**。這樣做，你會傳遞出一個訊息，被你所盯的目標對象會心想：「爲什麼這個人不看著那個講話的人，反而看著我？」你的目標對象會感覺到來自你強烈的興趣，他會注意到你對他的反應很在意。在你處於上風，有資格評斷對方的商場情境中，這樣的做法對你會相當有利。

人資部門的人員會經常使用樹脂眼，但他們並未將之視爲一種技巧，而是眞的有興趣想知道潛在員工對於特定的主題，會有什麼反應。律師、企業主、刑警、心理學家，或是任何需要在工作上對人進行觀察與分析的專業人士，都是樹脂眼的忠實主顧。

使用樹脂眼，你傳遞出去的訊息是雙重的，一方面這表示你對週遭的人有興趣，一方面這表示你對自己有信心。但因爲樹脂眼給人一種你在品頭論足的感覺，所以在使用上你必須非常謹慎。因爲一個不小心，你就會在別人的眼中顯得很傲慢，很「不要臉」。

技巧3：樹脂眼

不要臉歸不要臉，樹脂眼真的是很好用。不管講話的是誰，都把注意力放在你的目標對象上；不論聲音源自何處，都要把視線駐留在你中意的美女或帥哥身上。

確實，樹脂眼藥效太強，有時候會讓人有點承受不了，這時**我們還有一個溫和些，但效果不打折扣的版本。那就是你還是看著說話的人，但每次他的發言告一個小段落，有一個小結論，你就讓視線回到目標對象的身上掃一圈**，看看他們有什麼反應。這樣被你鎖定的帥哥美女還是能感受到你的關心，但又不會被你的熱情灼傷。

用樹脂眼訴說情意

如果你要的不是生意，而是愛情，不論你是在追人或是倒追，樹脂眼一樣可以大大地幫助你。在愛情裡運用樹脂眼，你可以傳達的訊息是：「我捨不得不看你」或「我只想看著你」。人類學家早就說過人的眼睛是「求愛的先鋒」，研究也顯示眼神可以傳達出濃烈的愛意，讓人內心小鹿亂撞，心跳加速不已。在示愛的眼神刺激下，人的內分泌系統會產生苯乙胺到神經系統裡，而苯乙胺是一種荷爾蒙，而且是意亂情迷時人體的代表性激素，由此我們知道熾熱的眼神接觸確實可以點燃愛火。

各位男士，樹脂眼的效果是不容置疑的，但前提是小姐必須對你有意思。對你有意思，她就會把身體所感覺到的興奮，把你進取的眼神當作是愛情的序曲；但如果你不是她的菜，樹脂眼也無能爲力，死盯著她看只會讓她覺得你色瞇瞇的，不是個好東西。我想說的是，不要在捷運上對著不認識的正妹亂放電，那是會出事的，到時候不要說我沒警告過你！

你記得雪莉．蓓西 (Shirley Bassey) 有首老歌嗎？歌詞是這樣寫的：「你一走進酒店裡要喝一杯，我就知道你非等閒之輩。你一看就是有錢人，長得又帥穿得又講究。你會不會想認識我，會不會想聽我說心事呢？」

本書的第一部不是要教你如何看起來像個凱子，而是要讓你身上烙下大人物的印記，讓別人只要第一眼看到你，就會覺得你非池中物。為了達到這個目的，我們現在就帶你去探索一個至為重要的技巧。

體檢的時候醫生會拿一根看起來略顯嚇人的小鎚子，如導彈般往你的膝蓋上招呼下去，這時候你的前腿就會不由自主地踢出去。這就是所謂的膝反射動作。但你的身體不是只有這一種反射，我想說的是當一股快樂湧上心頭，當你覺得自己所向披靡之時，你也會不由自主地抬起頭，放鬆肩膀，用笑意環繞著你的雙唇，用溫暖軟化你的雙眼。

不論何時，勝利者看起來就是這副模樣。他們站著的樣子理所當然，他們移動時充滿自信，他們的微笑和煦中帶著鋒芒。沒錯，從姿勢就能看出一個人，不論是男是女，習不習慣處於上風。

世界各地數以百萬計的父母親都曾經拿指節往孩子的肩膀中間頂下去，要他們抬頭挺胸；當老師的大多也都喝斥過學生「站好」或「坐正」。他們顯然沒有聽說過我現在要介紹的這個技巧。美國人大多懶散慣了，老師跟家長那一套已經證明不夠力了。我們需要更強悍、更鐵板一塊的方法來讓年輕人或下一代站有站相，坐有坐相。

有一個行業很特別。想做這一行，體態的觀感、平衡與均衡都必須達到完美，沒得討價還價。只要一步踏錯，肩膀稍微沒放鬆，面容略顯猙獰，空中飛人（馬戲團裡那種）的生涯可能就得畫下句點。

媽第一次帶我去馬戲團，讓我到現在都忘不掉。我記得當時有七位男女表演者衝到場中央，超有默契的觀眾就立刻像坐位通了電一樣，瞬間跳了起來，就連喝采的聲音都如出一轍。媽跟我咬耳朵，語氣中帶著景仰，她向我介紹說這就是「偉大的瓦倫達家族」(Great Wallendas)。她說全世界只有這七個人，敢在表演高空金字塔的時候不架網子。

原本還大聲歡呼的觀眾瞬間安靜下來，偌大的帳篷裡就連一聲咳嗽，或一丁點喝可樂的咕嚕聲都聽不到，因爲卡爾跟赫曼．瓦倫達用德文對生死與共的親人喊出了口令，然後這一家人便分毫不差，氣勢懾人地由上而下，層層更迭中疊成一個人肉金字塔。接下來就看到他們看似搖搖欲墜，但又穩若泰山地在一條鋼索上找到了平衡。他們離地不高啦，大概幾百英呎罷了，然後下面也沒有任何網子。換句話說如果稍微有個什麼閃失，那一定是非死即傷。那一幕，想忘眞的不容易。

對我來說，同樣難忘的還有七位瓦倫達家族成員飛奔到大帳篷場地中央，向觀眾鞠躬時所展現的美感與優雅的身形。七位表演者如一的表現，讓人嘆爲觀止；不論你的視線移動到哪裡，看到的都是抬頭挺胸，放鬆的肩膀與優美的頸部弧線。他們讓你覺得比想像中更高、更輕盈，讓人有一種隨時會飛起來的感覺。他們身上每一條肌肉都爲自尊、勝利與生命的喜悅下了最好的註解。（我到現在都還很激動啊！）言歸正傳，我這裡確實有一種「視覺系」的技巧可以讓你在別人的眼中看起來像是個贏家，一個把自尊、勝利與生命的喜悅當成家常便飯的贏家。

體態是你的公關利器

想像你是舉世知名的特技表演者，玲玲馬戲團(Ringling Bros. and Barnum & Bailey Circus)的一員。你在舞台側邊等著上場，等會兒要表演的是「鐵齒」空中飛人，也就是只用牙咬著單槓在半空中盪來盪去，同時間還得「咬牙」完成許多高難度的體操動作。再一會兒，你就要精神抖擻地衝出帷幕，讓滿場的觀眾驚豔於你操控身體的精準度與令人難以想像的平衡感。

在踏出任何一扇門之前，不論門後是你的辦公室，是重要的宴會，是關鍵的會議，還是你家的廚房，都請你想像門框上有纜繩吊著一個鐵片要讓你咬著，就在你頭上面不遠處晃呀晃著。你進門的時候，記得仰起頭來，對準那想像中的鐵片用力咬下去，不要放，讓那鐵片帶起你的兩頰，你的笑容，同時讓你整個人離地而起，讓你能由上而下俯視著驚呼的群眾，同時間讓身體完全延伸成美妙的線條——**頭抬高、肩膀放鬆、收小腹、挺出腰線、身輕如燕**。

就好像在馬戲團帳棚裡的最高點，你轉著圈像個優美的陀螺，下面的觀眾目不轉睛，也不怕脖子酸，只要能目睹你精采的表演，就算是扭到脖子也在所不惜。你的表演完全讓他們無法招架，他們覺得值回票價，他們覺得你是神或至少是個很接近神的人。

有天爲了測試「咬緊牙關」這項技巧，我心血來潮決定數一數自己穿過門幾次，結果一天下來我經過了六十次，而且我這天還沒出門呢。你也可以自己這樣算算看：出前門兩次、又進來兩次、上廁所進浴室門六次、弄東西吃進廚房八次，上班的時候在公司到處串門子的次數更是不可勝數。這樣加一加數字通常還滿驚人的。如果你眞能做到每次「過門」，都按照我前面所說的那樣在腦海中跑一次流程，那麼習慣就會自然養成了！**讓優美體態成為一種習慣，你至少就已經看起來像個贏家了**。

能養成這樣的體態，你就算是做好了準備，這樣的你隨時可以優雅地「飄」進任何室內場合，讓在場的人爲你神魂顚倒；如果你是做業務的，你成交起來一定順利許多，當然不談生意，你也可以單純享受身爲全場焦點的尊榮與樂趣啦！

這樣的你，在藝術家勞勃的筆下，大致上看起來已經像是個贏家。誠如他所說：稱頭。抬頭挺胸、自信的微笑、不閃躲的眼神。是號人物，看起來就該是這樣！

技巧4：咬緊牙關

不論門後是什麼難關，都請你想像門框上掛著鐵片，然後不用客氣，請用你的鐵齒用力給它咬下去，死也不放，好讓你能夠飛起來，飛到帳篷的頂端俯視全場。咬緊牙關，騰空而起，你的每吋肌肉都會伸展出最完美的線條。

說了這麼多，接下來我們要進入實作階段。你在跟人交談嗎？如果是的話，請你暫時放下自己，注意對方，用接下來的兩項技巧來討他歡心。

第五章 如何用赤子之心贏得人心

記得那個老笑話嗎？喜劇演員上了台，脫口而出的第一句話是：「嗯，到目前爲止，你們喜歡我嗎？」觀眾十次有十一次會笑出來。觀眾何以會有共鳴？很簡單，因爲這問題我們私底下天天問自己。每當面對旁人，我們都能有意無意感受到對方喜歡，或者不喜歡我們。

他們講話時會不會看著我們？他們臉上有沒有笑容？他們會不會一直靠過來？他們有沒有本事注意到我們的好，我們的特別？人都喜歡能注意到自己優點的人，我們會覺得他們好有品味喔！當然也有人會對我們退避三舍，顯然就是不懂我們的好、我們的優，這些土包子！

兩個人互相熟識，就像兩隻小狗在互相聞來聞去，只不過我們沒有尾巴可以搖，也沒有渾身的毛可以豎起。不過，我們倒是有眼睛可以睜大，可以瞇起；我們有手可以握成拳頭去威嚇別人，或是無意間掌心向上表示「我放棄」或是軟化。兩個個體只要在一起，即便只是一下下，互動中就會立刻出現許許多多的自然反應，這是騙不了人的。

訴訟律師在選任陪審團成員的時候，會需要聽其言，觀其行，因此律師們非常善於此道。如果你是準陪審員，律師會特別留意你的身體反應，會觀察你有沒有正眼看他們，會看你回答問題的時候身體是前傾還是後仰。他們會留意你的手是不是略為張開，掌心向上。如果是的話，就代表你接受他們所說；如果你的手微微握拳，指節向前，那又有另外一層涵義，那代表著你想要抗拒。他們會拿放大鏡檢視你的臉孔，看看在討論到敏感的問題如鉅額賠款或求處死刑的時候，你會不會有那麼一瞬間眼神渙散，分散了注意力。大律師有時甚至會帶個法務助理到現場，只要他做一件事，那就是安安靜靜坐在一旁，觀察並記錄陪審員候選人的一舉一動。

題外話，但也算有趣的是這位助理往往是女性，因為傳統上認為女性的觀察力比較敏銳，比男性更能看出人類細微的肢體語言。或許正因為女性比男性更為感性、更加敏感，所以做太太的才會常常問另一半說：「你怎麼了嗎，老公？」有些格外纖細的女性會怪老公神經太大條，她們覺得自己除非哭到把老公的領帶都浸濕了，否則先生根本不會注意到自己不高興。

回到正題，律師跟助理把觀察記錄帶回事務所後，會統計每位候選人舉措不自然的次數，然後根據結果來決定他們希望你去體驗陪審團的刺激工作，或是回家好好過太平日子。

訴訟律師對肢體語言的敏感程度，還有一個很極端的例子。一九六〇年代有個很有名的「芝加哥七君子」(Chicago Seven) 案，當時被告的辯護律師威廉・昆茲勒 (William Kuntsler) 曾正式對承審法官朱立安・霍夫曼 (Julius Hoffman) 的坐姿提出抗議。律師抗議在控方結辯的時候，法官的身體會向前傾，律師認爲陪審團看到這種情形，會產生法官認同控方說法的心證；反之在辯方結辯時，律師不滿法官的身體會向後倒，一副不感興趣的模樣。

你是被告——而且只有十秒鐘爲自己辯護

就像是律師挑選陪審團一樣，你每天遇到的人都在挑你，他們都在根據你的表現，思考要不要讓你進入他們的生活。**他們判斷的標準有很大一部分跟律師一樣，都不是看你說了什麼，而是看你的身體語言如何答覆他們的這個問題：「嗯，到目前為止，你喜歡我嗎？」**

第一印象或是初次見面的若干互動，會為日後的關係定調。所以只要你對新認識的

對象有所求，你就一定要用肢體語言正確回答上面的那個問題，你要用無聲的語言堅定地告訴他們：「哇！你真的是我的菜耶！」

一個四歲的小孩如果害羞起來，他會整個人縮起來，把雙手擋在胸前，然後退到媽咪的裙襬後面躲著。但小強尼要是看到爸爸出現，他就會從媽咪提供的安全感中現身；他會跑著迎接爸爸回到家，張開明亮的眼睛露出燦爛的笑容，給「把拔」一個最大的擁抱。如果父親是陽光，那天真的孩子就是一朵小花，向著太陽慢慢地綻放。

即便我們長到二十歲、三十歲、四十歲，甚至是半百的年紀，人也不會有什麼改變。四十歲的強尼要是害羞起來，人還是會縮起來，雙手交叉放在胸前來尋求安全。想給推銷員吃閉門羹或給同事打槍，他有無數種肢體語言可以表達這一點，不論是搞失蹤、避不見面，或是無視對方，都可以傳達自己的意思給對方知道；但要是想歡迎親愛的老婆出差回家，步入中年的強尼還是會張開雙臂像朵小花，在大雨之後向著陽光綻放。

成人其實是大孩子

我曾經跟一位剛離婚，但外型仍舊亮麗的朋友，一起參加過一場眾星雲集的應酬。

卡菈本來在一家滿大的廣告公司擔任文案，但你也知道現在大環境多不景氣，很多公司都在瘦身，卡菈也在這波裁員潮中遭到了資遣。於是我的這位女性友人雖然條件不差，但還是尷尬地陷於既沒老公也無法辦公的處境當中。

在那天的應酬場合中，卡菈的選擇既多且精，要帥哥有帥哥，要伯樂有伯樂。好幾次卡菈跟我在裡頭站著聊天，都會有帥氣的企業菁英在我們身旁游移，一副要獵豔的樣子。不只一次有多金男露出貝齒對卡菈放電，而卡菈則時不時回眸報以一抹微笑。但淺淺一笑之後，卡菈總會立刻把注意力轉回我們無聊的話題上，就好像把我當成安全的港灣在停靠一樣。我知道她是想要藉此掩飾自己的焦慮，但內心卡菈其實在呼喊著：「怎麼都沒有人來跟我們講話？」

後來好不容易有一個看起來身價不斐的企業大咖，對卡菈露出了微笑，但因爲得到的反應很冷淡，所以不一會兒又飄走了；後來我看到這位狠角色又繼續在社交的叢林中狩獵，於是我實在忍不住了：「卡菈，你知道剛剛那個是誰嗎？他是揚雅廣告(Young & Rubicam)巴黎據點的頭耶，他們現在在找願意去巴黎駐點的文案，而且他還是個黃金單身漢耶！」聽到我這麼說，卡菈不禁哀嘆了一聲。

就在這個當口，我們聽到卡菈的左膝處傳來的一股小小的聲音。「哈囉！」我們同時低頭往下看，聲音的主人原來是五歲的小威利。他是女主人的小孩，非常可愛；他拉著卡菈的裙子，顯然是想引起卡菈的注意。

「哇嗚。」卡菈叫了幾聲，邊露出了大大的笑容。卡菈注視著他，跪了下來，用玉手輕輕觸碰威利的小肘子，溫柔地說道：「哈囉，這不是威利嗎，小帥哥，『馬麻』的生日派對好不好玩啊？」

小威利笑得花枝亂顫。

心滿意足的小威利後來又去拉其他賓客的衣服，而卡菈跟我則回去跟無聊的大人們聊天。這之後還是持續有大老闆或躊躇滿志的主管們對卡菈亦步亦趨，充滿興趣，眼神像雷射一樣灼熱地燒在卡菈的身上，但卡菈還是繼續笑得很靦腆，甚至有點要笑不笑。她很明顯不開心，但她不開心的原因不是人家對她有興趣，而是不開心別人光對她有興趣卻不採取進一步的行動。我在旁邊已經著急得快要咬舌自盡了。最後氣到都快要吐血了，於是我說了：「卡菈，你知不知道有四、五位男士一直靠過來，還一直微笑對你放電。」

「我知道啊。」卡菈低聲說，眼神緊張地環視四周，深怕有人會聽到我們的對話。

「但你都對他們愛理不理的。」我追問。

「嗯。」她含糊地說，好像搞不清楚我想問什麼。

「記得剛剛拉你裙襬的小威利嗎？你記得你是怎麼對他笑，怎麼面對他，怎麼歡迎他加入我們的嗎?」

「記得啊。」她有些遲疑地回答。

「呃,我有個不情之請,卡菈,等下再有男士對你示好,請你當他是小威利,用力地對人家笑一下好嗎?請你轉過身正眼看人家,就像你對小威利移樽就教一樣。要是感覺對的話,你甚至可以給對方一點肢體碰觸,就像你給小威利的甜頭一樣;我希望你能歡迎對方加入我們的對話。」

「喔,萊拉,我沒辦法啦!」

「卡菈,叫你做就給我做!」果不其然幾分鐘後,又有帥哥笑著朝我們走了過來。卡菈這次終於學乖了,分毫不差地照我的話做。她露出貝齒,正面迎敵,喔不,是笑臉迎人;同時開口第一句話她說的是:「哈囉,一起聊吧。」而對方也立刻接受了美女的邀請。

三人聊了一會兒,我便識相地找個理由閃了。卡菈跟帥哥都沒有要留我的意思,因爲他們實在太來電了。我最後一眼瞥見卡菈是她踏著輕快的腳步出了大門,手挽著她的新「朋友」。**就在那個瞬間,我想到了這其實是個技巧,一個轉過身去,展露赤子之心的技巧**。

這項技巧可以幫助你不論在社交上,或是在應酬場合裡遇到任何獵食者或牛鬼蛇神，都可以將之收服得服服貼貼，不論你想要的是什麼，對方都會拱手奉上。

技巧5：轉過身去，展露赤子之心

不論遇到誰，都請你轉過身去，拿出你的赤子之心。初次見面，就請你讓對方感受到善意與熱情。溫暖地笑，轉過去面對對方，讓對方看到你的正面，就像是你給小威利的待遇一樣。雖然小威利是偷偷溜到你身邊，但他可是全心全意想得到你的注意；雖然他牙齒都還沒長齊，但他的笑容無敵，而且非常有誠意。所以也請你轉過身去，用赤子之心，毫無保留地讓對方感受到你心中所喊的那一句：「你好特別，我想多認識你。」

記住，**每個人的內心深處都是個孩子，跟在搖籃裡輾轉反側、哭喊討抱的孩子沒啥不同；不論幾歲，我們都像孩子般需要別人注意，需要別人關心，需要別人覺得自己與眾不同。**

下一個技巧可以讓你滿足寶寶的幻想，寶寶都覺得自己是世界的中心，你不妨用下面的辦法去討他們歡心。

第六章
如何與人一見如故

一位名字有點怪，叫做齊格．齊格勒（Zig Ziglar），但是非常有智慧的紳士曾經告訴我：「人不那麼在乎你了不了解他們，他們在乎的是你在不在乎他們。」齊格說的，一點都沒錯。**你要別人喜歡你，不難，但你得先讓別人覺得你喜歡他們！**

你的身體就像是個基地台，二十四小時不停地在廣播你的感受；只要在你眼神所及的範圍之內，旁人都可以收得到訊號。你咬緊牙關、抬頭挺胸的樣子可能讓人肅然起敬，你潮水般的笑容與赤子之心可能讓人覺得格外溫暖，你黏TT的眼神或許能使人難以抗拒，但這些優點都不能避免被你身體的其他部分出賣。你身體的其他部位，小至你額頭上的抬頭紋，大到你站的時候腳怎麼擺，都必須要在你的仔細控管之下，否則你辛辛苦苦所營造出「我在乎你」的態度，就會面臨崩盤的危機。

麻煩的是每次認識不同的人，我們的大腦就會開始加班。讀過莎士比亞的《凱撒大帝》(*Julius Caesar*) 嗎？劇裡凱撒提到卡西烏斯 (Cassius) 時說他「眼神呆滯而飢渴……好像一直在想事情……這樣的人十分危險」，結果卡西烏斯果真是密謀行刺凱撒的一員。我們每次認識新的人，大腦就會瘋狂地動起來，於是我們就會給人像卡西烏斯給凱撒的那種感覺。看到新的面孔，聽到新的聲音，我們的大腦會如臨大敵，進入緊急狀態，這樣的我們會讓人覺得面無表情，這一點是因爲我們當中有些人很害羞，於是會減少表情去掩蓋自己的緊張，還有些人則是爲了評估局勢讓大腦超頻運轉，於是便沒有力氣去做出表情了；這樣的我們，眼神看起來也會給人飢渴，給人我們有所求的感覺，事實上我們確實也會在關係的一開始，就評估起我們想從、能從這人身上得到什麼。總而言之，**在與人初次見面的時候，很多人的通病是「想太多了」，我們機關算盡，卻忘了拿出真心去給人回應，忘了坦率地去交朋友。這樣的作法會在我們與潛在的友誼、愛情與商機之間埋下無數的地雷**。

我的身體無時無刻不散發出無數的信號彈，而「彈多必失」，這當中一定會有少部分的訊息投射出你不想要的形象，比方說害羞或敵意。由此我們需要運用技巧來確保每一發子彈都命中目標，我們需要管好自己的身體，讓它能每次演出都完美無瑕。

要找到這項技巧，我們就得先想想自己什麼時候最放鬆、最自然、最不害羞，最不用擔心說錯話、做錯事、表錯情；沒錯，那就是我們獨處或相當於獨處的時候。我們在跟麻吉聊天的時候，在跟喜歡的人、完全信任的人見面的時候，我們會覺得通體舒暢，會不假思考地、非常親切地做出所有的反應。我們會咧嘴大笑，會縮短個人空間、會觸碰對方，我們的眼色會變得溫柔，眼睛會直視對方。總而言之，我們的肢體動作會全面解嚴，我們會自在與親愛的朋友面對面。

怎麼讓肢體每次都完美演出

我這裡有一個視覺化的技巧可以滿足上述所有的要求。這個技巧運用得宜，保證每個人見到你都覺得溫暖無比。這技巧我稱之爲：哈囉老朋友！

遇見新面孔，先給自己催眠一下。在腦海中想像他是你的老朋友，是你曾經共有許多美好回憶的人生伴侶。假設你們後來不知怎地失聯，而你雖然千方百計想要重新聯絡上，但電話簿裡沒有他的登記，網路上也查不到任何資訊，就連你們共同的朋友都毫不知情。

就在山窮水盡的時候，哇嗚！驚人的事情發生了！這麼多年過去，你們倆終於又重聚了！你超級開心的。

從這裡開始，你就可以停止想像，開始做自己。當然你的目的不是要演齣戲讓對方也相信你們原本就是好朋友，也不建議你一見到不認識的人就跑過去又抱又親。你可千萬不要衝著對方說：「能再見到你眞是開心！」或是「你這些年過得好嗎？」這樣的台詞只會讓對方丈二金剛，摸不著頭腦。你只需要冷靜而正常地說：「嗨，你好嗎？」、「很榮幸認識你」，火熱，請你藏在內心。

但即便火熱放在內心，你還是可以用其他方式流露出你的熱情，你可以讓近乎久別重逢的興奮洋溢在你的表情與聲音上。有時候我會開玩笑說要把自己的笑容當成手電筒，把光打在對方身上，或者把自己當成是一隻狗狗，對著其他人猛搖尾巴。總之不管做什麼，都要讓對方感覺到他很特別。

技巧6：哈囉老朋友！

遇見新面孔，想像他是位老朋友、老客戶、舊情人或其他你生命中曾經非常重要的人，命運多舛的你們在多年前被難以預料的世事拆散。但是乖乖隆地咚，事隔多年後，眼前的這場應酬（會議或商展）竟讓你們再度重逢！

他鄉遇故知，人生大樂！於是你的身體開始出現連鎖反應，你會在不知不覺中眉頭放鬆下來，腳趾舒展開來，至於眉頭與腳趾之間的其他部位，也都各自處於它們最愉快的狀態。

在主辦的研討會上，我會先請與會者找個人自我介紹，然後才開始傳授「哈囉老朋友」這招。在第一次自我介紹的時候，會場感覺上就像一個非正式的聚會一樣，所有的人都還滿開心的，但談不上熱絡，基本上就是行禮如儀罷了。之後我請他們再重新找個人自我介紹，這一次我已經教過他們「哈囉老朋友」的概念了，結果出來果然是大大的不同。第二輪自我介紹進行到一半，整個會場就像活過來了一樣，氣氛非常的ｈｉｇｈ，現場火花四射，爆點十足，所有人都充滿了活力，充滿了溝通的意願。人與人之間的距離變短了，笑聲變大了，肢體接觸也增加了。我感覺自己好像站在一場派對中央，而大夥已經開嗓好幾個小時了。

盡在不言中

哈囉好朋友這招沒有語言的侷限。即便你在語言不通的地方旅遊，還是可以儘管把它使出來。如果你發現你是現場唯一不會說某種語言的人，你就想像自己跟在場所有的人都是好朋友，大家感情很好，只不過他們太久沒講英文，一時開不了口罷了。

雖然這改變不了你語言不通的事實，但你的肢體動作還是能傳達出善意與接納的訊息。

這樣的事情我在歐洲做過。幾位英文母語但長住歐洲的友人曾告訴我，他們的歐洲同事表示我是他們見過最友善的美國人，但其實我一句話都沒跟他們聊過！

自我實現的寓言

哈囉好朋友這招有一個額外的好處是其自我實現的潛力。當你的行爲舉止看來像是你喜歡某人，你就眞的會喜歡上這人。紐約艾德菲大學（Adelphi University）有份研究名爲《相信別人喜歡或不喜歡你：行爲讓念頭成眞》，證明了這種效應確實存在。在這項實驗裡，研究人員請志願配合者面對被蒙在鼓裡的實驗對象表達善意，讓後者覺得志願者喜歡他們。之後再對兩方面進行訪問，結果顯示志願者還眞的喜歡上了受試對象，而不知情的受試者更是表達出對志願者的高度尊崇與好感，即便志願者一開始只是在演戲。簡單講，這是個「由愛生愛」的過程，亦即你喜歡別人，別人也會喜歡你，你尊重別人，別人也會尊重你。善用「哈囉老朋友」這項技巧，你就能短時間內累積出一大群「新老朋友」，而且他們將會發自內心認同你，喜歡你。

讀到這裡，我已經傳授給你所有的基本功。有了這些基本功，你不難在別人面前看起來像是個大人物，而且是一個友善的大人物。但還別急著下山，你還沒出師呢！除了得人疼，受人喜歡之外，你還得從外貌上得到別人的信任，讓別人覺得你值得相信，覺得你夠聰明、夠有自信。可信、聰明、自信，這三樣東西各對應著一項技巧，且聽我娓娓道來。

第七章 如何得到別人百分之百的信任

我的一位朋友海倫是很吃得開的人力仲介者，也就是俗稱的「獵人頭」專家。她總是能替企業客戶找到對的人才，而我曾問過她成功的祕訣是啥。她回答我說：「我想重點是來應徵的人如果說謊，幾乎都逃不過我的法眼。」

「你有什麼祕訣嗎？」

她說：「這個嘛，上個禮拜吧，我面試了一位小姐想應徵一家中小企業的行銷經理職位。在面試的過程中，這位小姐一直把左腳翹在右腳上面，手則舒服地擱在膝蓋上，眼睛則直直地望著我。」

「我問她期待多少待遇。她眼神絲毫沒有閃躲，就把答案說了出來。我問她喜歡做這一行嗎，她依舊用堅定的眼光看著我，說了聲：『喜歡』。然後我問了她前一份工作為什麼離職，有什麼原因嗎？」

「就在這個時候，她原本炯炯有神的雙眼先飄開了一下，才又回復與我的眼神接觸。」海倫接著說，「然後在回答我問題的時候，原本坐得好好的她突然動了一下，然後把翹著的兩腳交換了一下。甚至有那麼一下下，她把雙手放在了嘴上。」

海倫說：「對我來說，這樣她就已經漏餡了。嘴巴上她說她覺得『在前公司的成長性不大』，但她的肢體語言說的是另外一回事，我知道她隱瞞了什麼。」

海倫說光是坐姿顯得侷促，並不能證明這位小姐說謊，但這已經足以讓海倫確定自己問到了重點。

「於是我繼續試探她。」海倫說。「我策略性改變了話題，開始講些無傷大雅的東西。我問她未來有什麼目標。這時她恢復了鎮定，不再動來動去。她把雙手疊放在膝上，開始告訴我她一直想到小公司上班，這樣獨當一面的機會比較多，可以比較快累積實務經驗。」

「這時候我見時機成熟，便又再繞回原來的問題。這次我問她是不是因爲在原本的公司機會太少，所以才選擇離職。果不其然一問到這個，這位小姐又開始坐立難安，兩眼不知該往哪兒看。她強作鎭定延續著對之前工作的描述，但手已經開始搓起自己的前臂。」

最終，鍥而不捨的海倫終於弄清楚了原委。原來這位小姐是被老東家給開除的，導火線是她跟公司的行銷副總起了衝突，而這位副總正是她的直屬上司。

負責面試新進人員的人資經理，以及時常得偵訊嫌犯的刑警，所受的專業訓練都包含對謊言要相當敏感。他們知道說謊會有哪些「症頭」，而我們一般人就算沒有這方面察言觀色的專業知識，至少也有第六感，聽到別人說謊也會覺得哪裡不對勁。

最近有位同事在考慮要不要在內部請一位全職的經紀人，但是才剛完成一次面試，朋友就跑來跟我訴苦：「我不知道耶，我覺得來應徵的這個人好像有點『膨風』。」

「你是說他不老實嗎？」我問。

「嗯嗯，八九不離十是這樣。但其實我也沒有證據，只是一種感覺。說起來他看著我的眼神也沒有游移，回答起問題也沒有閃爍其詞，但我就是覺得說不出的怪。」

很多老闆都常有這種感覺。也許他們沒有 X 光機可以找到病灶，但他們有雷達可以偵測到某人不對勁。而爲了要找出病灶，很多大公司用的不是 X 光機，而是測謊器。顧名思義，這機器的功能就是把騙子揪出來。像銀行、藥妝店與雜貨店在請人的時候，都很常用測謊器來做初步的篩選。在美國政府裡頭，聯邦調查局（ＦＢＩ）、法務部與多數警察局也都會把測謊器用在嫌犯身上。有趣的是對不知情的人而言，測謊器其實只是一台普通的體檢機器，因爲它的功能只不過是偵測人體內自律神經系統的讀數起伏，用白話說就是人的呼吸、流汗、臉紅、心跳、血壓，或是其他任何可能顯示你情緒波動的生理反應。

那麼我們要問了，這樣的判斷是否精確？嗯，基本上是都很準。但這應該作何解呢？我想這是因爲人一說謊，他不可能百分之百心如止水，而只要心裡有些微動搖，生理上有反應是必然的。而生理反應一旦出現，還要完全不讓人看穿，並非易事。說謊成性的人也許可以騙過機器，但要騙過人，就沒那麼容易了。

不要讓人覺得你在說謊，即使你沒有

問題是，即便是我們沒有說謊，情緒仍然可能出現波動，因爲我們會受到講話對象的影響。年輕人面對喜歡的女生講到自己混得多好，身體重心可能會移來移去：職業婦女面對大客戶介紹自家公司的豐功偉業，可能會不自覺按摩起自己的脖子。

外在的環境也可能引發問題。商場老將原本泰山崩於前也面不改色，但如果房間裡實在熱的受不了，他也會一反常態地在室內鬆開領帶；政客原本口若懸河，但戶外風沙要是太強，他也一樣會怪里怪氣地眨著眼睛。雖然這些動作都是本能反應，並不是我們的本意，但聽者或觀眾還是會覺得哪裡不對勁，甚至誤以爲是我們在說謊，以爲我們想要隱匿什麼、扭曲什麼。

公關或溝通能手要稱得上專業，面對這類風險就得制敵機先。他們會非常在意自身舉止所傳達出的訊息，避免被人誤會。他們會專心看著講話的人，不會左顧右盼；他們會注意不要用手去遮臉，也不會因爲鼻子癢就抓，手臂酸就捏；他們不會因爲冷氣不夠強就鬆開領帶，也不會因爲風沙大就猛眨眼睛；他們不會在鏡頭前擦汗，也不會用手去遮陽光；他們寧可忍一時之不便，也不願意破壞自己的行情，他們知道在眾人面前動來動去，受傷害的是自己的可信度。關於這個道理，最有名的案例發生在一九六〇年的九月二十五日。那天電視實況轉播了美國總統大選的公開辯論，候選人分別是鼎鼎大名的尼克森 (Richard Milhous Nixon) 與甘迺迪 (John Fitzgerald Kennedy)。那天的尼克森不僅沒化妝，氣色差，舉止不夠穩重，還不斷用手抹去眉毛上的汗；美國政壇專家咸認在電視螢光幕上做出這些失分的動作，是尼克森敗選的主因。

想得到別人完全的信任與尊崇，就要避免在溝通重要事情的時候有不相干的肢體動

作。這技巧我稱之爲「一動不如一靜」。

技巧7：一動不如一靜

遇到重要的場合，就要忍常人所不能忍：鼻子癢，就讓它癢；耳朵痛，就讓它痛；腳再痠，也要撐住。顫動、抖動、抽動、扭動，乃至於任何想要抓癢的蠢動，都要壓下來。最高指導原則就是讓手離臉愈遠愈好，還有就是盡量不要動來動去，動來動去只會讓人直覺你在說謊。

接下來我們的目標是看起來聰明。「什麼？」你或許會問。「人還可以看起來比實際上更聰明喔？」嗯，你一定沒有聽過有隻馬叫漢斯會算數吧。漢斯被公認是史上最聰明的馬，搞不好有一招你可以跟牠學學。

讓我發想出這項技巧的，是一隻天才般的馬兒，叫做漢斯。漢斯的主人是二十世紀初住在柏林的歐斯坦（Herr von Osten）先生。經過歐斯坦先生的訓練，漢斯可以做簡單的算數，然後用右前腳把答案「點」出來。漢斯的能力實在太驚人了，於是牠的大名在短時間內便傳遍了當時整個歐洲。所有人都知道有一隻馬叫做「聰明的漢斯」，牠會數數兒。

歐斯坦先生不止教漢斯加法，就連減法與很多連人都常弄錯的除法，漢斯也都在短時間內學起來了。甚至到後來，聰明的漢斯連九九乘法表都熟得很，這時候漢斯已經是貨眞價實的奇葩了。主人一個字都不用說，漢斯就能把圍觀觀眾的人數給數清楚，然後把當中有戴眼鏡的人數給「點」出來，至於現場群眾所提出的題目，也完全難不倒漢斯。

最後，漢斯甚至打破了人與動物的界線，掌握了專屬於萬物之靈的語言能力。牠先是學會了字母，然後用不同的蹄點聲去代表不同的字母。就這樣，漢斯開始能回答時事，不論是廣播裡說的或報紙上寫的東西，牠都可以對答如流。甚至於歷史、地理與人類生理的問題，只要不是太深入，牠也都能夠說上兩句。

漢斯很快就變成報紙的頭條，乃至於歐洲所有人茶餘飯後的話題。這匹「有人性」的馬讓科學家、心理學教授、獸醫、甚至是騎警都爲之瘋狂。當然人也不是笨蛋，也會懷疑，於是一個正式的委會員成立了，各界的專家希望集眾人之力，來判斷這匹馬代表的究竟是精美的騙術，還是馬族的驕傲。但不論外界如何質疑，有目共睹的是這匹馬眞的很聰明；相較於其他的馬四肢發達，這匹馬的腦袋眞的頗不簡單。

時間拉到今天。爲什麼有些人講起話來感覺就是特別聰明、特別出眾？他們並沒有聊什麼很高深的話題，也沒有滿口四字成語，但沒人不知道他們很優秀。這些人只要稍微露臉，就會得到很多正面的評語像是：「她是號人物」、「他考慮事情很周全」、「她反應很快」、「他很有料」、「她是匹黑馬」，說到馬，我們剛剛漢斯還沒談完。

終於，檢驗漢斯的大日子到了。所有的人都等著看歐斯坦先生出洋相，因爲他們堅信不可能有馬這等聰明，這一定是騙局一場。水泄不通的會場裡站著無數的科學家、媒體記者、天眼通、靈媒與愛馬人士，所有人都迫不及待想要看到眞相大白。自命正義的委員會成員們都信心滿滿，他們相信這天所有的事情都會水落石出，漢斯的眞面目會被揭穿，爲了讓歐斯坦先生的「魔術」破功，委員們也準備了「大絕招」。他們想出來的辦法就是不准歐斯坦先生進入會場，讓漢斯「單槍匹馬」面對人群。

眾人都到齊之後，委員們告知歐斯坦先生他得離場。護馬心切的他有點傻眼，但眾怒難犯，於是他只好乖乖就範，獨留愛馬接受排山倒海而來的質疑與挑戰。

士氣大振的委員會主席首先發難，丟了一個數學問題給漢斯。漢斯像踢踏舞者一樣輕快地點出了正確的答案，然後接下來的第二題、第三題也沒有問題。再來又換到語言方面的測試，但不論是什麼樣的發問，漢斯都不曾敗下陣來！

這讓委員會的成員們百思不解，等看笑話的群眾則啞口無言。

但社會輿論還是不死心。在懷疑者的號召之下，眾所期待的新委員會成立了。這次的成員同樣是科學家、獸醫、騎警與記者，但有來自世界各地的菁英加入。

新的委員會成立之後，漢斯的謎團終於迎刃而解。新委員會並沒有什麼驚人之舉，他們只是多問了一個很簡單的問題，只不過這一次他們沒有把問題大聲地唸出來，而是小小聲地像說悄悄話一樣在漢斯的耳邊告訴牠，一連這樣問了幾個問題。漢斯都沒有反應，只是四隻腳呆呆地站在那裡。這個狀況換成讓原本以爲漢斯會繼續有完美演出的人吃了一驚。於是新的委員會主席宣布眞相出爐，並且向在場引頸期待的所有人宣布他們的發現，而他們發現了什麼，你猜出來了嗎？

給你一個提示：答案如果觀眾知道、科學家知道，漢斯就會知道。這樣你猜到了嗎？

漢斯點到答案的時候，圍觀的群眾便會發出非常細微的身體訊息，這就是漢斯知道該停了的原因。漢斯剛開始點起馬蹄的時候，觀眾的表情與肢體會在不經意中透露出緊張。然後當漢斯點到正確數字的時候，人群就會大大地鬆一口氣，肌肉也會明顯放鬆。歐斯坦先生給漢斯的訓練，就是要牠一觀察到這些跡象就停止點腳，於是乎大家就以爲牠是個天才了。

漢斯所使用的技巧，我稱之爲「漢斯『馬有』的直覺」，也就是連漢斯這匹馬「嘛嗚」（也有）的直覺。憑藉著這種直覺，牠便能看著觀眾的反應，然後隨機應變。

馬都可以，你會不行？

你有沒有這樣的經驗？電視看到一半，電話突然響起，接電話的人教你把電視關靜音，好讓他們可以順利講電話。而你關掉電視聲音之後，因爲聽不到電視上的人在講什麼，你很自然會更注意他們的動作。你會注意到演員的一顰一笑，一舉一動，他們不論是在嘶吼、冷笑或偷瞄，都逃不過你的法眼，因爲這時候的你非常專注。你不會因爲聽不到聲音而看不懂在演什麼，因爲光憑演員的表情，你就能判斷出他們在想什麼，而**這就是「漢斯『馬有』的直覺」：觀察人，看他們的反應，然後見招拆招**。就算是你在講話的時候，也要把視線停留在聽者身上，然後根據看到的狀況來決定下一步，任何一個細微的反應，都可能非常關鍵，不容你看走眼。

他們在笑嗎？在點頭稱是嗎？手掌向上嗎？那麼恭喜你，他們聽得很高興。他們眉頭深鎖嗎？眼睛不知在看哪兒嗎？拳頭緊握著嗎？他們可能不太爽。他們在揉著脖子嗎？在往後退嗎？腳尖向著門的方向嗎？他們可能是想要走了。

你需要的不是一整個學期的肢體語言課，而是豐富的生活經驗。只要生活體驗夠多，你自然不會覺得察言觀色很難。多數人都知道跟你說話的人向後退或撇過眼，代表著你所說的東西吸引不起他們的興趣。他們摸著脖子，是因爲聽你講話就像落枕一樣難過；手指對手指放在胸前，表示他們自認高你一等。

關於身體語言，我們會在講到技巧七十七「眼球行銷」的時候進一步深入探討。在那之前，你只要能把頻率調好，能接收到別人的肢體語言訊號，就已經很足夠了。

技巧8：漢斯「馬有」的直覺

養成習慣在與人交談的時候一心二用，一方面自我表達，另一方面注意對方對你所說的內容有什麼反應。你的每個下一步，都應該根據對方的反應為之。

這樣的事情如果馬做得到，沒道理人做不到。能做到這樣，很快人家就會說你反應超強，就會說你觀察入微──這樣的你，有可以跟動物匹敵的第六感。

你現在已經掌握八種技巧可以幫助你在別人面前顯得自信、可靠、魅力四射，這樣的你不論身處何種場合、何種局面，也不論得與何種人交手，都可以化敵為友，讓對方如沐春風，拜倒在你的石榴裙下（或西裝褲下）。接下來是本部的最後一種技巧，只要把最後這張拼圖完成，你的一人公關就無懈可擊了。

第九章 你如何確保不錯過任何蛛絲馬跡

你應該在電視上看過職業選手滑雪吧？這些馳騁雪地的運動員會站在大彎道的雪坡頂端，每根肌肉都綳到最緊，每條神經都進入紅色警戒，就等著一聲槍響衝向勝利。選手的雙眼，這時會顯示他處在一種超脫身體的狀態。雖然人還在起點處，但選手的心靈已經出發了，他的感官已經滑下了山坡，在雪地上俯衝。他高速而俐落地左右移動，閃躲著標示著賽道的旗桿，最後順利衝過終點線，創下了世界紀錄。這位運動員所做的，是在把比賽的過程「視覺化」。

會這樣做的，不只是滑雪選手，所有把運動當做生涯的人，都知道這樣做的價值。跳水選手、長短跑選手、跳高選手、標槍選手、射擊選手、游泳選手、滑冰選手、體操選手，都會這樣做來求得眞正上場時的最佳表現。他們會在正式比賽前想像自己有超水準的演出；他們會在心中看著自己的身體彎曲、摺疊、翻轉、飛越天際；他們會在腦中聽著風吹過的聲音，水濺起的聲音，標槍擾動空氣的聲音，或是鉛球落地時砰的一聲悶響；他們會聞到草香、聞到水泥地、聞到游泳池、聞到田賽場地的揚塵。他們連一根小指頭都還沒有動，就已經把自己出賽的過程像一場電影一樣給看完了，而這部戲自然是以他們得到金牌作結。

運動心理學家告訴我們視覺化可以幫助世界級的運動選手，也可以幫助其他人。研究顯示在心裡進行演示或排練，可以讓業餘的人把高爾夫、網球、長跑，或其他他們有興趣的週末活動做得更好。專家也認同如果你可以在心裡看到、聽到、感受到身體的律動，那麼實際操作的成績一定會令人刮目相看。視覺化的效果，往往是很驚人的。

「我在床上跑了二十六英哩」

那是心理學家在鬼扯吧？你會這麼想，但聽我一句，視覺化是眞的有效，我在這裡可以分享一個朋友的經驗，這位朋友叫做李察。李察喜歡跑馬拉松，而幾年前就在很有名的紐約馬拉松比賽之前不過幾個禮拜，他被一輛失控的汽車撞上，住進了醫院。他沒有生命危險，但比賽可能是來不及參加了。身爲他的朋友，我們可以想像李察會有多失望，我們都以爲在醫院住上兩個星期，會讓李察錯過他期待已久的馬拉松盛會。

結果我們錯了。因爲到了比賽當天，涼爽的十一月天，李察還是準時出現在萬頭鑽動的紐約市中央公園，他一如往常穿著小短褲與大跑鞋，他的正字標記。

「李察，你瘋了嗎？你才剛出院哪能跑步啊，何況是馬拉松。你有兩個禮拜沒下床耶！」身爲朋友的我們異口同聲。

「我的身體兩個禮拜沒有下床，」他淡定地說，「但我一直都在練跑。」

「你說啥？」我們不解地問。

「眞的啊。每天，二十六英哩、三百八十五碼，就在我的床墊上。」李察解釋說在他的想像中，他看得到自己一步一腳印地向前跑，他看得到參賽者，看得到賽道的標示，聽得到現場吵雜的人聲，也感受得到自己跑到最後肌肉的抽動。他在這裡，所運用的技巧就是「視覺化」。

當然最後李察沒有跑出他應有的實力與成績，但是他能無傷無痛跑完全程已經是個奇蹟，而他的法寶就是視覺化的練習。視覺化可以用在任何你想完成的事情上，包括成爲一位絕佳的溝通人才。

視覺化的效果要達到最佳，你得完全放鬆。只有在你身心靈都很平靜的時候，你才能把事情看清楚。盡量在安靜的家中或車裡操演完視覺化，然後再出發赴約，這樣不論你這天是要去應酬、參展，還是談筆大生意，你的機會都一定會大點。

你現在已經具備所有的技巧，你再也不用害怕新的面孔，因爲不論遇到誰，你都知道該怎麼做，才能從第一眼就留下好印象。與人初次見面，你可以把自己想像成一架太空梭，一枚在卡納維爾角蓄勢升空的太空梭。這意思是你在地面上瞄準的火箭方位只差一點，飛往月球時就會錯過一大截，正所謂「差之毫釐，失之千里」。同樣的道理，我們對自己的肢體語言也應該非常留意，因爲只要一點點誤會，就可能讓你的第一印象全毀，從此與某個人絕緣。所幸只要你使出漲潮般的笑容、雙眼黏TT、樹脂眼、咬緊牙關、轉過身去展露赤子之心、哈囉老朋友、一動不如一靜、漢斯「馬有」的直覺，乃至於在腦中進行實況模擬等等的技巧，你就可確定自己走在正確的道路上，不論你想要的是什麼，對方都會乖乖奉上，不論那是一份合約書、一份友誼，或是一份愛。

接下來在溝通的技巧上，我們將從無聲進入到有聲的階段。

技巧9：在腦中進行實況模擬

要展現巨星光采，你可以在事前排練一下。你可以「看著」自己咬著牙關走路，看著自己跟VIP握手，看著自己露出燦爛的笑容，看著自己用雙眼放電，行有餘力還可以聽著自己跟所有人開心地聊天，享受自己處在最佳狀態，受到所有人簇擁的快感。把你自己也想成是個超級VIP，其餘的事情自會水到渠成。

正如第一眼要讓別人看了順眼，你一開口也要讓人聽了受用。你的舌頭就像門口的鞋墊，上面寫著的字不是「歡迎光臨」，就是「給我滾開！」。要讓跟你說話的人開心，讓他或她覺得跟你講得下去，你就得學會「閒聊」。

閒聊！多麼悠閒的兩個字，卻讓多少英雄豪傑聞聲喪膽！在英文裡閒聊叫做「small talk」，顯然是把閒聊當成難登大雅之堂的小事，但如果很多人是天不怕地不怕的吸血鬼，要跟人閒聊就像是隨時準備插入他們心臟的木樁，是會要命的！邀請他們去宴會的場合，跟一堆不認識的人摩肩擦踵，攀談搭訕，就像是要把毒藥用點滴打入他們血管一樣，讓人坐立難安。

如果你屬於上面所描述的這群人，也不用太難過，因爲這或許代表著你滿優秀的。我想說的是人愈是聰明，就愈不善於閒聊。我會這麼看，是因爲我擔任過許多《財星》五百大企業的顧問，而經驗告訴我一項令人驚異的事實，那就是身經百戰的執行長們不怕跟董事會報告天大的事情，也不怕在股東大會上對著各路凶神惡煞講話，卻都承認會在輕鬆的場合上結結巴巴。拿掉艱澀的術語與華美的辭藻，這些人完全不知道該怎麼與人亂聊。交際場合看到他們，就像在紐約的街邊看到迷路的學童一樣。

如果你還是沒辦法熱愛閒聊，堪可告慰的是你不孤單，而且陪你的人來頭往往都不小，都是企業裡的要角。害怕閒聊跟害怕上台系出同門；你面對一屋子的陌生人，肚子裡會像英文諺語說的有蝴蝶在裡面翩翩飛舞，而同樣一群蝴蝶也會飛在表演藝術家肚內。像知名的大提琴演奏家帕布羅．卡薩爾斯 (Pablo Casals) 就抱怨過他每次上台都會緊張；創作歌手卡莉．賽門 (Carly Simon) 也會因爲怯場而在現場表演時臨時喊卡。尼爾．戴蒙 (Neil Diamond) 算是很老牌的民謠搖滾歌手了，但根據跟他固定合作的朋友說，尼爾到現在唱代表作「憂鬱之歌」(Song Sung Blue)，都還是堅持要把歌詞打在提詞機上。雖然這首歌他已經唱了四十幾年，尼爾還是怕會忘詞僵在台上。

怕閒聊，有藥醫嗎？

科學家相信有天會有藥物發明出來，可以控制人對於溝通的恐懼。事實上，已經有藥廠發明抗憂鬱藥百憂解（Prozac）來改變人的秉性。有人擔心這樣做會產生嚴重的副作用，但好消息是我們也許不需要服藥，至少不需要外來的藥物，就可以解決這個棘手的問題。只要我們冷靜地思考，去感受特定的情緒，事情就可以有轉圜的空間。比方說我們可以想想自己有哪些長處，讓自己從中獲取安全感或自信心，這時候大腦就會開始分泌緊張的解藥。

如果恐懼閒聊、討厭閒聊是一種病，那麼本章要介紹的技巧就是特效藥。巧的是，科學家也開始發現有人會緊張，有人不會緊張，這當中的差別並不全然是天性，甚至也不全然是教養所致。科學界發現在人的腦內，神經元的溝通是透過化學物質，這些化學物質有個專有名詞叫「神經傳導物質」。神經傳導物質中有一種跟腎上腺素是親戚的叫做「去甲腎上腺素」（norepinephrine），在部分人身上的濃度會特別高。有些小孩才剛走進幼稚園的教室，就會立刻嚇得想要跑掉或躲到桌下，可能就與這點有關。

我自己還是個小朋友的時候，也常常去桌子下躲著；後來十幾歲進了住宿的女校，每次不得已要跟男生說話，我就會緊張到軟腳。八年級的時候，我必須邀請一位男孩當我畢業舞會的舞伴，而我所有的選項都住在姐妹校（當然是所男校啦）的宿舍裡。男生宿舍裡我只認識一個人，他叫尤金，我認識他是因為前年一起參加夏令營。

最後我鼓起勇氣，決定打電話給他。

但舞會兩週前，我的症狀是手心冒汗，於是我決定暫緩；一週前，我開始心悸，於是我決定再拖一下；最後只剩三天的時候，我連呼吸都有困難。但時間還是不斷地流逝。

最後我安慰自己可以先把稿子寫好，照稿唸應該會比較容易達成任務。於是我擬了稿子如下：「嗨，我是萊拉。我們去年夏天在營隊見過，記得嗎？」我還特地打算在「記得嗎？」三個字後面留白，好讓他有空檔可以說「喔，我記得啊。」確認他還記得我之後，我會接著說：「嗯，是這樣的，我現在在讀的是美國教堂女子學校（National Cathedral School），我們學校這個星期六要辦畢業舞會，我想請你當我的舞伴。」說完這句話我打算再留個白，好讓他可以說「好，我陪你去」，至少我是這麼向天主禱告的。

舞會前的那個星期四，我知道不能再拖了，於是我拿起電話，開始撥起尤金的號碼。我手緊緊握著話筒，緊張地等待著他接起電話，雙眼則看著汗珠從自己的手臂往下流，一直流到我的手肘，那是因為焦慮而冒出的冷汗；最後我的腳邊都可以看到有一攤鹹鹹的汗水了。「喂？」電話那頭的男舍終於響起一個低沉而有磁性的男聲。

用迅雷不及掩耳的速度，我活像個第一次上陣的電話行銷人員，一股腦把所有準備的話都倒了出來。我衝著尤金說：「嗨，我是萊拉。我們見過，夏令營，去年夏天，記得嗎？」然後我壓根忘記了原本設定的留白，上氣不接下氣地趕著說：「嗯美國教堂女子學校下週六晚上畢業舞會，我想請你當我的舞伴。」不騙你，我每個字都黏在一起。

還好，結果是好的，尤金並沒有被我嚇到。他很有風度，很爽朗地說了：「喔，好啊，我當你的舞伴！」聽他這麼說，我終於能重新正常呼吸，這是我一整天第一口正常的氧氣。尤金接著說：「我七點半去女生宿舍接你。我可以帶一朵粉紅色的康乃馨給你，不知道跟你的洋裝搭不搭？還有我不叫尤金，我是唐尼。」

唐尼？什麼唐尼？誰是唐尼？天啊！原來接電話的不是尤金啊！

嗯，不過算是塞翁失馬吧，跟唐尼的那次是我年輕歲月裡數一數二開心的約會！唐尼也許暴牙，還外加一頂凌亂的紅髮，但他有一個很大的優點，那就是懂得怎麼與人溝通，這一點讓我跟他之間的距離一下子就縮短了。

到了星期六的晚上，唐尼準時到了門口接我，他除了手上拿的那朵康乃馨，還有臉上掛著的靦腆笑容。他拿自己開玩笑，說他實在是太想參加畢業舞會了，所以才會明明知道對方打錯電話，卻還是將錯就錯地接受了邀請。他說他發現那是個「講話聲音很可愛的」女生打電話來，超興奮的，還說我會請他當舞伴，完全是他的錯，都是他騙了我，我才會傻傻地找他來參加舞會。

跟唐尼聊天，我覺得很舒服，很有自信。一開始我們只是閒聊，後來他慢慢地把兩人的話題轉到我有興趣的事情之上。我就這樣喜歡上他，而他也成爲了我人生的第一個男朋友。

唐尼有著閒聊的天賦，而這種天賦就是我們現在要談論的技巧。如果能把這種閒聊的能力轉化爲一種可以經後天養成的技術，那麼你想跟人打破沉默，打破無形的隔閡，就會像熱刀劃過奶油一樣，輕鬆寫意。習得這些技巧，你就可以跟唐尼一樣，融化身邊所有人的心，所向披靡。

《跟任何人都可以聊得來》這本書的宗旨當然不是要讓你成爲名嘴就完了，我的目標是要讓你有能力去掌握對談的脈動，讓你成爲十足的溝通能手。而且眞要說起來，學會閒聊固然很關鍵，但這也只不過是長遠目標的第一步而已。

第十章 如何聊得起來，聊得開心

這樣的經驗你一定有過，社交或應酬場合中有人幫你介紹朋友，你跟對方握了手，眼睛跟對方互望了一下……然後突然間你好像失憶症發作，大腦的記憶體全部斷線，思考能力也像過熱的CPU一樣全部停擺，你瞬間喪失了搜尋資料、處理資料的能力。雖然你連發十二道金牌，但頸部以上卻沒有任何的回應，最後你只好投降，眼睜睜地看著可愛的新朋友走掉，而且打敗你的，竟然還是不會說話的起司盤。

我們總是以爲一開口，就要讓人驚豔，就要讓人覺得我們好風趣、好聰明、好有見地。我們的目標總是不切實際地希望讓聽者立刻發現我們的迷人之處；這是一種迷思。你知道嗎？我曾經在一個場合同時見到一堆人急著展現自己多風趣、多聰明、多有見地、多迷人，你能想像那個場面有多恐怖嗎？我快瘋了！這些人一副要用十個字征服所有人的感覺，就像「十字軍」東征一樣讓人害怕！

那是幾年前的事了吧，當時一個集合了全美智力測驗前百分之二的天才社團，叫做「門薩」(Mensa)，邀請我在他們的年會上發表專題演講。我到的時候，他們的雞尾酒會正在飯店的大廳如火如荼地進行著，而在完成入住手續之後，我拖著重重的行李通過了興高采烈的門薩「族人」們，現在顯然是他們的快樂時光。門一開，我走進的電梯裡滿載著來赴宴的人。我們一路向上，前往不同樓別，電梯吃力地頓挫了幾下。

「嗯，」我對電梯的表現有感而發，「電梯好像有點抖。」話畢，電梯內的其他乘客彷彿覺得我是在做球給他們，每個人都突然不由自主地想要施展一下自己一三二以上的智商。於是萬箭齊發，我突然有一種身處在砲彈陣地的感覺，只不過從天而降的不是砲彈，而是不請自來的專業答案。「這很顯然是電梯的導軌沒有對齊」，某人煞有介事地說；「繼電器出了問題」，另一位仁兄斬釘截鐵地判斷。這時的我覺得自己就像是一隻螞蟻困在夜店的音箱裡，我只想出去。跟這些「思想的巨人」共處一室，一點都不好玩，魔音穿腦是我唯一的評語。

在那之後，我終於能在房間裡享受孤獨。而在房裡我細想了一下，這些門薩人的答案本身其實並不算太無聊，那我的反感究竟是從何而來呢？我想出來的答案是他們太猴急、太主觀，不巧我當時又累了。他們這麼「ｈｉｇｈ」，只是徒增我的錯愕與不悅罷了。

所以你可以了解，**閒聊的祕訣不在於你知道什麼，說了什麼，而在於你怎麼說，在於對方的感受**。閒聊的最高指導原則是要讓對方覺得舒服，要在其實什麼都沒說的狀況下讓對方如沐春風，就像貓咪發出嚕嚕聲，寶寶的打呼聲，甚至是禪修時的誦經聲，都是類似的概念。總之你在出聲之前，一定要考慮到對方的心情與感受。

上音樂課的時候，老師會彈風琴起ｋｅｙ帶同學們練習發聲，而厲害的溝通者就像那些學生，他們會去聽別人說話的語氣，然後用同樣的頻率順著話講。他們不會白目地闖進別人耳裡，這一點值得門薩人好好學習。如果門薩人眞如他們的智商所顯示的那麼冰雪聰明，那他們就應該觀察到、考慮到我當時身心俱疲，先順著我的話說：「對啊，這電梯好慢喔，是不？」然後如果實在忍不住，再問上一句：「你有沒有想過一台電梯會慢，可能是什麼原因？」如果有人眞的先這樣鋪陳一下，我可能就眞的會提起興趣，認眞地回他一句：「有耶。」我的精神或注意力可能因此稍微迴光返照一下，對他們的解答也應該會比較提得起勁聽，甚至會饒富興味地讓他們給我上一課，瞭解一下到底什麼是導軌沒對齊，什麼又叫繼電器出了問題。說不定，朋友就這麼交上了。

我相信大多數人都遇過這種不長眼的人。你在休息，卻有同事像顆核電廠不但電力充足，還一直找你問問題；或者是反過來，你趕著要去開會快遲到了，卻有同事攔住你要跟你促膝長談。不論你平常多喜歡跟人談心聊八卦，這時你都會覺得對方想說的事情又臭又長。

正確攀談的第一步，應該是觀察對方的心情。先聽對方講一兩句話也好，看看人家現在是冷是熱，是喜是怒。請你把閒聊想成旋律，而非歌詞，旋律好聽重於歌詞內容。你可以先想想你的聽者喜歡快歌還是慢歌，然後「唱給他聽」。這是一種同理心，是一種體貼，是一種我稱之爲「破解情緒密碼」的技巧。

「破解情緒密碼」是勝敗的關鍵

掌握客人的心情起伏，是業務員的必修課。幾年前我決定替麻吉史黛拉辦個驚喜派對。這個派對非同小可，一次就要慶祝三件事情。首先，那天是史黛拉生日；其二，她剛訂婚；再者，她剛找到理想中的工作。我們從研究所以來都是好姐妹，我對要替她辦這場有著三重意義的派對，可以說興奮到都快要飛起來了。

我聽說市區一家頂級的法國餐廳有一個很漂亮的後廳可以用來辦派對。一天下午五點我開開心心地跑進這家餐廳，裡頭坐著他們的外場領班，他正無精打采地坐著翻閱餐廳的訂位紀錄。進去後我便開始喜形於色，滔滔不絕地說著史黛拉的三喜臨門，還問說可不可以看看他們傳說中很美的後廳。但看我這樣興高采烈，領班先生既沒笑也沒動，只是用有法國腔的英文冷冷地吐出兩句話：「廳在後面，要看請便。」

腦袋中「砰」的一聲！我的熱情瞬間結凍！真的是很煞風景耶！領班的低潮澆了我好大一盆冰水，但又同時讓我的火整個都起來了。什麼玩意兒嘛！什麼爛餐廳，一定是言過其實，我才不稀罕呢。老娘有錢還怕租不到地方嗎。就這樣，客人連後廳長得是圓是方都還不清楚，餐廳就失去這筆生意了。我大腳踏出法國餐廳，心裡想的是要賺我的錢，至少應該假裝一下，分享一下我的開心吧！

做媽媽的都知道，要讓小孩別哭，不是說你跟寶寶揮著手說「安靜下來！」，他就會照辦的。真有人這樣做就太蠢了。真正做媽媽的人會抱起小孩，殷勤地對著孩子邊搖邊說：「乖喔，乖乖乖。」讓寶寶知道做媽媽的知道他不開心，最後媽媽哄他的聲音就會慢慢蓋過孩子的哭鬧聲。人不管幾歲，都是大寶寶，所以同樣的手法也可以用在他們身上。你要他們不哭，就要找對他們的情緒密碼，讓他們心甘情願掏出錢來買你的東西，或者轉而認同你的想法。

技巧10：破解情緒密碼

開口前先試試水溫，聽聽對方說話的感覺，揣摩一下對方的心情。看著對方的表情，在心上按下快門，然後試著判斷對方現在是雀躍、無聊或措手不及。你要是希望對方理解甚至認同你的想法，你就必須先破解他們的情緒，搜尋到他們的溝通頻率，即便只是一下下都好。

第十一章 如何聽起來個性超級讚（不論你說什麼！）

曾經在一個宴會上，我注意到一個傢伙身邊圍著一群粉絲。粉絲目不轉睛地看著他，不論他講什麼都聽得一副津津有味的模樣。這傢伙臉上掛著微笑，會用手勢，好像完全是聽眾的菜。出於好奇，我也靠近去聽他到底是講得有多精彩。我混進他的仰慕者當中，低調地聽了一兩分鐘。突然間我發現：這傢伙講的東西很普通嘛！如果他是準備過的，那我只能說他的稿子寫得很無聊，非常無聊。但是他有個大絕招，那就是他在言談中所顯現出的熱情。**雖然他要講的事情平凡無奇，但透過熱情，他依舊能把群眾唬得一愣一愣。我學到了，重點不是你說什麼，重點是你怎麼說。**

「見人第一句話該怎麼說？」

常有人問我這個問題，而我給的答案每次都一樣，一個我前同事給我的答案。她的名字叫道蒂，我們曾經在同一間辦公室裡上班。道蒂午餐時間常常都留在辦公室繼續工作，於是我有時候中午要去買三明治當午餐的時候，就會順便問一聲「嘿，道蒂，要不要我幫你帶什麼回來？」

我想是客氣吧，道蒂也不好意思說不，於是她會說：「喔，都可以，你隨便買。」

「不行，道蒂！」我有點想叫出來。「說清楚你要什麼。黑麥麵包夾火腿起司？全麥麵包夾波隆納香腸，要不要蛋黃醬？花生奶油配果凍加切片香蕉？說清楚，不然我很難辦事。」

各位讀者可能會覺得有點錯愕，但針對這一節小標題所問的事情，我的答案就跟道蒂對三明治的選擇一樣：「隨便！都可以！」。因爲事實上就是如此，**你說什麼都沒有關係，但重點是你要讓人覺得放鬆，還要能讓他們感受到你的熱情。**

怎麼樣才能讓人覺得放鬆呢？主要就是你要讓人相信他們跟你沒什麼不一樣，讓人知道你能接受他們。能做到這樣，你就能打破由猜疑、畏懼、不信任所築起的高牆。

爲什麼平凡無奇可以拉近距離

山謬爾・I・早川（Samuel I. Hayakawa）博士是大學裡院長級的人物，當過美國參議員，更是非常優秀的日裔語言學家。他說過一個故事，可以說明說話「沒梗」的價值，「沒梗」是他的用語。

一九四三年初，美國剛因爲珍珠港事件被捲入太平洋戰爭，美國本土因此產生了許多日本間諜的傳言。早川有次困在威斯康辛州的奧斯哥斯（Oshkosh）火車站，一等就是好幾個小時。在火車站時，他注意到很多人用懷疑的眼光注視著他，畢竟在戰時，他的日裔外貌確實會讓一般的美國人感到害怕。對此他曾經寫道：「有對夫妻帶著一個小孩，他們看著我的眼神非常不安，彼此間還不斷說著悄悄話。」

那麼早川博士是怎麼回應這一切的呢？他就是用平凡無奇，用「沒梗的話」，卸下了這家人的心防。他對丈夫說晚上這麼冷，火車還誤點這麼嚴重，有夠瞎的。這位先生不得不同意。

「接著，」早川博士寫道，「我繼續說到冬天帶著孩子出來，火車時刻又這麼不準，做父母的還眞辛苦啊。爸爸還是只得同意。然後我問了孩子的年紀，還發表了看法表示我覺得以他的年紀，這孩子個子還眞大、眞壯。再一次，這做爸爸的還是只能點頭，但這次他臉上還多了點笑容。僵局，已經在幾句話中打破了。」

又互相閒聊了兩三句之後，換這位爸爸問了早川先生：「您別介意，但您是日裔吧？您覺得這場戰爭，日本會贏嗎？」

「嗯，」早川先生回答，「你不知道，我又怎麼會知道呢？我知道的也都是報紙上讀到的。但你眞要問我的話，我想我不覺得日本沒煤沒鐵沒油……是要怎麼打敗美國這樣的工業強權？」

早川博士說：「我對那位爸爸說的事情，我承認，既非什麼個人獨到的見解，也沒有什麼別人不知道的事情。收音機裡的專家不知凡幾……都說著同樣的話語，當時我已經連續聽了好幾個星期。但也正是因爲這些看法是如此的一面倒，所以經我轉述之後仍顯得十分熟悉。一般人都會自然而然覺得這些看法是對的，不太會去與之唱反調。」

威斯康辛的那位爸爸也不例外。他立刻附和了我所說，還一副鬆了一大口氣的樣子。他對我說：「欸，現在打起仗來了，你的家人不會還在日本吧！」

「他們現在就在日本，」早川先生說。「我父親與母親還有兩個妹妹都還在日本。」

「你還連絡得上他們嗎？」那位男士問。

「哪有可能？」早川先生回答。

聽早川先生這樣說，這對夫妻同時顯露出不捨與同情。

「你是說戰爭只要不結束一天，你就見不到家人的面，也得不到他們的消息嗎？」

他們後來還繼續聊了一會兒，但重點是短短的十分鐘，這對夫婦已經願意邀請他們原本眼中的日本間諜，早川先生，找個時間到他們居住的城市拜訪，或許到他們家吃個晚飯聚聚。而引發這樣巨大改變的，不過是早川先生沒啥新梗的家常閒聊。**溝通大師會知道開頭的前幾句話，就得像早川先生所示範的那麼樣讓人感到輕鬆、自在、家常，沒有壓力，但又不失真誠**。早川在言談中兼顧了感性、誠意與熱情。

從「沒梗」出發

當然，我們沒有必要老是說些沒新梗的東西。如果你發現聊天的對象妙語如珠，機智過人，你當然也可以適時出手，與之一較高下。在互相激盪之下，你們的對話就會很自然地加溫。不用急，也不要像門薩成員那樣「炫智」。**破冰的要訣就是要拿出勇**

氣，不要怕沒梗。因為記住，別人看的不是你說了些什麼，而是你說話時的態度。

技巧11：平凡中見熱情

擔心不知道如何開口，開口該先說些什麼嗎？別擔心了，因為你給別人的印象，八成跟你說了些什麼，一點關係都沒有。第一次見面，你說什麼幾乎都沒差，不論你說的東西多無聊，多沒新意，都可以用體貼、誠懇、禮貌與熱情去彌補。你的熱情，會讓平凡的話題也莫名變得精采。

「都好，就是不要德國肝腸！」

再回到午餐時間的道蒂。有時候當我正準備踏出辦公室門，納悶著該替她帶哪種三明治回來的時候，她會突然從後面叫住我：「都好，就是不要德國肝腸」。謝了，道蒂，早說嘛！

關於閒聊，我認定的「德國肝腸」，也就是唯一不能要的東西，叫做抱怨，叫做不禮貌，叫做讓人不舒服，這三樣是同一件事。如果你一開口就抱怨，那二話不說，別人就會認定你是個喜歡抱怨的人。何以見得呢？很簡單，因爲那是你留給別人第一也是唯一的印象。其他百分之九十九的時候你可能都是個小甜甜，既開朗又不拘小節，但別人怎麼會知道呢？人家根本沒機會看到你的其他面。如果你第一次在別人面前出現就在抱怨，人家只好認定你愛抱怨；如果你的第一句話很沒禮貌，別人只好認定你是大老粗；如果你一出口就吐不出象牙，人家只好認定你嘴巴壞。就這麼簡單。

除了不要抱怨，不要失禮，不要口無遮攔以外，其他你基本上可以自由發揮。你可以問他們老家在哪兒，問他們跟宴會的主人是怎麼認識的，也可問他們身上的衣服很好看是在哪兒買的，你可以臨場看有什麼靈感。重點是不論你想的話題再平凡，也要拿出熱情去點燃對方的熱情。

還是覺得對陌生人卻步嗎？我們暫且先不去管如何達成有意義的溝通，換個心情，接下來我會先跟你分享三項馬上可以上手的小技巧，讓你知道如何跟人在宴會上融冰，然後是九招讓閒聊「小兵立大功」。

第十二章 如何讓人想跟你聊天

善於與陌生異性攀談，或者說的白點，善於向人「搭訕」的單身男女，往往都有一種很令人豔羨的能力。你可以說這些人很「奸巧」，但這對他們不論是在感情上、交友或在工作上開拓人脈，都是一項利器。這項技巧並不需要你本身多厲害，而是需要你有勇氣去隨身展示你的一樣東西，一塊招牌，一樣我稱之爲「那是什麼啊」的道具。

什麼是「那是什麼啊？」，「那是什麼啊？」是任何你可以穿著或拿著的特殊玩意兒，不論是一個外型很少見的別針，一個設計很獨到的包包，一條配色很亮眼的領帶，還是頂效果很驚人的帽子，**「那是什麼啊？」的任務就是要吸引旁人的注意力，讓他們想要靠過來問聲：「哇，這是什麼啊？」**。至於你的「那是什麼啊？」要招搖醒目還是低調一點，就要看你的個性與場合而定。

我的脖子上會掛著一副略顯老氣的眼鏡，乍看之下有點像是雙筒望遠鏡。特定場合往往會有好奇的人圍觀問說：「這是什麼啊？」。而我會解釋說這是我祖母傳給我的長柄眼鏡，而這一問，話匣子往往就會打開，我跟對方就會開始聊起戴眼鏡有多麻煩，老花眼有多討厭，甚至跟祖母的感情深淺，乃至於珠寶骨董都可能成爲話題。基本上只要跟這副眼鏡稍微沾上邊的東西，甚至沾不上邊的東西，都可以聊。

也許在不知不覺中，你曾經領教過這項即將失傳的技巧，只不過你是被動接受的那一方。在某個場合中，你是否曾經注意到某個人很有趣，讓你想找他或她聊聊？然後你會絞盡腦汁想要找個理由去接近這人。這時候老天爺聽到了你的呼喊，讓你發現他身上穿戴著某個很詭異、很狂野、很美妙的東西，讓你有可以發揮、可以起頭的空間。

讓「那是什麼啊？」爲你牽紅線

你的「那是什麼啊？」是一種社交上的輔助工具，對你在職場上建立人脈或在人海中追求眞愛，都有很大的助益。我一個朋友亞歷山大會隨身戴著希臘的「去憂念珠」，但他其實基本上無憂無慮。他之所以這麼做，只是因爲他知道戴著這珠珠，對他有興趣的女生才有理由接近他，過來問他一聲：「這是什麼啊？」

各位男士們，你們可以想想。假設你人在宴會上，這時角落有位漂亮的小姐注意到你，想跟你講話，但她腦中想的是：「嗯，這位先生，你看起來很可口，但是天啊，我實在想不到東西可以找你講，你身上一點可以供我發揮的東西都沒有。」

當個福爾摩斯，學著見縫插針

除了讓別人有機會「借題發揮」，你也應該學著去「見縫插針」。**你也得學著像個名偵探一樣去注意別人身上的蛛絲馬跡，同時也得像馬蓋先一樣只要幾個螺絲釘，就可以蓋出一棟台北一〇一**。看到大老板的背心口袋裡塞著條手帕，你可以大方一點表示好奇；看到離婚富婆的上圍前面有個鑲鑽的胸針，你大可花言巧語給予讚嘆；看到夢幻企業的執行長手上有個大學的指環，就盡量去亂問看看吧！

看到習慣大手筆的買家在他西裝折領上有個小小的，一般人會忽略掉的高爾夫球俱樂部別針，千萬別當做沒看到，一定要提。談得投機的話，說不定就是上百項零件或產品的訂單到手。你可以說：「對不起，您的別針實在太顯眼了，我實在沒辦法當沒看到。您打高爾夫球嗎？我也是耶。您平常都在哪裡打？」

你的名片跟你的「那是什麼啊？」都是重要的社交工具。不論你人在電梯裡，在爬階梯，還是在走路要去參加婚禮，請確定你有把工具帶在身上，而且要大剌剌地放在每個人都看得到的地方。

技巧12：隨身帶著「那是什麼啊」

去到任何場合，記得戴著某樣特殊的東西讓人覺得你很有趣，讓不認識你的人會想大老遠穿過人群，到宴會廳的另外一角，只為了問你一聲：「對不起，我實在很難不注意到你的……，那是什麼啊？」

另外一個可以很快上手的技巧源自於破釜沉舟的政治人物，他們只要在社交場合中見到任何一張可能拉到的票，若是對他們選情可能有一丁點幫助的臉孔，都會死纏爛打，非問到對方是誰不可。這種做法，我稱之為「那是誰啊？」，這項技巧可以讓你想認識誰，就認識誰。

第十三章 如何想認識誰就認識誰

假設你很想認識生意上一位重要人物，但經你仔細端詳他的外貌，卻一無所獲。他從瀏海的捲度到靴子的鞋尖，都沒有可談論之處。他身上完全找不到「那是什麼啊？」。

若發現「那是什麼啊」是死路一條，你不妨轉而試試看「那是誰啊？」。**你可以學政治人物臉皮厚點兒，主動找宴會的主人問說：「那位男士看起來很有趣耶，他是誰啊？」**，問完你還可以請主人幫你引介。別害羞，別遲疑，宴會主人會很開心你覺得他請來的客人有趣。

如果你不想過於打擾與其他客人聊得正起勁的宴會主人，也不用擔心，你單槍匹馬還是可以使出「那是誰啊？」這招。一個人的話，你就不要麻煩主人幫你引薦了，只要勤勞一點，跟主人稍微要一點資料，讓你有足夠的材料可以發揮就行。**你需要的資料包括目標對象的工作、興趣與消遣**。

假設宴會主人說：「喔，那個喔，那是史先生啊。我不確定他是做哪一行的耶，但我知道他喜歡滑雪。」啊哈，這下子你有東西可以用來破冰了；於是你二話不說朝著史先生奔去。「嗨！您是史先生嗎？蘇珊剛跟我提起您，她說您滑雪是一把好手耶，您都去哪兒滑啊？」我想我舉這個例子，你應該懂得舉一反三了吧！

技巧13：那是誰啊？

想多認識人，「那是誰啊？」是非常有效，但在政治圈外鮮為人知的技巧。對某人有興趣，你要不可以請宴會主人正式幫你引介，要不可以主動跟主人要資料，以作為你去破冰時的材料。

想認識誰，就認識誰的三小技巧，接下來是第三部曲。

第十四章 如何打進小團體

你發現有位美女你非認識不可，但她身上又找不到「那是什麼啊？」，宴會主人也不知道跑到哪裡去了。更慘的是，她正與一群朋友聊得超開心。看起來你跟美女搭上線的機率不大，畢竟你身爲一個陌生人，總不能莫名其妙地跑過去說：「對不起，我想過來打聲招呼，順便聽聽你們在聊什麼。」

如果是政治人物，就不會被這樣的狀況打敗，他們會鍥而不捨，會想其他的辦法。其中的一種辦法，就是所謂的「偷聽」。偷聽，不是什麼好聽的字眼，很容易讓人有偷偷摸摸的感覺，甚或是有負面的聯想。說到偷聽，就讓人想到竊聽，讓人想到水門案，讓人腦海中浮現小偷在陰暗處鬼鬼祟祟的畫面。偷聽跟政治圈的淵源太深，所以一不小心，你就會往這些不好的地方去想。

在宴會上，你想打進哪個小圈圈，就盡量站得離他們近點。站近點的好處是你只要把耳朵豎高一點，就有可能「偷」聽到他們在說什麼。然後這當中或許就會有可以為你所用的關鍵字，讓你可以打蛇隨棍上，加入他們的話題討論。「對不起，我不是故意要偷聽（明明就是），但你們是不是在聊……」，來上這麼一句，你就可以順勢講下去。比方說，你聽到對方提到百慕達，你就可以說：「我不是故意要偷聽，但你們是不是在聊百慕達群島，我剛好下個月要去耶，有什麼建議嗎？」

只要先進了門，接下來你就可以想辦法把討論轉到你希望的話題上面，進而把你想說的話說出來。

技巧14：偷聽

「那是什麼啊？」找不到？「那是誰啊？」找不到宴會主人幫忙？別擔心！

你可以悄悄溜到你想「滲透」的團體後面豎起耳朵，等待一絲絲見縫插針的機會。機會一來，即便看起來再不起眼，你也要毅然決然地掌握住，大聲地說出：「對不起，我不是故意要偷聽……。」

別人會不會熊熊被你嚇一跳？答案是會。

別人會不會很快原諒你？答案是會。

你會不會達成目的，成為討論中的一員？絕對會。

介紹完了這三個小技巧，現在讓我們跳回原本的討論列車，下一站是「閒聊」鎮，終點站則是「有意義的溝通」之國。

第十五章 怎麼把「你老家在哪兒」變成一個超熱血的問題？

你不會夢想光著身子去赴宴吧。同樣的道理，我想你也不希望在與人交談時面對兩個問題毫無招架之力，好像沒穿衣服一樣又冷又窘吧？**這兩個問題都非常常見，兩個都可以說是宴會時的固定咖；一個是「你是哪裡人？」，一個是「你是做什麼的？」**

一般被問到這兩個問題，大多數人就像把凍成像冰塊一樣的牛排摔在脆弱的瓷盤上，要嘛把一個沒頭沒腦的地名或方位像磚頭一樣丟給對方，要不就是留下一個莫名所以的職稱，讓與談的對象丈二金剛摸不著頭腦。不論是哪一種狀況，結果都是一樣：對方閉嘴，不想理你了。

你人在會議場地，每個新認識的朋友一定都會問你：「你是哪裡人啊？」，這是一定要的。而當你給他們一個短短的、乾乾的地名：「喔，我老家愛荷華馬斯卡汀 (Muscatine)」、「緬因米利諾基特 (Millinocket)」、「內華達溫尼馬卡 (Winnemucca)」，或是其他讓他們陌生的不得了的獨特地名，你覺得他們除了一臉茫然，還能夠有什麼樣的反應呢？就算你的老家相對比較知名，是在地圖上比較好找的都市像科羅拉多州的丹佛、密西根州的底特律，或是加州的聖地牙哥，對方也不見得能夠招架得住，除非他是《國家地理雜誌》的粉絲，或者是大學歷史系的教授。聽到你斬釘截鐵的答案，對方只會急得像熱鍋上的螞蟻，煎熬地思索著要怎麼接話，內心狂吼著：「我該說什麼？」。再者即便你來自像紐約、芝加哥、華盛頓特區，或是洛杉磯這樣的世界級大都會，聽到的人也不見得能夠熱情地回應。我跟別人說我來自大蘋果紐約，苦無線索的他們該說什麼呢？難不成要說：「紐約，我熟啊，搶劫很多嘛！」

聽我一句，算是幫你自己一個忙，幫所有的人一個忙。**從現在開始，聽到人家問你從哪裡來，老家在哪兒，不要再那麼吝嗇，多講一點，空口說白話不用成本，好嗎**？請你多發揮一點，好讓問的人有多一點的燃料可以讓這段談話走遠一些。對方恨不得你多說一些，讓他們把油箱加滿，好讓他們的社交引擎可以不要熄火。如果你的話是乾糧，對方就是三天沒吃飯的遊民，多施捨他們一些吧！不用多，你只消多說一兩句介紹你的老家；**或許是那裡的特產，或許是當地的名人，也可能是某筆趣聞或軼事**，總之對方快溺水了，快丟個救生圈過去吧！

數個月前，有個職業工會邀請我去演講，他們希望我談的是人脈的建立，順便跟會員們分享一下口語溝通的技巧。在演講前，工作人員幫我引見了工會會長戴芙琳女士。

「您好。」她先開了口。

「您好。」我行禮如儀。

接著會長笑了笑，一副等不及我施展幾招談話技巧的樣子。我問了她老家在哪兒，她丟了個「俄亥俄州哥倫布」給我，然後立刻露出大大的笑容，等著看我怎麼接招。

這麼冷的起頭，我只得讓大腦加班，看能不能盡快想出個熱一點的回應來讓兩人之間講得下去。我所有的腦細胞全部動員起來，成就了下面的思考過程：「好吧，哥倫布鎮，我沒去過哥倫布鎮，嗯，有點棘手，我對哥倫布鎮所知有什麼呢？我認識一個算是個滿成功的講者叫傑夫，他現在好像就住在那裡。但哥倫布還沒有小到她跟傑夫會認識吧……而且『認親』好像是小朋友才會玩的遊戲。」我外表看起來也很自在，但內心卻持續激盪著。「我想這地名應該是源自航海家哥倫布……但我也不確定，我看我還是別提這件事好了，免得多說多錯。」這之後我又很快地想到了四五個可能性，但最後還是打消了念頭，因爲細想這些話題不是太沒深度、太幼稚，再不就是太天馬行空。

想到這裡，我警覺到時間仍持續一秒一秒地過去，戴芙琳女士仍站在我面前，笑容愈來愈僵。她顯然是在等我這位「專家」來給她家教一下，反正不到一個小時之後我也是要給他們的會員上課，而且教的就是說話，就是談笑風生。我想會長期待是我能用嘴把鐵棍折彎，讓死人復生吧！

「喔，哥倫布鎮嘛，我知道。」我勉強擠出幾個字，但女會長臉上的表情已經扭曲得不成人形，就彷彿她是病人躺在手術檯上，看著外科醫生拿著手術刀低頭問她：「妳的盲腸在哪兒？」

最後我還是沒有從哥倫布鎮發想出什麼好梗，但我的犧牲是値得的，因爲我從這次的刀口舔血中得到了一個教訓，而這教訓又昇華成了一項技巧，一項叫做「來自哪裡，多說幾句」的技巧。我想後人會因此感念我的。

技巧15：來自哪裡，多說幾句

「你是哪裡人？」，這是社交場合中一定會出現的考古題。而被問到這樣的問題，千萬不要去考驗對方的想像力，那樣對他，對你，都不公平。而我所謂不要去考驗，不要去高估對方的想像力，意思是你不要讓對方覺得你的答案很乾，你應該盡量多說幾句。

關於自己的家鄉，你應該平常就累積一些有趣的常識或八卦，好適時用來做球給對方。你打給他們的球好打，他們回擊球的「質量」也會比較高，而回擊球打得好，他們自然會覺得跟你聊天很開心，把部分功勞記在你身上。

因魚施餌，因人制宜

會釣魚的人，就知道釣不同的魚，要用不同的餌；今天你要捕的是小蝦，有蝦餌，你要抓的是黑鮪魚，就得下重本買活魚當餌。同樣的道理，**你今天面對不同的對象談話，拋出的話題也必然要有所選擇**。有的人是軟弱的小蝦，有的人是精明的白鯊，你的鉤跟餌自然要能與其匹配。以我而言，我老家是華盛頓特區。如果有人在畫廊問我來自哪座城市，我可能會回答：「華盛頓特區，你知道華盛頓特區的都市設計是出自誰之手嗎？跟設計花都巴黎的是同一人喔。」你起了這樣的頭，兩人間潛在的話題就多了；你們可以接著聊都市計畫如何是一種藝術，可以聊巴黎的種種，可以聊其他城市設計的好與不好，可以聊去歐洲旅行的見聞，族繁不及備載。

在同爲單身的場合中，我會回答說：「我來自華盛頓特區，而我之所以離開那裡，是因爲那裡的男女比例是一比七。」有了這樣的開頭，你們便可以接著聊單身的甘與苦，可以聊好男人都死哪去了，甚至可以交換心得，互相學習如何吸引男人。

對於政治性的場合，瞬息萬變的華盛頓政壇可說是我的寶庫，我可以信手拈來某件時事，不同立場自然會吵起來，你絕對不用怕會冷場，你比較需要擔心的是沒辦法收尾。

你用來引發話題的釣餌要去哪兒找呢？你可以先打個電話給所屬鄉鎮或城市的商業局處或文史工作室，看看他們那邊有什麼資料。另外高科技的一大好處是，你可以上網搜尋自己的家鄉；若是不想插電，你可以翻開現在已經有點老掉牙但還是十分好用的百科全書。不論是哪一種，你都可以從中得到很多靈感，你將來聊天會用得到的靈感。**書到用時方恨少，你平常就應該保持對歷史、地理、經濟、統計等知識的好奇心，再加上幾個笑話跟一些幽默感，我相信你尚未謀面的朋友一定會被你逗得很開心。**

與戴芙琳會長的小插曲，給了我動力去做進一步的研究。那天演講完回到家，我就立刻打了電話到哥倫布鎮的商務處與歷史學會。假設你也是俄亥俄州哥倫布鎮的鄉親，而你的新朋友問你說：「你老家在哪裡？」，你可以怎麼回答呢？假設你的朋友從商，那麼或許你可以試著回答：「我老家在俄亥俄州哥倫布鎮。你知道很多大企業都選擇在哥倫布鎮進行產品測試，因爲哥倫布的人口具有可以代表全美常態的消費者組成。事實上，哥倫布鎮有個外號是『最美國的美國鄉鎮』。有人說東西能在哥倫布鎮賣得好，在整個美國就能賣得好；在哥倫布賣不好，整個美國也不可能賣多好。」

如果對方是姓德國姓的小姐，你可以跟她分享哥倫布鎮的德裔背景，你可以跟她說鎮上有日耳曼風味的磚頭街道，還有讓人彷彿回到一八五〇年代的可愛小屋。這些東西一定可以讓她的鄉愁與思古之幽情油然而生。跟你聊天的人姓義大利姓嗎？你可以跟他說哥倫布有個姊妹市，就是義大利的捷諾瓦鎮(Genoa)。

對方很迷美國歷史嗎？你可以告訴他哥倫布地名的由來還眞的是我們所熟知的那位航海家哥倫布，而且鎮上的奚奧托(Scioto River)河面上還停泊著一台復刻版的聖塔

瑪利亞號 (Santa Maria)。對方還是學生嗎?你可以跟他說哥倫布小歸小，鎮上的大學卻多達五所。

再提三種可能。你隱約覺得對方是個藝術家?「啊!」你可以故作輕鬆地丟出一句，「藝術家喬治．貝諾斯 (George Bellows) 是哥倫布人耶!」

如果身爲哥倫布人，你完全不知道談話對方的來頭，你還是可以做好萬全的準備來面對任何人。不論遇到誰，你都可以跟他們說你介紹自己的家鄉時，一定要連州帶鎮的說清楚你來自「俄亥俄州，哥倫布鎮」，因爲美國的哥倫布鎮多了。換句話說，哥倫布在鄉鎮裡頭，是個「菜市場名」。除了俄亥俄，美國有哥倫布鎮的州還包括：阿肯色、喬治亞、印第安納、堪薩斯、肯塔基、密西西比、蒙大拿、內布拉斯加、紐澤西、新墨西哥、北卡羅來納、北達科他、賓夕維尼亞、德克薩斯、威斯康辛，整整十五個州。十五個州，就代表十五個可能的話題。記住，正如一位出口成章的大人物曾經說過：「如果下句話輪不到他講，誰要聽你滔滔不絕?」

哥倫布事件固然不堪回首，但還有後續。幾個月後，我跟那位同爲講者，而且老家也在哥倫布的朋友傑夫說到那次的「創傷」，傑夫才跟我說他的故鄉其實不在哥倫布，而是距離哥倫布開車要幾分鐘的一個小鄉鎮。

「什麼小鄉鎮啊，傑夫?」

「俄亥俄州迦哈那鎮；迦哈那是希伯來文，意思是『地獄』。」他說。然後他又解釋了他爲什麼覺得古代的希伯來歷史學家是天眼通。

謝了，傑夫，我就知道你不會像戴會長那樣對我。

第十六章
被問到「那你是做哪一行的？」如何完美落地？

人生在世免不了的三件事，除了難逃一死跟每年都要繳稅之外，第三樣就是剛認識的人一定會冒出這麼一句：「所以你是做什麼的？」這樣問到底算不算失禮，我們後面會再討論這個很棘手的問題；我現在想先跟各位討論的，是每當被問到這個白目的社交考古題，有哪些「防身術」可以讓你的溝通履歷毫髮無傷，繼續在所有人心中扮演溝通之神。

首先，就像「介紹自己，多說幾句」一樣，**別因為別人問得很簡單，你就也答得很**

簡單。如果你只丟出一個乾乾的職稱，對方就會像甲板上的魚一樣作垂死掙扎，不知所措。你如果只說：「我是精算師／會計師／作家／太空物理學家。」那對方就得可憐兮兮，像個白癡一樣地多問一句：「那，呃，精算師／會計師／作家／太空物理學家都是在幹嘛啊？」這樣被糟蹋，我眞是替他覺得不值啊！

假設你是律師，就**請你在自我介紹的時候說說自己平常都在幹嘛，說得愈具體愈好**，不要讓別人一整個狀況外，畢竟沒在律師事務所上過班，誰會眞的知道裡面在忙什麼。而所謂具體，**你可以舉些例子，說些能拉近距離的小故事**。如果跟你聊天的是位年輕媽媽，你可以說：「我是律師。我們事務所專攻僱傭關係間的訴訟。其實我現在手上就有一個案子的當事人是一個新手媽媽，她因爲必要的醫療而多請了產假，卻因此被公司解僱，我們正在想辦法替她爭取應得的權益。」聽你這樣說，做媽媽的人一定會很有感覺。

技巧16：介紹自己的工作，不要乾乾地

不可避免地被問到「那你是做什麼的啊？」，你可能會覺得「我服務於金融業／我在教育界／我是工程師」就已經很夠了，不過那是因為你自己身處這

些領域，所以會想當然爾地以為所有人都知道你們在幹什麼。但正所謂隔行如隔山，其實別人對你們的工作內容近乎一無所知。外行人對財務專家，對中學教師，對工程師的認識，就跟對古生物學家、心理學家、A片製片的了解一樣……的少。

多說一點，具體一點。你可以說些工作上有趣的事情，讓新朋友有東西可以咀嚼，可以消化。否則他們很快就會以各種理由跑掉，不久你會看到他們在點心檯旁邊咀嚼起司。

跟企業主在聊天嗎？你可以說：「我是律師，我們的事務所專做僱傭關係的訴訟案。我現在手上就有一位老闆被告，他有位女性員工指控說他面試不當，問了她很多私人的問題。」做老闆的一定會有共鳴。

慘痛的教訓：當新朋友不善於介紹自己的工作……

我還記得遇過吝於介紹自己工作的人，那種接不下去的感覺眞是痛苦。有一次是晚宴上，有位仁兄自我介紹說：「我是核子科學家。」這眞的是我的罩門啊！於是我的回擊顯得非常沒有「質量」可言，我說的是：「喔，那一定很有趣吧！」我想說完這句話，我在核子科學家的心中，大概就跟核子塵一樣地微不足道吧！

我都還沒完全從核子彈爆炸的餘震中恢復過來，旁邊另外一位男士又補了一槍，這次我聽到的是：「我本身從事的行業是工業研磨材料。」這位男士話畢，就安靜下來，一副等著看好戲的樣子。我鼓起餘勇，來了這麼一句：「嗯，哇嗚，天啊，你一定得很會判斷東西哪個軟、哪個硬吧！」結果可以想見，很爛。從那之後到晚宴結束，我們三個人都沒再講過任何一句話。

才上個月的事吧，我有位熟識的朋友誇口說：「我計畫要到特拉基草原社區學院(Truckee Meadows Community College)傳授藏傳佛教。」話畢他也沒多做解釋。天曉得如果我對藏傳佛教的了解是零，那我對特拉基草原社區學院的了解就是負一。**記得有人問你做哪一行，一定要提供他們可以現學現賣的資料，讓他們可以接得上氣，接得上話。**

第十七章
如何以主人之姿扮演潤滑劑

幫助新朋友度過一開始的尷尬，是一個重要的課題。

「蘇珊，我來幫你介紹一下約翰．史先生。約翰，這位是蘇珊．瓊。」嗯，你覺得這樣算是好的介紹嗎？就只有對方的姓名，你覺得約翰跟蘇珊發展得下去嗎？

「史？是喔，那是歷史的史，對吧？」

「嗯，喔，天啊，你叫蘇珊啊，嗯，嗯，好特別的名字啊！」

成事不足，敗事有餘，就是你這種介紹法的寫照。我們不能怪約翰或蘇珊不夠機靈，而該怪當中介紹的那個人，但話又說回來，大部分的人在扮演介紹人角色的時候，做法大抵跟上面所描述的也差不了太多，多半都是乾乾的，只給名字而已。這就好像拋出了釣竿，但魚鉤上卻沒有可以願者上鉤的餌，爲德不卒，大抵如是。

人生勝利組的成員不一定很健談，但他們絕對不會讓有益的對話在他們眼前夭折。他們之所以能夠做到這一點，是因爲**他們懂得一項技巧叫做「介紹別人，絕不吝嗇」，他們知道要讓兩個人之間產生友情或愛情的火花，絕對不能在資訊提供上小氣。他們在**

擔任介紹人的時候，會知道要多買幾張保險，而這所謂的保險就是多提供個人資料。比方說他們會這樣說：「蘇珊，我幫妳介紹一下，這是約翰，約翰有一艘很棒的船喔，我們去年夏天好些朋友都到船上給他招待。約翰，這是蘇珊，蘇珊很優秀喔，她是《平價美食》雜誌的總編輯。」

在介紹裡穿插資訊，讓雙方都有機會可以大做文章。因爲知道了約翰有條船，蘇珊便可以追問約翰的船是哪一種，長得什麼樣子，去過什麼地方。而因爲知道了蘇珊的工作跟文字有關，約翰便可以顯露出自己文青的那一面，跟蘇珊交換寫作的心得。甚至因爲知道了蘇珊主編雜誌的主題，他還可以跟蘇珊聊下廚、聊食物。有了這樣的開頭，這兩人的對話就可以很自然地拓展到其他的主題像是旅遊的經驗、心得、海上生活、喜歡的食物、餐館、外食的預算、平日閱讀的雜誌，甚至是對文字的品味等等，可能的內容就像是恆河沙數，不可勝數。

技巧17：介紹別人，絕不吝嗇

介紹別人的時候，一定要記得在魚鉤上裝上餌，才把釣竿拋出去。請不要呆呆地站在那裡傻笑，活像是個微開但又不大開的牡蠣，令人生氣，徒然讓新朋友像離水的魚在大熱天的水泥地上掙扎求生，渴求話題就像渴求天降甘霖一樣。開口正如拋出釣竿，拋出的釣竿上面一定要有釣餌，開口說話也一定要有梗，這樣你才能讓新朋友們水乳交融起來。能做到以上這些，你身為主人才算負責任，才能悠遊在會場裡不斷地創造人脈的連結。

如果你覺得在介紹別人的時候提及人家的工作有些不妥，你可以避開這一塊，改介紹他們的興趣或是某項才藝。前幾天在一場聚會場合上，女主人給我介紹了一位男士叫做吉爾伯。女主人開口是這麼說的：「萊拉，我幫妳介紹一下吉爾伯。吉爾伯很有雕刻的天賦喔，他做的蠟雕超美的。」我記得當時自己心裡想著的是：「天賦，說得好，這位女士眞懂得介紹人，眞懂得帶動話題。」

讀到此處，你身上已經配備了兩種技巧讓自己的個性更吸引人，三項技巧讓你成功搭訕，還有三枚錦囊妙招讓初生的對話不至於胎死腹中，我想是進行下一步的時候了，你已經可以從溝通大學的大學部畢業，準備讀研究所了。大學部學的是「閒聊」，而你現在已經可以開始追求更有意義的對話了。下一項技巧保證可以讓你跟你的談話對象之間火花四射，絕無冷場。

第十八章 如何讓半聊進棺材的對談起死回生

你一個體貼的丈夫，晚上在家跟老婆做愛時，還會懂得問老婆一句：「你舒服嗎？」但白天到了公司，同一個人卻不懂得問一下同事：「我剛剛那樣跟你說話，你舒服嗎？」這樣的他，跟人溝通有問題，只是剛好而已，但他完全不知道自己的問題出在哪裡……我想這問題，也是我們很多人的問題。但有了下面要介紹的技巧，你可以安心了。你可以確信自己不論跟誰說話，都可以相談甚歡。就像我畢業舞會的舞伴一樣（還記得唐尼嗎？），你一定可以奇蹟似地找到話題，妙語如珠。

練習當個「語言偵探」

不論蛛絲馬跡多麼難找，多麼容易錯失，名偵探福爾摩斯都有信心能拿著放大鏡，在短時間內抽絲剝繭，找出眞相。就像永遠能夠洞燭機先的神探，人生勝利組的成員會知道不論線索多麼難以捉摸，他們都能夠找到正確的話題。這究竟憑的是什麼呢？很簡單，他們化身爲「語言偵探」，**善用每一次有人因為說溜嘴而在無意中透露出的資訊**。

我有一位年紀很輕的朋友叫南西，在老人安養院上班。南西對老人家有無比的愛心與熱忱，但卻仍常常抱怨院裡的長輩既難搞，話又少。她不滿的是老人家們眞的很難親近。

南西告訴我一個特別難搞的銀髮族女士叫做歐太太。南西費盡了心思，也沒辦法讓她打開心胸。

「有一天，」南西開始對我掏心掏肺，「就在前一個禮拜的壞天氣之後，我只是想要聊天，便隨口對歐太太說：『上星期天氣有夠差的喔，奶奶。』」南西說，「我這樣問應該沒什麼嘛，但歐太太整個開始抓狂，好像我怎麼對不起她了一樣。她又冷又酸地說：『壞天氣對植物好啊。』」聽完我問南西是怎麼回答的。

「我能怎麼回答？」南西說。「這女人很明顯是在給我釘子碰。」

「你有沒有想過要問歐太太一件事，就是她喜歡植物嗎？」

「植物？」南西的表情顯得不解。

「嗯，就是植物，」我斬釘截鐵地說。「反正是她要提植物的嘛。」

我對南西說就算是幫我個忙。「問問她。」我半求南西。南西還是有點抗拒，但我非常堅持。於是爲了讓我閉嘴，南西答應去問「難搞的」歐老太太到底喜不喜歡植物。

隔天，南西興高采烈地從上班的地方打電話給我。

「萊拉，你好神喔，你怎麼知道歐提斯太太喜歡植物？她不但喜歡植物，而且以前還是園丁的老婆。我平常是沒辦法讓歐太太開口，今天是沒辦法讓她閉嘴！她一聊起自家花園、她老公，話匣子就關不起來……。」

一個人如果善於溝通，就知道話題不會憑空出現。歐太太會隨口說出植物兩個字，就表示她跟植物有某種淵源。再者會主動提到植物，就表示她在潛意識裡想要聊這個。

假設歐太太回答南西時沒有提到植物，而是說：「下雨的話，我的狗就不能出去蹓躂了。」那南西就可以追問她的狗狗如何。又或者假設歐太太咕噥著說：「下雨天，我的關節炎免不了又得犯。」你能猜出她想聊什麼嗎？

不論跟誰講話，耳朵一定要打開，還得要像個偵探一樣，仔細聽線索。你得眼觀四面耳聽八方，**仔細注意對方是否有提到任何不尋常的東西，任何與你們正在說的事情有所背逆、偏離、回推，或呼應的人事時地物**。只要感覺到有任何的蛛絲馬跡，你都可以開口去問，因爲那裡面就可能藏有密碼，可以打開對方的心房與嘴巴。

兩個人若有共通點，若是有共同的興趣浮現，雙方就能一拍即合。比方說，如果有人提到自己有在打壁球，有在賞鳥，或有在集郵，而聽者也有相同的興趣，他可能就會脫口而出：「啊，你也打壁球/賞鳥/集郵喔！」

這其中的祕訣就在於：即便你不打壁球、不賞鳥，也不集郵也沒有關係，重點是你要展現出熱情。你可以把「語言偵探」的能力發揮到極致，只要嗅到一點點不對勁，就趕緊把握機會讓熱情噴發，這樣你就可以拿到入場券，進入到對方的主場，跟著對方一起搖旗吶喊，同仇敵愾。一旦到了這個階段，你要擔心的就不再是跟對方沒話講，而是站著一直聊，累到你腳痠，不過這個問題就不是我的專業了。

技巧18：學做語言偵探

就像彈無虛發的探長，你可以仔細聽取談話對象的隻字片語，根據當中的線索來判斷對方有興趣的話題為何。真相只有一個，線索絕對存在，重點是你要能一聽到嫌犯說溜嘴，就立刻撲上去將他逮捕。你可以學習福爾摩斯，辦案絕無冷場，讓對方甚至全場為你瘋狂！

現在你知道如何點燃交談的火花，我們下一步可以開始來學習讓火不要滅掉。

第十九章
如何用你選擇的話題迷倒眾生：聊對方就對了！

幾年前，一位女性朋友跟我參加了一場派對，裡面穿梭著的是形形色色的型男靚女，隨便跟任何一位攀談，生活都多采多姿得令人瞠目結舌，羨慕不已。後來我們聊天聊到這場聚會，我問我的朋友：「黛安，那天在場那麼多帥哥美女，你跟誰聊得最愉快？」黛安毫不猶豫地回答：「喔，那當然是丹尼．史啊！還用說嗎？」

「丹尼做了什麼嗎？」我追問。

「嗯，呃，我也不確定耶。」她答道。

「他住哪兒啊？」

「嗯，我不知道。」戴安回答。

「丹尼有什麼興趣或嗜好嗎？」

「嗯，我們其實沒有聊到他的興趣耶。」

「黛安，」我投降了，「那你們究竟聊了什麼？」

「嗯，我想我們多半都是在聊我吧。」

「啊哈！」我想，眞相大白了。黛安遇到行家了。

機緣巧合下，幾個月後，我很幸運地有機會跟這個行家認識。因爲之前黛安一問三不知，我的好奇心被養大了，於是我對丹尼嚴刑拷打，問出了好多東西。結果搞了半天，原來丹尼住在巴黎，在法國南部有棟濱海別墅，然後在阿爾卑斯山區也有房子。他的工作是周遊列國，替金字塔或其他古蹟監製聲光秀，工作之餘他則熱愛滑翔翼與浮潛。這樣的人，生活說是多采多姿不爲過吧？但是丹尼遇到黛安的時候，卻完全不提自己的事情。

我跟丹尼說黛安對他印象很好，但卻又對他一無所知。丹尼只淡定地回答：「嗯，認識新朋友，我喜歡問對方的事情，這樣我可以學到很多東西。我不希望焦點在我身上。」要眞正有自信的人，才能做到這樣。**有自信的人知道要成長就要多聽，多說則無益。而在傾聽的時候，他們也在不知不覺中迷倒了說話的人。**

行銷自己，像在賣豪宅或名車

幾個月前，在一場職業講者的大會上，我跟一位同爲講者的朋友布萊恩・崔西聊了起來。布萊恩訓練超級業務員是一把好手。他對學生說把燈光打在產品上，準客戶不見得會有太多感覺，但你把燈光打在準客戶上，他們多半最後會伸手掏錢。

所以各位業務先生小姐，這項技巧對你們特別有意義。**把自己想成是燈光師，打燈的時候記得忘掉自己，產品打一點點，大部分的蘋果光應該保留給你的買家**。這樣你不論是想要行銷自己，還是行銷產品，效果都會好得出奇。

技巧19：把光打在對方身上

遇見新朋友，記得把自己想成是燈光師，而且要盡量把光打在對方身上。一般來說，誰在說話，光就會在誰身上，而讓別人說話，讓光留在別人身上有兩個好處。其一對方可以享受明星的待遇，暢談自身的事情讓你獲益良多；其二是你會留在暗處，讓別人對你一無所知，這樣事後想起來，他們對你的興趣也會因為好奇心而隨之大增。

第二十章
如何不再擔心「我接下來要說什麼？」

當然有時候不論是再健談的人，也會遇到撞牆期。有時候遇到省話一哥，或是口音太重、咬字太差的人，任你是多大牌、多老牌的語言偵探也只能舉手投降。

如果你覺得有無力感，覺得很多時候你出於利益或同情希望能與對方交談下去，但卻無力回天，無語問蒼天的話，這裡我提供一個成功率很高的方法，讓星星之火可以再度燎原，我稱之爲「鸚鵡學語」，沒錯，就是那種熱帶的鳥兒，鸚鵡。這種鳥兒厲害的地方就在於牠們只不過拾人牙慧，就贏得了眾人的寵愛。

你有沒有過這樣的經驗？人在屋子裡走來走去忙某件事，電視在背景裡開著，而螢幕上有網球選手在底線對抽。你雖然眼睛沒有看著電視，但耳朵可以清楚聽到網球清脆的回擊聲，喀拎、喀嚨、喀拎、喀嚨、喀拎……然後突然間，聲音沒了。原本你並不特別在意比賽的狀況，但習慣的反復突然中斷，你的注意力馬上被吸引過去。發生什麼事了？你立即的反應就是放下手邊的工作去看一下電視。

同樣地在與人交談的時候，一來一回也就跟打網球一樣。你先起頭，對方回擊，然後再換你接他的回擊，以此類推，只不過在你們之間往復的東西不是網球，而是一連串的點頭致意或嗯嗯啊啊，而透過這些訊號，你讓對方知道球已經打過來了，而且在界內。過程中你們交換著默契，共享著節奏。

「我接下來該說什麼？」

再回到那個午夜夢迴仍令人驚恐萬分的時刻，該你說話了，腦袋卻空白一片。別慌！**如果一時不知道該回答些什麼，你除了用嘴巴或用身體其他部位來表示你「聽到了」之外，還有一種選擇是重複對方的話**，就像隻鸚鵡一樣，對方說什麼你也跟著說什麼就對了。不過，你不用全部重複，而**只需要重複對方最後一句話的最後兩三個字就行了，重點是口氣，你的口氣要聽來帶著感情，帶著好奇**。這樣你就成功把球打回去了。

我有個朋友菲爾常來機場接我。通常我因爲很累了，所以坐在他車上都會很沒禮貌地直接在後座睡著，簡直就把菲爾當成了司機。

幾年前一次特別疲憊的旅行回來後，我把旅行箱往行李廂一扔，然後就不客氣地坐進了副駕駛座。正當我快要睡著的時候，菲爾說到他前一晚去看了音樂劇。通常我只會咕噥兩聲，然後就不省人事了，但這一天我比較有心，主要是我這趟出去學到了「鸚鵡學語」的技巧，正愁沒有機會試試寶刀。於是我振作了一下，說了聲：「音樂劇？」我突然變身成一隻好奇的鸚鵡。

「嗯，對啊，很好看喔。」他回答說，但口氣好像也不覺得這個話題能延續下去，他大概以爲我仍舊不會是睡魔的對手吧。

「很好看？」我一整個鸚鵡上身。驚喜於我這麼感興趣，他說：「是啊，導演是史提芬．桑德罕，劇名叫《惡魔理髮師：史溫尼．陶德》(*Sweeney Todd*)。」

「史溫尼．陶德？」我繼續重複他的話。這時候菲爾整個興致都來了。「是啊，音樂超好聽的，劇情也怪得很精彩……」

「劇情怪？」我繼續跳針。總之，我只要不斷地像鸚鵡一樣重複他的話，菲爾就會欲罷不能地一直講下去。結果半個小時過去了，菲爾跟我交待了故事的內容，他說這齣劇設定在倫敦，主人翁是一個理髮師兼殺人魔。我原本還有睡意，但一直聽菲爾描述一些很血腥的劇情，我實在是睡不下去了，於是我決定忍耐一下，不斷重複他的關鍵字，就好像在聽 CD 一樣，我打算把菲爾所有的曲目聽完。

「你說這齣劇的音樂很棒？」

我的策略成功了。接下來的四十五分鐘，一直到我回到家之前，菲爾在車上爲我唱了《漂亮的女人》(*Pretty Women*)、《倫敦最好吃的派》(*The Best Pie In London*) 等等劇裡的插曲，這讓我的半夢半醒變成一件非常非常愉快的事情。我確信直到此刻，菲爾都還覺得我們沒有聊得那麼開心過。但我所做的，不過是重複他嘴裡吐出的幾個字罷了。

技巧20：鸚鵡學語

不要再語塞了。像隻鸚鵡，重複談話對象最後的幾個字，這樣你就可以把球打回對方的場內，讓說話變成對方的責任，你只要當個忠實的聽衆就成了。

各位業務員，不要再像隻無頭蒼蠅，對客人的想法毫無頭緒了。你只消運用「鸚鵡學語」的技巧，就可以讓他自動供出所有的祕密。

讓鸚鵡幫你賺大錢

鸚鵡學語就像是個開罐器，可以幫你打開別人的心房。明星業務員都知道用這項工具來直抵客人的內心，藉此搞清楚客人的心事，一些客人自己都不見得很了解的心事。我一個賣二手車的朋友保羅，就曾跟我分享過他用鸚鵡學語賣掉藍寶堅尼的故事。

保羅領著一位帶著老婆的客人在車堆中逛呀逛，陪著兩人找他們口中想買的「價格合理的車」。保羅把自家停車場裡所有「價格合理」的雪佛蘭跟福特都介紹了。正當這對賢伉儷在打量著一台「價格格外合理」的車子時，保羅問了先生他覺得如何，滿不滿意這部車。「嗯，」他若有所思地說，「我不知道這部車到底適不適合我。」保羅聽到作老公的這麼說，並沒有立刻帶他朝下一步車走去，而是重複他的話：「適合？」保羅的口氣立刻讓客人意會到他應該多說一些。

「嗯，喔，對，」客人有點跌跌撞撞地說。「我覺得這台車跟我的個性好像不太搭。」

「個性？」保羅繼續鸚鵡。

「那個，我覺得我好像需要一點運動風。」

「運動風？」保羅仍不嫌煩。

「嗯，那邊的車子看起來好像比較符合我想要的。」

啊哈！保羅的堅持讓他探出了口風，原來客人要的是運動風的車子啊。於是他們一起走向邊邊原本曲高和寡的藍寶堅尼。這寶貝一出現在眼前，客人的眼睛馬上爲之一亮。一個小時後，保羅就賺到了肥滋滋的佣金。

你也想讓喉嚨休息一下，免得「燒聲」嗎？下一個技巧可以讓你的談話對象變成自走砲，你便可以想聽就聽，不想聽還可以溜去吃東西！

第二十一章 如何讓人聊得欲罷不能（好讓你想走就走！）

任何作父親的，都沒有能力抗拒睡前在床邊聽到小朋友對自己說：「把拔，把拔，我想再聽一次三隻小豬（或白雪公主，或你跟媽媽怎麼認識）的故事。「把拔」知道小朋友會想再聽一次，是因爲第一次聽得津津有味。

從親子之間這樣的互動出發，我得出了一項技巧叫作「安可！」，這是一個可以讓你一箭雙鵰的技巧。「安可！」用在工作夥伴身上，他的反應就會像是個驕傲而幸福的父親。如果你臨時跟某人快要沒有話講了，這項技巧也可以扭轉乾坤，爲你們的互動打一劑強心針。

我曾經在一艘船上工作過，船上的工作人員大半是義大利人，乘客則多為美國遊客。每週一次，甲板上的船員必須參加由船長所主辦的雞尾酒會。在船長用可愛的破英文開幕致詞之後，船員們就照例會聚攏在一起，開始用沒人聽得懂的義大利文嘰哩呱啦地聊天。不用我說，大部分的美國遊客沒辦法跟他們互動，因為美國人只聽得懂通心粉、義大利麵、義大利香腸，跟比薩。

身為遊輪上的活動總監，船員跟遊客間的互動品質是我的責任，我得想辦法讓他們能夠水乳交融，互動熱絡。不囉嗦，我會抓住某個倒楣大副、二副或輪機的粗壯手臂，不自量力地把他們拖到笑容滿盈、玩興十足的遊客堆中。我會幫他們介紹，然後暗自祈禱船員能夠不要結巴，或者是遊客可以換個梗，不要再重複那個無聊的冷笑話：「天啊，你們都跑來這兒了，誰在開船啊？」可惜我的祈禱從來沒有得到回應，每個星期想到要參加船長辦的雞尾酒會，我都還是很抖。

有天晚上，睡在我的艙房裡，我突然被船身橫向的劇烈搖晃給驚醒。我聽了一下，感覺到引擎停了。這似乎不是個好兆頭，於是我抓起袍子，衝到甲板上。從濃厚的霧氣中，我勉強辨別出有艘船距離我們大約半英哩，也就是大約七八百公尺外。我看到這艘船上有五六位船員抓著右舷的護欄，半個身體懸在船外。我趕緊跑近一點，剛好在月光下看到有一個人一隻眼睛貼著繃帶，掙扎著要爬上劇烈搖晃著的繩梯。這人一上了我們的船，就被急忙送到船上的醫護室。接著引擎再度發動，我們的船也又繼續上路。

第二天早上，我才弄清楚事情的來龍去脈。原來另外那艘船是一條貨輪，船上有位船員想在引擎的汽缸上鑽個洞，結果才工作到一半，就被一枝又細又尖的金屬片像子彈一樣彈出射到右眼。他所屬的貨輪上並沒有醫護人員，於是幹部便設法發出了緊急求救信號。

國際海洋法的規定是任何船隻收到求救信號都一定要回應。於是我們的船立刻前往救援，而那位受傷的水手一邊用手按著血淋淋的右眼，一邊被母船用救生艇放下到海面上，再接駁到我們的船上來。我們的駐船醫生羅斯先生果然不負使命，把金屬片從工人的傷患處中取出來，保住了他賴以爲生的視力。

「跟他們說說你那次……」

再把鏡頭拉回船長的雞尾酒會。又一次，我面臨了同樣的困境與挑戰，我得讓剛毅木訥的船員打入遊客群中，讓雙方能更水乳交融，天南地北，百無禁忌地聊起來。我照例去到惜字如金的工作人員裡，把一個可憐鬼拉出來，這次被我點到的正是才剛立下大功的駐船醫生羅斯。我把他給拖到離我們最近的一群遊客中。對著笑容可掬的出遊旅客，我介紹說：「這是我們船上的醫生，羅斯先生，他上禮拜才三更半夜替友船的重症患者急救，保住了一位水手的眼睛喔。羅斯醫生，我想大家都很想聽你說說這段英雄事蹟喔！」

令我也很驚訝的是羅斯醫生就像被哈利波特裡的魔杖點到一樣，突然變了個人。原本的省話一哥好像一瞬間裝上了三寸不爛之舌，就連英文也整個變好了，雖然義大利口音還是很重，但至少用字跟句型都活潑多了，說話的節奏也快多了。對著愈圍愈多的乘客，他開始交代起那晚所有的細節。我把名嘴上身的羅斯醫生交到了群眾手中，繼續去替其他嗷嗷待哺的乘客安排節目。

我一把握住船長飽經風霜，寫滿故事的手臂，拖著他去另一邊「見客」。同樣在笑容滿滿的遊客面前，我做了這樣的開場：「卡菲艾羅船長，你要不要跟大家說說那天晚上你救人的精彩過程？」船長的舌頭突然不再打結，他開始暢所欲言。

忙完船長這邊，我又跑去把大副抓來，丟到另一群遊客當中。這個時候，我已經很有心得，見到遊客馬上駕輕就熟地說：「薩爾瓦哥先生，你要不要跟大家說說那天夜裡你把船長叫起來聯手救人的過程？」

忙完大副，我自忖該去回收醫生了，畢竟想聽故事的遊客還很多，他不能整個晚上只顧一攤。結果有了第一攤的經驗，醫生第二輪更是欲罷不能。他如魚得水地面對嶄新的觀眾，展開第二場的表演。看到醫生辯才無礙，我又跑回去船長那兒把他拉出來，然後同樣把他丟到新的表演場地裡。這樣幾次之後，我感覺自己就像在馬戲團裡表演雜耍，同時要轉好多個盤子。一個盤子剛新弄上去，又得趕緊去把前面那個再顧一下。

這之後我再遇到船長的雞尾酒會，心情就不是焦慮害怕，而是欣然赴約了。醫生、船長跟大副自此都愛上了把自己的英雄事蹟當成故事跟客人說，即便面對一船又一船、一批又一批的客人，他們都還是樂此不疲。如果要說有什麼問題的話，就是他們的故事好像愈來愈長，加油添醋愈來愈嚴重，最後我只好限定他們時間到了就要「轉檯」。

安可！山姆！

不論台上表演的是歌手、舞者還是詩人，或者是不務正業在船上自吹自擂的醫生、船長或大副，只要表演精彩，最終台下就會開始「安可！」聲不斷，要他們再來一次。而「安可！」如果當成一種技巧來使用，你便能按下準客人、準老闆，或任何重要熟人的重播鍵。正確的使用方式是當你在跟一群人暢談無阻時，你可以轉向鎖定的對象說：「約翰，你要不要說說你上次釣到那條大鱸魚的事情，十幾公斤耶，我想大家都會想聽吧」或是「蘇珊，跟大家說說你那次是怎麼把貓咪從樹上救下來的，我上次聽得超開心的」。聽你這樣說，被你點到名的人當然會先害羞一下，但你一定要堅持下去，你一定要相信對方內心在暗爽，「餓鬼假細意」，畢竟會被叫到把故事再說一次，就表示你的經歷很特殊、很精彩，這是一種肯定，而人都喜歡得到肯定，都喜歡有人對著你叫「安可！」

技巧21：安可！

在表演者的耳中，最甜美的聲音莫過於如雷的掌聲，還有此起彼落的「安可！」跟「我們還要！」。而在任何談話對象的耳中，最舒服的聲音莫過於聽到你對一起聊天的其他朋友說：「你要不要跟大家說說你上次……」。

不論你是在開會，還是在社交場合跟心儀或欽佩的人說話，請回想一下他跟你說過什麼故事。從中選出最適合再說一次，最能炒熱現場氣氛的題材，然後就用「安可！」的技巧讓你的他成為現場聚光燈的焦點。

這項技巧有一個額外的好處，那就是一旦你把火點了起來，講故事的跟聽故事的就會變成一個自給自足的生態系，換句話說你的存在就不是必要了。這時候如果你想，就可以神不知鬼不覺地去別處尋找春天了！

有一點要注意的是你撩撥起的話題，一定要是能讓主人翁很有面子的故事。沒有人喜歡把自己生意失敗、出車禍、喝酒鬧事完在看守所過夜的慘事再說一遍。你設局讓對方「安可！」的事情一定要是好事，故事的結局一定是你的他大獲全勝，而不是一敗塗地。

有時候遇到愛講又沒梗的人，這項技巧用起來會非常、非常、非常有成就感，你會爽到好像被雷打到一樣，主要是很多人話很多，但是很無趣，聽這種人講話是一件非常痛苦的事情。善用這項技巧，你便能不傷感情地悄悄走開，把痛苦留給你其他走不了的朋友去承擔。當然這以後，大家可能就當不成朋友了，但是那不在本章的討論範圍內。

下一項技巧，我要教你怎麼分享私生活的光明面。

第二十二章 怎麼讓人覺得你很陽光、很正面

很多人覺得遇到喜歡的新朋友，最好能跟他們分享些小祕密，透露些心事，或是傾吐一些平常覺得丟臉的事情，很多人覺得如此「示弱」可以拉近雙方的距離，讓對方知道自己人性的一面。不論是小時候尿床、磨牙或吸姆指的糗事，或是長大後苦於痛風或甲狀腺腫大，理論上都屬於有這類效果的故事。

嗯，我基本上還算同意這樣的看法，但我們還是得深究其中的道理。**研究顯示地位較高的人，示弱可以顯得他們平易近人。**一九五〇年代有阿德萊．史蒂文生(Adlai Stevenson)在選總統的時候被看到鞋子開口笑，讓整個美國爲之風靡，近一點有老布希總統說過自己不敢吃花椰菜，很多人都覺得他很可愛。

如果你夠有自信，甚或是個天王天后級的明星想要跟粉絲打成一片，那麼就不用顧忌了，想講什麼就講，你甚至可以說說你還沒紅之前有多落魄，就當作是回饋歌迷、影迷。**但很不幸如果你不是小賈斯汀或剛出道時的布蘭妮，那麼你還是收斂一點吧。有**

什麼難聽的事情，留待以後熟一點再說吧！人家還不認識你，又如何能體諒你呢，這時候即便你犯的錯沒有什麼，也會被放在顯微鏡下檢視。

反之有一天比較熟了，你再跟新朋友說你結過三次婚，十幾歲的時候偷過東西，還是失業過很久，人家就不會覺得那麼震撼了，因爲他會比較能諒解這當中的來龍去脈，也會覺得反正你現在已經很幸福、很守法、很有成就了，那些以前的事情也就無傷大雅了。**但跟人家才剛認識，說太多壞事絕對不智，對方很容易跟著往壞處想，對你的印象大扣分。**他們會想說：「天啊，他這個人還眞誇張！剛認識就可以說這麼多，眞的熟了還得了！他到底有多少前妻？多少前科？多少前公司啊？」你的新朋友不會覺得你是在「示弱」或「示好」，他只會覺得你這個人很糟糕。

技巧22：說・點・好・聽・的

遇見新朋友，先不要急著把家醜都拿出來講。你應該先留一些「給人探聽」，不要一下子就掏心掏肺把人嚇跑。日後如果眞的熟了，你跟朋友大可把彼此的醜事翻出來互虧，當成笑話聽，但那是以後的事情。認識之初，就像那句老歌的歌詞所言，你應該：「好事多說點，壞事當沒看見！」

這部分讀到這裡，你應該已經很篤定有哪些方法可以讓你面對新朋友相談甚歡，不多留一滴汗。那麼接下來我想跟你分享一個技巧，讓你遇到完全不知道別人在說什麼的時候，也不會笑得好像是個假人一樣，這是一項可以讓你「進可攻，退可守」的絕招。

第二十三章 怎麼樣才能永遠不缺有趣的話題

我想你多半聽朋友哀嘆過：「我沒辦法參加應酬，我沒衣服穿」；但你有聽過人說：「我沒辦法去應酬，我沒話可說」嗎？

很多應酬都是建立人脈的良機，你出門前，一定會把自己打理得漂漂亮亮，所有的衣服與配件都深思熟慮過。男生的皮鞋會亮得跟鏡子一樣，領帶也會精挑細選，女生則會看衣服搭配口紅的色澤。最後還得檢查頭髮要澎，名片要帶夠，你才會信心滿滿地出門。

且慢！你有沒有忘了什麼？話題帶了嗎？沒有話講你要怎麼讓自己在現場吃得開？你真的要到現場再說，想到什麼講什麼嗎？那樣會不會太冒險，萬一到時候你腦袋一片空白呢？你穿衣服不會閉著眼睛隨便抓一件吧？那聊天也是一樣啊，怎麼能沒準備就上場呢？萬一人家眼睛發亮，等著你有什麼驚人之語，那該怎麼辦呢？當然聊天是可以輕鬆一點、自然一點，但那並不是你不做功課的藉口，畢竟天才是九十九分的努力，靈感只占一趴而已。

要確保你的對話引擎絕不在高速公路上熄火，有個竅門是在出門前看看新聞。對時事有所掌握，不管是剛剛哪裡發生了火警、哪裡淹水，甚至是有空難、政變還是股災，你都可以消化一下準備著拿來聊，畢竟沒有人不愛聊八卦，有備無患嘛！

講起來有點不好意思，但我必須說這項技巧，我是跟一位「特種行業」的「上班女郎」學的。之前爲了替一本雜誌寫稿，我訪問了一位「經手」這門古老行業非常有心得的薛妮．琵朵．芭羅斯（Sidney Biddle Barrows），她行走江湖的名號極其響亮，就叫做：「五月花女士」。

技巧23：最新的八卦……出門別忘了它

出門赴宴前最後要做的，除了在穿衣鏡前再次確認自己的「電力」之外，就是看看新聞，翻翻報紙。任何今天剛發生的事情，都是待會兒見了人的好話題。除了可以當作主動出擊的彈藥之外，時事也可以被動地扮演你的保護傘；時事知道得多，你就比較不會因為不知道大夥兒在說些什麼，而呆呆地被晾在一旁。看起來呆，在公開場合絕對是大扣分，更別提萬一人家拱你講話，而你卻嗯嗯啊啊，不知所云的時候，你更會窘到想要挖個洞跳進去。

薛妮告訴我她以前管理旗下小姐的時候，有立下一個內規，那就是所有「靠行」的小姐都要每天接觸新聞，這樣她們才有辦法陪客人聊天。薛妮不是臨時起意要這麼做，而是因爲小姐們反應她們上班時有六成的時間是在陪客人閒聊，眞正讓客人「開心」的時間只有四成。小姐們不知怎麼辦，向她求助，於是她才要她們接客前看報紙或聽廣播。薛妮說這麼做以後，她的生意立刻大好，客人佳評如潮，很多人誇獎她手下小姐的素質好，善解人意。芭羅斯小姐的職業也許特別，但她非常敬業，只要能讓客人開心的事情她都願意做，包括要嬌滴滴的小姐們關心國家社會的大小事。

你覺得自己的素質夠好了，準備上大聯盟了嗎？來吧！

第三部 如何說起話來像個VIP

歡迎來到都市叢林。兩隻老虎走著走著突然在空地中偶遇，互相看了一眼，定住，本能地開始算計。牠們的想法都是：「如果虎視眈眈變成低沉吼聲，低沉吼聲變成兩虎相爭，兩虎相爭變成一山不容二虎，不是你死就是我活——最後誰能勝出？誰會是生存下來的適者？」

都市叢林跟眞正的野外，眞正的叢林，情況其實基本上相同。除了有穿衣服，不會齜牙咧嘴之外，人就跟動物一樣要競爭求生、求偶、求取地位。上面的兩虎對峙換成人，發出的聲音不會是低沉吼聲，而會是帶著微笑的聊天。在商場上，大家見面都是談笑風生，開口閉口都是「最近生意好嗎？」、「好久不見」、「你這傢伙（笑），跑哪兒去了？」、「哈囉」，但內心他們都像老虎一樣，相互在打量著。

不過他們彼此打量著的，不是對方的爪子有多長、牙齒有多尖，而是另外一項更可怕的生存利器，那就是溝通的能力。雖然很少人知道這背後到底有什麼理論基礎，但我想大部分的人都能同意溝通能力是很多人成功的祕密武器。事實上真的有研究指出一個人的成功，有百分之八十五應該直接歸功於良好的溝通技巧。

還有一件事是很多人不知道的，那就是美國人口普查局最近的調查顯示雇主在請人的時候，會先看準員工的溝通技巧好不好，而不會只看學經歷。但大部分人都知道溝通技巧很重要，只有溝通能力強，才有機會往上爬。兩個人在職場上狹路相逢，只要交手個一兩句就能高下立判，即便只是平凡的聊天，雙方也可以感受到對方的功力深淺。

誰是號人物，誰不是個東西，任何人都能很快看出。無趣、白目、反應過度個一兩次，你在公司或朋友間的地位就會變成自由落體，原本可以交到的朋友或原本可以簽下的客戶，也可能因此離你遠去。一失足，可能就會成千古恨。

接下來本書第三部分要傳授給你的技巧，就是要確保你能每一步都踏得很穩，讓你可以一步一步往上爬，不論在終點等著你的是頭銜、高薪，或者任何東西。

第二十四章 如何不問，也能知道別人的職業

不論是大貓還是病貓，兩個人遇到要探探對方的底細，首先會問的就是：「你是做什麼的啊？」然後先發問的就會退到一旁，找個地方蹲著，一邊還抖著貓鬚，顫著貓鼻，一副「等你說出來我就要來酸你」的貓臉。

狠角色不需要說大白話去問說：「你是做什麼的？」沒錯，他們自然有辦法在不知不覺中摸清你的底。因爲沒有直接問，所以這些狠角色不論男女，看起來總是比較優雅，比較有禮，比較有氣質，比較不俗氣。他們的「觀棋不語」就好像在告訴在場的人：「人不等於他的工作。」這層次多高啊！

忍常人所不能忍，不去問人家的工作，也代表了大人物的體貼。畢竟現在全球都不景氣，企業動不動就縮編、瘦身、裁員，甚至直接倒閉，所以問別人工作是一件很敏感的事情，很容易讓人渾身不自在。搞不好別人現在就是在「待業」，被問到在忙什麼還眞是情何以堪？另外像我自己有幾個朋友的工作不能說不好賺，但他們還是很不喜歡被問到在幹嘛，因為他們一個的工作是把屍體切開準備驗屍，另外一個在國稅局裡負責查稅。

另外，數以百萬計的婦女其實是很聰明、很能幹的，她們之所以退出職場，是出於選擇，是想要為家庭、為孩子奉獻自己。但如果被問到工作的事情，她們往往會感到很窘迫。拿工作去質問她們，是非常無禮、非常殘忍的，而且也等於是貶低了對家庭的付出。不論她們回答的再多，來龍去脈交代得再清楚，問的人可能都只記得她們說過：「我只是個家庭主婦！」

大人物不論男女，都不會直接問人：「你是做什麼的？」但他們這麼做還有別的理由。他們不問，旁人就會以為他們不在乎，而他們之所以不在乎，很可能就是因為大人物平常都跟大人物來往，而你覺得大人物會在意小老百姓在哪裡上班嗎？可能是要我去擔任勞工代表吧，最近我受邀在紐約東街參加了一場時尚派對，而在派對上我注意到沒有人在問別人是做什麼的，這一點我想是因為出席的除了我以外，都不用工作了吧。有些人可能在豪宅裡的骨董茶几上有台電腦可以看盤，這樣他們可以投資賺點外快，但為了錢出門去上班，我想這些人還不至於！

不直接問人工作還有最後一項好處，那就是別人會對你降低戒心。旁人會相信你是單純喜歡跟他們相處，而不是因為你想要把他們當成人脈，想要藉由他們得到好處。

技巧24：「你是做什麼的」請不要說出口！

某人是號人物可以從一個地方看出，那就是他絕對不會開口問人：「你是做什麼的？」當然你可以做自己的決定，但就算你要問，也不要直接用這樣的措辭去問。有更好的辦法，相信我！問出「你是做什麼的？」，只會讓你變成別人眼中的勢利眼、現實鬼、拜金女，或是小白臉，總之，沒有一樣好的。有機會的話，去東街的派對上看看吧，你會知道我在說什麼的。

正確示範

所以想知道別人的工作，到底該怎麼做呢？你一定超想問的吧。很簡單，你只要記住一個八字訣：你．時．間．都．怎．麼．安．排？

如果你口中說出的是「你時間都怎麼安排？」那不論切屍體的、查稅的、待業的，就都可以鬆口氣了，家庭主婦聽到了更會覺得很窩心。覺得有委屈、有苦衷的，都可以因爲你的這句話得到安慰；如果是來自東街的大咖，聽你這麼講就知道你跟他們是同一掛的。

假設你剛認識一位新朋友，而他並不排斥討論自己的工作，比方說他可能工作很好，甚至是個工作狂，那麼一聲「你都怎麼安排自己的時間？」就可以打開他的話匣子。他可能會「驕傲」地說：「別提了，我所有的時間都在工作。」他這麼說，很明顯是要你繼續追問，多問一點，好讓他可以繼續大聊特聊他的工作。如果是在上述兩種極端之間的大部分人聽到你問：「你時間都怎麼安排？」他們可以選擇要不要聊工作，要聊多深。**不論怎麼比，「你時間都怎麼安排？」都要比「你是做什麼的？」聽起來更大氣、更得人心。**

第二十五章
被問到「你是做什麼的？」該如何回應？

現實世界裡你遇到十個人，九點九個會問你：「你是做什麼的？」即便你貴爲人生勝利組，也不能改變這個現況。那麼你該怎麼辦呢？爲了避免被這個問題弄得很尷尬，你可以先做好哪些準備呢？

很多人爲了換工作，都會隨時準備一份書面的履歷表。他們會仔細地用電腦排好版面，檢查過沒有錯字，然後打鐵趁熱，拖著已經疲憊的身軀到印表機那兒拿列印出來的成果，最後裝訂好後寄給心儀公司的人事部門。履歷表上會詳細載明學經歷，基本上透過這份資料，他們所傳達的訊息只能說是「這就是我，喜歡就用，不喜歡拉倒」。而最後的結果也通常都是「拉倒」。爲什麼呢？很簡單，因爲雇主沒有看到他們想看的東西，他們從資料中看不到他們最需要的特質反映。

在職場上，很多人能夠在大聯盟的層級上競爭，就是因爲他們整理資料的方式與眾不同。他們平常會把歷來的工作經驗整理存放在電腦裡，不會等到要用的時候再抱佛腳去打字；更重要的是，他們不會不分青紅皀白地把一大堆資料丟出去，他們會精挑細選部分的資料，然後有針對性地寄出。如果一般人寄履歷是在打散彈槍，強者丟履歷就像狙擊手，子彈可能一樣快，但準確度就差很多。

我朋友羅伯特去年失業後應徵了兩份工作，其中一份工作是冰淇淋公司的銷售經理，另外一份則是速食連鎖店的營運策略組長。事前經過了深入的研究，他發現冰淇淋公司的銷售遇到很大的瓶頸，而速食連鎖店則有進軍國際市場的雄心。他兩家公司都寄了相同的履歷嗎？喔，那可沒有。他的履歷從不灌水造假，但他也不喜歡一招半式闖天下。給冰淇淋公司的履歷裡，他強調自己曾經任職一家中小企業，然後花了三年的時間讓公司起死回生，營收翻了一倍。給速食連鎖店的資料中，他把重點放在自己駐歐的工作經驗，還有他對海外市場的深入了解。

最後，兩家公司的工作羅伯特都拿到了。這樣有個好處是羅伯特可以左右逢源，看哪家願意給比較好的待遇。他兩家公司各走了一趟，這次倒是都說一樣的話。他說的是：我很想來貴公司上班，但另外一家公司卻出高薪要我過去。被他這麼一挑撥，兩家公司於是開始競標搶人。最後他投身速食連鎖企業，但薪水卻變成當初條件的兩倍。

為了每次出擊都能滿載而歸，你應該要用經營履歷表的心情去面對與旁人的每次互動。換句話說，跟羅伯特的履歷表一樣，**你說的話也要有所選擇，也要能夠凸顯出自己的優勢**。不要永遠都是那一千零一句「哈囉」，你應該勤勞一點，多準備一些不同的招式，然後看今天的場合或對象來出手。同時每當被問到你是做什麼的，你都要能拿出事前深思熟慮過的「口說履歷」來回應，這樣人脈才能日起有功地慢慢建立。在回答對方的提問之前，你要先想想對方可能對你或你的工作會有何種興趣。

「我的人生對你的日子有什麼啓發？」

厲害的業務員會永遠把「好處」掛在嘴上；他們知道面對潛在的客戶，他們應該用好處來破題。我的同事布萊恩隨機電訪的時候，決不會說：「您好，我叫布萊恩，我是賣銷售課程的。」他會說：「您好，我是教經理人潛能開發的布萊恩．崔西，有門課可以讓你的業績在十二個月內成長兩到三成，你有興趣嗎？」這就是所謂的把「好處」掛在嘴上。他會開門見山把可以帶給客人的好處讓對方知道。

我發現我的髮型設計師葛蘿莉亞也懂得類似的概念；她遇到客人，也很會用「好處」去引誘客人，而這也難怪她的老主顧會那麼多吧。事實上我也是這樣成爲她的老主顧。我第一次在一場大會上認識葛蘿莉亞的時候，她告訴我她是美髮師，替職業婦女設計「居家上班兩相宜」的髮型是她的專長。她輕描淡寫地說道她有很多客人都希望髮型可以上班的時候專業端莊，下班後又可以展現女性魅力。「嘿，我就是這樣啊！」我自忖，邊想還邊用手去撥弄我的小馬尾，最後我跟她要了名片，她也自此成了我的設計師。

幾個月後，我在另外一個場合上巧遇葛蘿莉亞。她跟一位打扮入時的銀髮族女士在自助吧檯那兒聊天。我聽到她說的是：「……我們染髮也是專門的喔，店裡有很多染劑可以選擇。」這眞是奇了怪了，我在葛蘿莉亞的店裡明明沒有看過任何長輩級顧客啊。

我準備要離開的時候，葛蘿莉亞在外面草坪上跟主人十幾歲的女兒聊得正起勁。「喔，對啊，」葛蘿莉亞說，「髮型再酷、再炫、再新，我們沙龍都有。」有你的，葛蘿莉亞！

我們都應該多學學葛蘿莉亞，學她預料到「你是做什麼的？」這問題一定會出現，然後「三思而後答」。被問到這個問題，絕對不要只回答一個字就算了，你又不是在填表格，填表格才會只答一個字。**有心建立人脈的話，你就要捫心自問：「我的專業如何能幫助到對方？」**你在稅單上所填的職業名稱是什麼呢，有沒有在下面所列出的五種裡面？

✓房仲
✓理專
✓武術教練
✓整形醫生
✓髮型設計師

上面這些專業人士的任何一位，都應該想想他的工作能對人類有什麼貢獻。當然貢獻是一定有的，不然這工作不會有人做，或者做了你也不會有薪水拿。而我給這五種人的建議如下：

✓ 不要說你是「房仲」，說你「可以幫忙找到理想中的房子」。

✓ 不要說你是「理專」，說你「可以幫忙存到以後要用的錢」。

✓ 不要說你是「武術教練」，說你「可以教人防身術，讓人覺得有安全感」。

✓ 不要說你是「整形醫生」，說你「可以讓因意外而受傷的人恢復原貌」，或如果你面前是位有了點年紀的小姐的話，說你「可以讓她們的外表跟內心一樣年輕」，法國醫生都是這麼說的，說得太好了。

✓ 不要說你是「髮型設計師」，說你「可以幫忙找到適合每個人臉型的髮型」。（好樣的，葛蘿莉亞！）

把「好處」加入你的「口頭簡歷」裡，可以讓你的職稱整個活過來，讓人對你的印象深刻。就算新朋友當下用不到你的專業，下次他想要搬家、理財、自衛、整型或換髮型，你覺得他們會想到誰？是那個只回答一兩個字，好像在填稅單的？還是把自己的工作說得多采多姿的，隨時準備好要幫助別人的人生勝利組？

口頭簡歷：私生活版

口頭簡歷也可以用在平常生活裡。面對生活中的新朋友你也會需要自我介紹，所以你也同樣可以準備一些好玩的回答，這樣遇到你想留住的同性或異性，你可以用說的讓他們覺得你是個有趣的朋友，不交可惜。

從小我就喜歡幻想自己是小說的主角。「萊拉眯眼看著外面的傾盆大雨，勇敢地伸出手到窗外把百葉窗關上，讓家人不用受冰冷風雨之苦，而可以安全地在屋內躲避颶風的侵襲」，聽起來很英勇喔！其實沒什麼啦，只是下雨了，媽媽要我把窗戶關上罷了。但是我還是煞有介事地走到窗邊，小腦袋裡拼命往自己臉上貼金。你不用像我這麼瘋狂，這麼愛演，但至少你應該讓別人知道你很用心生活。

技巧25：口頭簡歷

就像在找工作的白領會根據所找的工作不同而準備不同版本的履歷一樣，你也應該看聽者是誰來決定要呈現出自己的哪一面。在回答「你是做什麼的？」之前，問自己「什麼樣的回答能讓對方眼睛為之一亮？」、「他能成為我的人脈嗎？」、「他自己能成為我的主顧嗎？」、「他會請我去上班嗎？」、「他願意娶我妹嗎？」、「他跟我會成為麻吉嗎？」

不論你身在何處，請把簡歷帶在嘴上，讓這份簡歷成為你與人溝通的法寶。

第二十六章 如何聽起來像個聽明人？

有些人硬要把很艱澀的字眼用在句子裡，結果好好一句話說得「零零落落」，說完之後還自顧自地笑得很得意，一整個容光煥發，自我感覺非常良好。你應該知道我在說什麼吧？糗的是，他們往往還把字用錯，用得不恰當，甚至連發音都是錯的！

字彙豐富的人，確實感覺比較有創意，書讀得比較多，比較聰明；也因此他們找工作比較容易，在公司裡升遷比較順遂，講話也比較有人聽。所以贏家確實會講究用字，

但也不會太刻意為之以免貽笑大方。從他們口中，你會聽到深刻的字眼流瀉而出，由此即便只是日常生活的對話，頓時也變得悅耳無比。就跟穿衣服講求合身一樣，贏家的選詞用字就是恰當。就像挑選出門要戴的領帶或要穿的洋裝，人生勝利組的成員會用適當的字眼來反映他們的個性與內涵。

但你也不用緊張，因爲所謂字彙豐不豐富，差別也不過是五十個詞彙左右而已。你想聽起來很強，門檻並不高。只要偶有佳作，別人就會覺得你超有特色、超有創意！

要變成超級字彙王，不難。你不用像學生一樣泡咖啡熬夜進修，也不用開始背字典聽有聲書，那樣只會讓你講的話十足拗口，沒人聽得懂，萬一被你阿嬤聽到了，恐怕會以爲他孫子瘋了，帶你去收驚呢！

那你應該怎麼做呢？很簡單，**你只需要想想自己把哪些字給用爛了，比方說像是「聰明」、「帥」、「棒」、「好」，然後找本辭典翻開看看你有哪些別的選擇**，我相信書本不會讓你失望的。

比方說如果你去查「聰明」，你會發現很多意思相近但是聽起來有趣很多的字眼，比方說「天才」、「點子多」、「靈活」、「精明」等等。接下來你不妨把所有的候選字都唸唸看，看看哪一個比較符合你的個性，哪一個比較對你的味兒，就好像你是在更衣間裡換衣服一樣。你可以選出你喜歡的，然後多練習幾遍，讓他們變成你語彙的一部分，這樣下次你再遇到特定的場合需要恭維別人時，說不定你脫口而出的就不會是死板板的「你好聰明喔！」，而是：

「喔，你哪來的靈感？」

「你點子還眞多耶！」

「你簡直是個天才！」

或者是「你酷斃了！」

接下來，男性限定

各位男士，我們女人會花很多時間在鏡子前面，別說你不知道。我讀大學的時候，會花整整十五分鐘打扮才能出去約會。那之後每隔一年，我打扮的時間就會再增加幾分鐘，像我現在如果晚上要出門，就得花最多一個半小時化妝打點。

各位男士，你太太精心打扮走下樓梯要跟你去共度晚餐，或者是你在門口等著女孩要跟你去約會，你見到她第一句話該怎麼說？如果你只輕描淡寫地說：「嗯，可以走了嗎？」，你覺得女生感覺會好嗎？

我朋友蓋瑞人很好，他偶爾晚餐會約我吃飯。我們認識有十二年了，但我還記得他第一次在門口接我要去約會時，所說的第一句話：「萊拉，你好漂亮喔。」我心裡當時非常開心！

隔了一個月我們又約在門口，這次看到我他說的是：「萊拉，你好漂亮喔。」沒錯，他說的話跟第一次一模一樣。我注意到了這一點，但他的恭維我還是相當受用。

十二年後的今天，我們還是朋友，但也只是朋友。我每兩個月大概會見他一面，而每次這傢伙都還是重複那句老掉牙的台詞：「萊拉，你好漂亮喔。」我想哪天我穿著睡衣，敷著面膜走出來，這老兄還是會說：「萊拉，你好漂亮喔。」你說氣不氣人！

在我主講的課程裡，爲了避免男性同胞重蹈蓋瑞的覆轍，我要在場所有男士腦力激盪一下「漂亮」或「很棒」有哪些同義詞。接著我請一位小姐與好幾位男士一起上台，並且請所有男士扮演起老公的角色。我問「先生」們若看到這位小姐，也就是他的太太盛裝走下樓梯要跟他去餐廳用餐時，他上前去迎接除了牽太太的手之外，還可以說些什麼好聽的話：

「達令，」第一位男士說，「你看起來好優雅喔！」

「喔嗚！」在場的女士們同時驚呼起來。

「親愛的，」第二位牽起女生的小手說，「你美呆了。」

「哇嗚！」在場的女性同胞們都快暈了。
「寶貝，」第三位男士伸出雙手握住女生的玉手，說出了：「你簡直是仙女下凡。」
「嘩嗚！」聽到這兒，所有女生都已經癱軟在座位上了。

所以請記住，各位男士，甜言蜜語多說一點，女生就是這吃套。

其他男女通用的建議

假如你在派對上玩得很開心，不要跟主人說：「派對很棒！」大家都這樣講，聽多了嫌煩。你可以跟主人說：這派對很讚、大推、很給力！給主人一個禮貌性的擁抱，跟他說你今晚嗨翻了、樂得很，或是融化了。

你剛開始改口說這些新詞兒，舌頭一定會有點不習慣。但你不習慣不是因為語言能力，畢竟不論是「很棒」或「很讚」，都是兩個字，也沒有哪一個比較難唸，所以問題出在哪兒？問題在於熟能生巧，而你跟新的語言還不夠熟。多找機會用，你就會習慣了，這就跟新鞋買回來要多穿一樣，穿久了，你就可以健步如飛，平步青雲。

技巧26：你的個人辭典

每天用到爛的字，你可以用辭典去查一查，然後就像新鞋買回來多穿一樣，盡量找機會讓舌頭熟悉這些新的同義詞，讓它成為你固定的字彙，好用就盡量留著用。

記住，最多五十個字就可以讓你的語言風味大增，就像一點點鹽、一點點胡椒的提味，就能讓普通食材變身成米其林大餐。一天改造一兩個字眼，很快你就能晉身語言的貴族之列。

第二十七章 如何從容不迫，讓別人發現你跟他們是一夥的

老虎會跟老虎爲伍，獅子會跟獅子作伴，街貓則會跟其他街貓蹓躂在一起。異性

相吸，同質也會相互靠近。但在人類居住的叢林裡，「大貓」們有個祕密，那就是慢點掀底牌，或是讓別人來發現自己的背景，這樣答案揭曉時的後座力會強很多。總之無論如何，不要讓人覺得你很猴急，那樣對你絕對不利。

聽到有人跟你有共同興趣或經驗，不要上氣不接下氣地急著跳出來答「有！我也喜歡那個」、「我也那樣過耶！」、「我知道你說的！」。聰明的話，你應該讓對方講到爽，讓他暢所欲言。先讓他把鄉村俱樂部的裡裡外外都交代得一清二處，你還有時間再告訴他你也是會員；先讓他把高球名將阿諾．帕瑪 (Arnold Palmer) 的揮桿軌跡分析個過癮，你想再輕描淡寫地把大白鯊葛雷格．諾曼 (Greg Norman)、金熊傑克．尼可勞斯 (Jack Nicklasu)、老虎．伍茲 (Tiger Woods) 等高球傳奇的技巧跟阿諾來比較一下，也還不遲；最好先讓愛現的他告訴你他贏過多少場網球比賽，再不經意跟他分享你的「美國網球協會」(USTA) 排名。

幾年前，我跟一位認識的人提到我多喜歡滑雪。他津津有味地聽著我細述我去過哪些地方滑過雪，我則口沫橫飛地介紹著每個造訪過的滑雪勝地，神采飛揚。我分析了各個場地的雪況，討論了人造雪跟真雪的差別，直到「演講」到了尾聲，我才想到應該問問新朋友他滑不滑雪。他不疾不徐地回答：「滑啊，我在亞斯本有間小公寓。」酷！要是他忙不迭地告訴我他的裝備有多貴，不給我機會發表對滑雪的熱愛，我會被他稍微震懾住，但也就只是稍微而已。現實中他很明智地選擇了閉嘴讓我講完，然後才在我的詢問下透露了他對滑雪的熱愛與他在亞斯本的滑雪器材收藏。由此我對他的景仰，如滔滔江水般源源不絕，或者應該說像雪崩一樣源源不絕……。

這樣的技巧，我稱之爲「忍住，別說『我也是！』」。任何時候有人提到共同的興趣，先不要急，先讓對方把所有的熱情都傾瀉出來之後，你再看時機隨口那麼一說，揭露自己身爲同好的身分。

喔，我剛剛講的很無聊喔，對不起！

我等了幾個星期，才有場合測試這項技巧。那是在一場會議上，我得到了這樣的機會。一個新朋友跟我說起她最近去了一趟華盛頓特區，但她壓根兒沒想到華盛頓是我的故鄉，於是她開始滔滔不絕地講起我們首都裡的種種名勝，像是華盛頓紀念碑、甘迺迪中心，還有她跟老公怎麼在巖溪公園 (Rock Creek Park) 裡騎腳踏車。一開始我是刻意不講話，但聽著聽著她講得倒也算精采，結果我都忘記自己在幹嘛，專心聽起她的描述了。她說的景點與事情我固然熟悉，但她確實也提供了一個我平常看不到的角度。

我問她住在哪家飯店，去了哪些餐廳，還問她有沒有去馬里蘭州、維吉尼亞州看看那裡美麗的郊區。交換了一會兒看法之後，她顯然覺得我對她的旅行意見很多，於是她說道：「華盛頓你好像很熟喔！」

「是啊，」我回答，「那是我的老家，但我好久沒回去了。」

「你的老家！」她驚呼，「我的天啊，你怎麼不早說？我剛剛一定讓你很無聊喔？」

「喔，不會不會，」我這麼說並不是在敷衍她。「聽你講此行的事情很有趣啊，所以我才不告訴你我是華盛頓人，我怕我一提你就不講了。」她露出大大的笑容，還有小聲到幾乎聽不到的「天啊！」，我立刻知道自己多了一個朋友。

遇到有人跟你說起他們最近作了什麼，去了哪裡，加入了什麼社團，新添了什麼興趣是跟你一樣的，先咬緊牙關，不要多嘴。讓他享受「一個人的獨白」，你就放輕鬆，當個聽眾，順便也悄悄期待對方知道你也是同道中人時，心中的悸動與驚喜會有多奔放，多不可想像！時機一成熟，請你看似不經意地透露自己也是同一掛的，同時別忘了強調對方的故事多有趣，自己聽得多開心！

技巧27：「忍住，別說『我也是！』」

每當你遇到跟人有共通處的時候，要能忍。你愈能忍，愈能撐，最後的爆點就會愈大，你就愈能感動到你唯一的聽眾。你會儼然是隻老虎，而不會好像可憐的流浪貓在找主人。

補充 等歸等，該透露身分的時候還是得果斷，不然會給人你心裡有鬼的感覺。

第二十八章
如何用「您先請」去贏得別人的尊敬與好感

「美女！聽到美女你才知道轉頭喔……」，美女經濟自古就是顛撲不破的真理。現在很多漫畫都會用美女去吸引讀者的注意力，一本不過幾塊美元，但漫畫剛開始這麼做的時候，幾塊美元可以買一整桌菜呢！而跟美女（或帥哥）比起來，還能有更強大的注意力磁鐵嗎？有的，而且遠在天邊，近在眼前，這塊超強磁鐵就是「你」。

「你」這個字，何德何能，能夠有這樣的吸引力呢？很簡單，這是因爲從還是嬰兒開始，我們就覺得宇宙繞著自己轉，自己是宇宙的中心，沒有什麼事情比「自己」更重要。除了「自己」以外，其他的人事物都只是用來襯托我們的道具，如果沒有身爲主角的我們置身其間，這些道具根本沒有存在的價值。從小眼裡就只有自己的我們，不論看到別人做了什麼，聽到別人說了什麼，都只會想到一件事：這對我有什麼影響？

人生勝利組的人會知道江山易改，本性難移。成年人會用文明有禮的保護色去掩蓋根深蒂固的自私，但人腦的本能反應非常直接，非常固定，不論在任何狀況下，我們最先想到的永遠是自己，永遠是：這對我有什麼影響？

假設，比方說，你是男生，你想請女同事吉兒去約會吃晚餐。你對她說：「最近市中心新開了一家很夯的印度餐廳，要不要今天晚上一起去吃看看？」

在回答之前，吉兒腦中想的是：「他說很夯是說這餐廳的東西好吃，還是說裡面的氣氛很好，還是都很好？」她的胡思亂想繼續延燒，「印度菜，我不確定耶。他說好吃，但我不一定喜歡啊，畢竟印度菜算是比較特別的料理。」這麼想著，吉兒猶豫了。你看到她猶豫不決，直覺就是她不喜歡你，於是你想約她的熱情就「盪」下來了。

但假設你問她的是：「吉兒，有家新的印度餐廳你一定會喜歡的。你今天晚上要不要跟我去吃吃看？」如果你是這麼說的話，她心中的疑慮就在「潛移默化」中提前被排除了，而她答應你邀約的機會也會大增。

人腦中的「喜悅與痛苦」(pleasure-pain) 機制就像人生中的舵。按照心理學家的說法，人都會受到快樂的牽引與痛苦的推擠，換句話說就是只要是人，就一定「好逸惡勞」，沒有例外。而對很多人來說，「思考」就是勞動，就是痛苦的源頭。

所以如果想要控制人、激勵人，讓人愛上他們，或讓人願意跟他們去吃晚餐，贏家的作法就是替對方思考，贏家會從對方的角度出發去詮釋所有的事情，然後用「你」開頭的句子去灌對方迷湯，這樣的技巧，我稱之為「溝通/勾通」。

你需要人幫忙時，如何「勾通」？

用「你」破題，對方容易被你「勾」過來，這一點在你開口要人幫忙時很好用，因為你一開口就把對方放在前面，等於是一種輕微的挑釁。假設某個週末你想要出國去玩個三天兩夜，所以星期五得請特休，這時候你應該怎麼跟老闆說呢？你可以說：「老闆，我星期五可以請假嗎？」，或者你可以說：「老闆，你星期五沒有我，成嗎？」

你覺得哪一種的效果會比較好？

第一種問法，老闆必須自己去解讀為「星期五一整天，我沒有這名員工行嗎？」，這是一個很困難的過程，需要進行非常深度的思考。而你也知道，很多老闆是不用腦的。

第二種問法，相對之下，等於是你替老闆把問題給簡化了，老闆可以直接跳到第二種問法的邏輯。而且第二種問法還有一個好處，就是前面說的虛榮心。你這樣問，老闆就可以順勢說：「當然，星期天我一個人就行，沒問題！」多有面子啊！

恭維別人時，也要謹記「勾通」的道理

除了在公司，「勾通」也可以用在平常的生活與交往上。男士們，如果女方喜歡你的穿著，你覺得哪種誇獎聽起來比較爽？「我喜歡你的西裝」還是「你穿這件西裝很好看」？

大咖在做商業簡報的時候，同樣會用上「勾通」的技巧，來取得最大的優勢。假設你在台上講話，而與會者問了一個問題，他會希望聽到你回答說：「這個問題很好。」但如果你能說：「你問得很好。」對方的感受是不是更棒呢？

所以各位業務先生小姐，面對準客人不要只是說：「……很重要！」而要說：「您

可以了解……很重要。」

在談判桌上，不要說：「結果將會是……」，而要說「您可以看出結果會是……。」**凡事用「你」開頭，就連萍水相逢的陌生人都難以抗拒**。有一次在地無三里平的舊金山開車嚴重迷路，我只好問路旁的行人怎麼去金門大橋。我攔下一對在辛苦爬坡的夫妻，從車窗喊聲對他們問說：「不好意思，我找不到金門大橋。」賢伉儷互看了一眼，聳了聳肩，一副「又是個傻觀光客」的表情。「那兒。」做先生的隨口一說，指著前面。

仍舊沒有概念的我只好再試下一對。「對不起，金門大橋在哪兒？」這對夫妻完全沒有笑容，指了跟前面那兩位所說剛好相反的方向。

走投無路的我這時想到了「勾通」的技巧，於是遇到第三對在散步的夫妻，我從車窗放聲問的是：「對不起，你們兩位可以指點我一下嗎？我想找金門大橋。」

「當然可以啊。」他們異口同聲地回答，顯然非常認同我的問法。所以你看到了吧，問題問得對，問得好，對方會覺得你微微地在挑戰他們。像我第三次的問法等於是在問他們：「你有能力指引我方向嗎？」這樣的挑戰或「挑釁」就像在菜裡加一點點鹽，量不用多效果卻很好，於是他們移樽就教，到了我的車門邊，二對一指導我金門大橋到底怎麼去。

「欸，」我想，「用你開頭眞的有差耶。」爲了進一步測試這項假說，我繼續用上面這三種問法問更多的路人。果不其然，效果最好的正是「你可以告訴我……嗎？」；每次他們聽到「你」的聲音，就會不由自主地笑著幫我，效果完全不是用「我」或「金門大橋」開頭的問法可以比擬。

技巧28：溝通、勾通

用「你」開頭，句子就能得到聽者的注意力，同時得到的回應也會更正面，因為對方會感到一絲絲輕微的挑釁。同時用你開頭的句子比較直接，因此聽者也可以比較輕鬆，不用再多花心思去分析你的訊息。

在對話中加入大量的「你」，就像在頂級的牛排上灑上海鹽與胡椒，大部分人都會難以抗拒。

當年在伊甸園的無花果樹下，人的墮落如果有實況錄音的話，我想裡面一定可以聽到很多個「你」字。夏娃讓亞當吃下禁果不是用「請」的，不是用「命令」的，她甚至沒有對亞當說：「亞當，我希望你能吃下這顆蘋果。」她說的是：「你一定會喜歡這顆蘋果的。」此話一出亞當就乖乖咬了禁果一口。而夏娃如果活在今天，她會是個贏家。

能「勾通」，代表你沒瘋

根據治療師在精神病院裡所做的研究，病友們說「我」的頻率，是正常人的十二倍。所以這對醫師來說是一種很實用的指標，只要病友說「我」的頻率降低，就代表他們的病情逐漸好轉。

同樣的道理，你說「我」的次數愈少，別人就愈會覺得你正常。你有機會可以偷聽人生勝利組跟別人聊天，你會發現他們把「你」掛在嘴上，「我」卻難得聽到一次。

下一項技巧，我們要繼續討論贏家如何惦惦吃三碗公，如何善用「你」而能無往不利。

第二十九章 如何讓人覺得你不是對誰都笑

你應該有看過信箱裡的郵購DM，翻開內頁你應該也有注意到一件事，那就是可能多半因爲成本的考量，裡面的模特兒都是同一個人。不論今天主打特賣的是六月新娘的浪漫婚紗，還是炎炎夏日的清涼比基尼，模特兒都是同一張臉，甚至連表情都僵成一樣的角度。看著這樣的照片，會讓你不禁想要去敲敲她的頭，因爲你強烈懷疑裡面是空的。

相對之下，預算比較充足，內容比較講究的時尚雜誌就會有形形色色的模特兒貫穿整本出版品，裡面的專業美女也會視情境露出不同的表情，時而用「我有個祕密想告訴你」的笑容挑逗著你，時而用「我有點想多認識你，但又不確定」的謎樣雙眼注視著你，有時也會學蒙娜麗莎的微笑讓你丈二金剛摸不著頭腦。總之，你會覺得在那些美麗的臉龐之後，大腦是有在運作的。

我在船上工作的時候，有次曾經跟船長、船長夫人，還有幾位幹部一起列隊歡迎乘客。其中有位很陽光的客人開始跟我們一個一個握手，握到我的時候，他給了我一個格外燦爛的笑容，對我露出了他白得像鋼琴白鍵一樣的貝齒。當下我愣住了，感覺就像身處在暗室裡，卻照進來一道強光。當場我祝他旅途愉快，並決心之後要再去找這位很亮眼的男士聊聊。

但是當他繼續跟下一個人握手時，我從眼角餘光看到他臉上的笑容還是一模一樣，再下一個也是。於是我對他的興趣就像皮球被針扎到一樣，一下子全洩了氣。

等到第四次看到那「無差別」的笑容之後，這人在我心中的地位已經降格到跟愛麗絲夢遊仙境裡的柴貓（Cheshire cat）差不多；當他跟我之後的第五個人寒暄時，那千篇一律的笑臉讓我想到舞池裡閃得人眼睛睜不開的閃光燈，很煩。之後的每個人也照例都被他給閃了一下，而我對這人已經完全沒勁了。不要說找他聊天，我連看都不想看到他。

這人的身價怎麼會在我心中一夕崩盤呢？道理很簡單。他笑起來迷人歸迷人，卻不是因爲我而笑。我不用多聰明都看得出他的笑是散彈槍，沒有在瞄準什麼。換句話說，他的笑並不特別。他當然可以看到每個人都笑，但他可以笑得稍微不一樣，這樣至少我會覺得他是個有血有肉，有在觀察人的紳士。如果他給我的笑容比別人大一點，我也許就會等不及結束這一切的行禮如儀，私下把他從舞池的人海中拉出來，好好地跟他聊一聊。

你的笑有哪幾種？

如果你的工作需要你帶槍，你一定會好好研究槍的操作方式，這樣需要開槍的時候才不會你不認識它，它不認識你。而且在瞄準的時候，你就會先思考這一槍打出去，你的目標是會一命嗚呼，終生殘廢，還是輕傷送醫。現在既然笑容是你在溝通上最重要的武器，你自然也應該好好去研究一下笑容的操作方式，還有你每次「笑出去」的效果。花個五分鐘，把房門鎖上（以免被家人看到以爲你瘋了），然後對著鏡子笑幾次看看。邊笑，邊觀察自己的笑有哪些不一樣。

跟新朋友打招呼的時候，你也會交替著說「哈囉」、「久仰」、「很高興認識你」，那就順便也改變一下笑容吧。**笑的時候不要一視同仁，你應該用不同的笑，去搭配不同人給你的感覺。**

技巧29：專屬的笑容

如果你對每個人都用一樣的笑容，那麼你的笑在別人的眼裡，就會像假鈔一樣——不值錢。遇到一群人，盡可能給每個人的笑有所區別。而要做到這一點，你就要去觀察每個人獨特的美，讓這樣的美去帶出你專屬於對方的笑容。對你特別重要的人，你自然應該把最大最美的笑容保留給他。

我發現有時候人工的假笑也是很好用的。比方說，某人你很想認識，卻苦無機會自然而然認識，這時人工的笑就很好用。笑得好，你就能創造兩人認識的契機。換句話說，假笑是搭訕的利器。

笑容的「搭訕力」不是亂講的，而是有密蘇里大學的專家認眞地研究過。專家們進行了一項非常嚴謹的研究叫做「給男人的暗示：眼神與微笑在酒吧環境下的放電效果」。我知道這實驗名稱看起來很「隨便」，但這眞的是一個很認眞的科學實驗。爲了驗證他們的假說，女性的研究人員去到酒吧裡，對在家附近酒吧裡放鬆一下喝個小酒的男性客人放電，當然這些男性並不知情。有時候女性研究人員除了用眼神望著男客，還會再追加一個若有深意的微笑，但不是每一次都笑。

結果呢？按照最後正式的研究報告是這樣的：「有微笑的時候，男性受鼓勵而接近的行爲比率最高，有六〇%。」說得更白一點：男生只要看到女生笑，十次有六次會走過去搭訕。不過要是女生沒笑的話，十個男生就只有兩個會有所行動。所以，沒錯，你如果想給喜歡的對象暗示的話，多對他笑就對了。

當然如果不是在酒吧，而是在關係比較重大的場合上，你可以加碼使用前面介紹過的「潮水般的笑容」，配合本章的「專屬笑容」使用效果更佳。

第三十章
如何避免「狗嘴裡吐不出象牙」？

《安妮霍爾》是一部經典名片，你還記得裡面有一幕是黛安．基頓(Diane Keaton)跟伍迪．艾倫(Woody Allen)初次見面嗎？兩人聊著天，突然間觀眾聽到了女生的內心在說著：「拜託，希望他不要跟其他的臭男生一樣，是個混蛋。」

要讓別人覺得你是個混蛋，很簡單，多講「廢話」。跟善於溝通者聊天，千萬不要隨口說出「是啊，我累得跟狗一樣」或「她好可愛喔，好像個小天使！」，這樣你就是「搬石頭在砸自己的腳」！

強者聽到你滿口陳腔濫調，當著你的面不會說什麼，但私底下或內心裡一定會抱怨連連。當然，陳腔濫調所描述的都是人的常態。不論你是人生的贏家或輸家，都一定會有「通體舒暢」、「感覺像要飛起來」的時刻，都會覺得自己有些朋友「像隻瘋狗」、「怪裡怪氣」、「是個路癡」，同時因爲所有人都很努力工作，所以大家都「像蜜蜂一樣辛勤工作」，或「像比爾．蓋茲一樣有錢」。

這些確實是人生的眞相，但你一定要這樣去形容嗎？這輩子都請不要。爲什麼？**因為贏家一聽到你那些爛比喻，就知道你這人的想像力跟語言能力同樣貧乏。**濫用比喻就等於承認自己不肯動腦，或動了腦仍沒有靈感，沒有新意，只好任由陳腔濫調在空氣中肆虐。爛話說多了，說難聽點，人家就會覺得你也是個「爛人」。

技巧30：沒事，不要去捅「爛比喻」這個馬蜂窩

注意了。跟強者說話時不要濫用比喻，除非有人拿槍抵著你。事實上就算有人拿槍抵著你，你還是盡量不要亂講話，除非你阿嬤的阿嬤從天堂打電話給你。事實上就算你阿嬤的阿嬤從天堂打電話給你，你還是不要亂講話，除非你想要讓阿嬤的阿嬤在天上哭泣。

與其拾人牙慧，隨波逐流，不如相信自己，多想一些自己的話來講，而且如果你是真有心想這樣做，那麼下面的技巧你可以好好參考一下。

第三十一章 如何師法激勵大師，讓自己講起話來虎虎生風

俗話說：「良言一句三冬暖，惡語傷人六月寒」，沒錯，語言的力量就是如此大。事實上不論你以爲語言的力量有多大，它都比你想的還要再大一點。透過語言，我們可以讓人笑，讓人哭，讓人感動到怒吼下跪。口才好的人若能眞正掌握語言的力量，甚至還能成爲一國之主，能挑起戰端，能讓十惡不赦的人改過自新，重新做人。這些人並沒有三頭六臂，而是跟我們一樣一雙眼睛、兩隻耳朵、一雙手、兩條腿，就連聲帶，他們也沒有比我們多一條。

職業運動員的體能或許比我們好，職業歌手的音域也許比我們生來要廣要高，但專業講者跟我們在生理上的立足點是一樣的，唯一不同的是這些「名嘴」不是只用嘴，而是讓身體的各個部分都發揮各自的角色，包括用特定的手勢去加強說話的渲染力。他們在說話的時候，會考慮到所處的空間環境，會運用到不同的語氣與音調，會援引多樣化的語言表達，會視情況調整說話的速度……還會適當地運用空白與沉默來營造他想要的氣氛。

你可能短期內並不需要上台發言，但生活中你應該常常需要說服別人。你可能得跟家人爭取下次放假去外婆家玩，也可能得讓公司的大股東認同你的併購策略，這時候好口才就非常重要。你不妨去買一兩本教人演講的書，好好讀讀，然後把那些平時感覺略嫌誇張的技巧用在生活中。

短而有力，無一害而有百利

如果你相信語言的力量，那我強烈推薦你好好運用「短句」。很多政客都是靠著口號當選（讀我的唇：不·加·稅），很多被告都是靠著辯詞脫罪（證據不對，你就得判我無罪。）

如果老布希總統當年說的是：「我在這裡答應大家不加稅。」如果辛普森案的刑事辯護律師當時說的是：「如果當作證據的手套不是被告的尺寸，那被告就一定是無辜的啊！」那他們一個大概不會當選，另外一個現在應該還沒放出來。而原因很簡單：這兩段話實在太囉嗦了，根本沒有選民或陪審團記得住！任何人從政或當律師都會知道一件事，那就是句子愈短，破壞力愈大。而且一個不小心，你的敵人還會「以其人之句還治其人之身」，要知道誰都可以說：讀我的唇！

我很欣賞的一位名嘴是位廣播人，他叫貝瑞・法爾伯(Barry Barber)。他主持的是深夜的時段，而他最棒的地方就是講話很生動，從來不老套。我說他不老套，是因爲他沒有陳腔濫調的壞習慣，他不會亂用一堆爛成語或亂說冷笑話。談到自己擔心沒頭路，他不會說自己「膽小如鼠」，而會說自己感覺像「一隻大象吊在懸崖邊，尾巴只綁在朵小菊花上」；談到自己看到美女，他會說：「我的眼球整顆跳了出來，只剩細細的視神經稍微黏著。」

第一次見到他時，我問他：「法爾伯先生，這是多麼有趣的比喻，你是哪來的靈感？」

「法爾伯先生是我爸，貝瑞才是我。」他一開口就火力十足，意思是要我叫他貝瑞。接著他很坦白地承認雖然自己說話還滿生動的，但當中有不少用法是借來的。像上面那句話的「版權」就不是貝瑞，而是貓王的。（貓王早就說過：「普萊斯利先生是我爸，艾維斯才是我。」）就跟所有靠嘴吃飯的人一樣，**貝瑞每週都會花好幾個小時看書吸收名言雋語或好玩的東西**。**專業講者這麼做，是希望不論遇到任何狀況，他們都不會語塞**，都可以從百寶箱中掏出東西來應急，而不會因爲一點點意外就滿臉豆花。

身爲知名作家與講者經紀人的莉莉・華特斯寫過一本書叫做《你在台上快完蛋時

可以說的話》(*What to Say When You're Dying on the Platform*)，這本書是很多專業講者的聖經跟救命恩人。如果你講了個笑話，但都沒有人笑的話，你可以說「這是個冷笑話，你們不笑才是對的」；如果講到一半麥克風發出尖銳的雜音，你可以看一下機器然後說：「怎麼會這樣，我今天早上明明有刷牙啊，麥克風怎麼還會抗議」；被問了個你不想回答的問題，你可以說：「這問題可不可以保留到我演講講完，回到家洗完澡之後？」**任何人要靠說話吃飯，就要先想好有哪些洞要躲，該怎麼躲**。這一點你可以學。

你可以去翻翻修辭的教科書，也可以發揮創意來加強自己的日常對話的品質。與其說自己「快樂得像隻小鳥」，你可以改說自己快樂的好像中了樂透一樣，或者是好像小朋友這輩子第一次吃哈根達斯一樣開心；與其說人頭「像禿鷹一樣禿」，你可以說他像剛入伍的新兵一樣沒頭髮，也可以說他的禿頭好像牛蛙的肚子；與其說人聲音小得像隻蚊子，你還可以說他聲音小得像「在油裡面游泳的鱔魚」，或像「悄悄降落在雞毛撣子上的蚊子」。

盡量用些有畫面的比喻或句子，大家都熟的用法則能免則免。與其說「你逃不過一死，也逃不了稅」，你可以說「七月的海灘肯定都是人」或「你別想甩掉自己的影子」。你的聽眾還沒要死，不見得繳過稅，但他們絕對去過海灘，更絕對不會不認識自己的影子。

比喻盡量要跟當下的情境有關。如果你跟某人共乘計程車，「那錶一定會往上跳個不停，我可以跟你賭身家」就很應景。如果對方正在遛狗，你可以說：「你的狗狗百分之一千在想著那棵樹，他想去『做記號』，你知道我的意思吧？」，我想他一定會有共鳴。

想辦法讓對方做三件事：笑、笑、笑

幽默可以讓對話增色，但不要用「你有沒有聽過……的笑話？」開頭。你說笑話要謀定而後動，要跟當下的情境有所聯繫。比方說，知道自己要去開的是討論預算的會議，你就可以先去查查跟錢有關係的名言；若是在很「ㄍㄧㄥ」的商戰談判裡，要點幽默可以讓人覺得你游刃有餘。

曾經在一次超悶的財經會議上，我聽到一位企業的高層說：「別擔心，我們公司錢很多，再撐個好幾年沒問題——至少可以撐到債主上門來要債。」他這一說，僵局就給打開了。後來我才發現類似的梗曾經收錄在搞笑咖傑基．梅森(Jackie Mason)的笑話集裡。但這無傷大雅，這位企業幹部依舊贏得了在場的人一片好評。

贏家如果想要上媒體，是要做功課的。受訪前的晚上他們會輾轉難眠，牙咬著枕頭，苦思著什麼樣的話語會有爆點，能得到記者先生小姐的垂青。密西根州有位叫做提摩西的獸醫在業界算是重量級的人物，但出了獸醫界就默默無聞了。但後來有段時間他上了美國各大報的頭條，你知道為什麼嗎？那不完全是因為他打算替一隻因為凍瘡失去雙腳的公雞裝上雙腳，而是因為他把這一回的治療叫做是「棒棒腿移植手術」。

法國一位叫做瓊．卡爾蒙（Jeanne Calment）的女士曾經公認是全球最年長的人類。我不知道她老人家在過一百二十二歲生日的時候有沒有想要順便出名，但她所說的那句話確實出名了，她說的是：「我這輩子就只有過一條皺紋，我現在就坐在上面。」

馬克．維克特．韓森（Mark Victor Hansen）在他的本行裡是號人物，但出了他的圈圈原本其實不算太有名，直到有天他替自己跟傑克．坎菲爾（Jack Canfield）合著的書系想了個很響亮的名字叫「心靈雞湯」。他自爆原本的書名是《一〇一個小故事》，還好他沒有那麼想不開，否則這本書就不會有多大出息了。還好有了新的書名，《心靈雞湯》開始得到了各地讀者的青睞，就像雞湯大家都很愛喝一樣，一碗接一碗，隨便舉幾個例子就有《心靈雞湯：關於女人》（*Chicken Soup for the Woman's Soul*）、《心靈雞湯：關於青少年》（*Chicken Soup for the Teenage Soul*）、《心靈雞湯：獻給媽媽》（*Chicken Soup for the Mother's Soul*）、《心靈雞湯：關於信仰》（*Chicken Soup for the Christian Soul*），然後二刷、三刷、四刷還接連出了精裝本、平裝本、有聲書、錄影帶跟月曆。

使用警語

不論你多有料，不看場合講話都是會出亂子的。我會知道，是因爲在船上工作的時候吃過這樣的虧。一次前往英格蘭的航程中，我決定給乘客朗誦伊莉莎白．貝瑞特(Elizabeth Barrett)跟羅伯特．布朗寧(Robert Browning)很有名的英文情詩。「我愛你有多深？讓我細細數算。」(How do I love thee? Let me count the ways.)，我想這沒人不知道吧。老少咸宜的選擇果然奏效，乘客們都很愛，連著幾天我的表演都深獲好評。那幾天任何時候我出現在甲板上，都一定會有乘客對著我熱情地大喊：你知道我愛你有多深嗎？

技巧31：鐵嘴上身

不論你是要在舞台上面對著幾千人演講，還是只需要待在烤肉架後面招呼家族成員，同樣的技巧都可以幫助你讓人感動、讓人開心，讓人得到鼓勵。

你可以平常多讀書，多累積一點講話時用得上的名言雋語，這樣到時你不但可以字字珠璣，還可以妙語如珠，逗得聽者呵呵笑。讓自己成為一個不論身處何種場合，都可以出口成章的鐵嘴。這道理很簡單，**想讓人記住你，就想句**

讓人忘不掉的名言。

盡量押韻、盡量風趣，更重要的是，盡量跟現場把距離拉近。

被人一直稱讚，我也難免出現了大頭症，我突然覺得自己成爲了朗誦界的大師，不露一手簡直對不起乘客。於是我決定下次的航班上我也要照辦，但我沒盤算到的是下次的航程目的地是加勒比海，跟英格蘭扯不上任何關係，跟英詩裡的情詩更是八竿子打不著。結果果然是一場糊塗，效果奇差無比！那次我人只要一踏上甲板，乘客都躲我躲得遠遠的，好像在說：我有多討厭你，讓我細細數算！

第三十二章
如何像大咖一樣談笑風生（有話直說才是強者風範）

如果你走進電梯，而裡面的人全都講的是匈牙利語，你也不見得能猜得出來，除非你聽得懂匈牙利語。但你一開口，電梯裡的人都會知道你不是匈牙利人。

跟贏家共處一室也是一樣的狀況。聽到贏家聚在一起說話，你也不見得認出他們是人生的勝利組。反之只要你一開口，他們就會認出你跟他們不同掛，除非你能說跟他們一樣的話。

雄獅的怒吼跟貓咪的呼嚕有什麼不同？其中一項最大的不同就是客氣的程度。大貓有話就說，不會拐彎抹角，不會這個不敢說，那個也不敢講。衛生棉就講衛生棉，不用講什麼女性用品，有錢就說有錢，不用說他過得還不錯，這就是大咖跟小咖之間的差別。有信心就沒有不敢講的話，太過客氣只代表你沒有自信。小咖講話綁手綁腳，等於是在告訴在場者：「哇咧，你們各方面都比我好，我很糗，我現在遣詞用字這麼客氣，只是覺得大家層次很高，所以我也來咬文嚼字一下，免得被看扁了。」

就道理上來講，大咖是對的。提到身體部位不用扭扭捏捏，該叫什麼就叫什麼，乳房就說乳房，不用說什麼雙峰，他們如果真的用雙峰這兩個字，指的是之前去登頂過的聖母峰跟白朗峰，不會是女人的胸部。睪丸就說睪丸，贏家不會說什麼「蛋蛋」，贏家家裡的蛋蛋都在冰箱裡好好的。

如果大貓對某個字的使用有所遲疑或保留，他還可以用法文去圓。比方說如果他們覺得英文的屁股疑似不雅，他們會說法文的「臀部」，這樣自己就可以優雅下台了。

技巧32：有話直說

不要把客氣當擋箭牌，有什麼說什麼，是什麼就叫什麼。說話直接不代表大貓們下流，廣義的髒話出口有時只是因為沒有文雅的替代品存在。某些人眼裡的髒話也是標準的英文，大貓們不過是把它們用出來罷了。

一群人的對話聽個幾分鐘，你就能分辨當中誰是大貓，誰是小貓，兩者的氣勢完全不同。

第三十三章 如何避免天字第一號的大「突槌」

我曾經出席一場小型晚宴，晚宴的主人是廣告商執行長路易跟他的夫人莉莉。晚宴一開始先是雞尾酒會，接著就是一連串精選的美食加上醇酒。席中杯觥交錯，來賓相談甚歡，佳餚接二連三，酒香不絕於室，每樣東西不但都好，而且都是吃到飽足。到了晚宴的尾聲，主人路易很稱職地舉杯跟所有的來賓敬酒，一不小心把幾滴酒滴在了雪白的桌巾上。

安靜的大廳內，新任藝術總監鮑柏的美麗女伴像個涉世未深的少女一樣，「咯咯」地笑了出來，順便還補上一句：「你醉得還滿徹底的嘛！」

此言一出震撼了全場，所有人都愣在那兒，不知怎麼辦好。路易確實有點醉，但大剌剌地點名主人喝多了，即便是帶著點開玩笑的口吻，也還是非常的不得體，不得體到就好像她拿碟子當飛盤，把會場屋頂上的水晶吊燈給砸爛了一樣。

另一位女士趕緊出聲想打圓場，她舉杯說道：「我們都醉了，跟路易賢伉儷共處一室，誰能不陶醉！大家爲了今晚的陶醉乾一杯！」

路易聽到有人出聲，也趕緊繼續把敬酒的場面話說完，然後也就大事化小，小事化無了。大家都能繼續享受美麗的夜晚。唯一例外的，大概就是鮑柏了吧。他知道女伴的失言，就算沒有惡意，也讓他扣分了，就算才華洋溢的他前途不會受到影響，他在社交上的形象也會受傷。

一個人沒出息，愛逗人也是可以觀察的一點。很多人很白目，見人就拍人家的啤酒肚說：「最近喝不少喔？」不然就是盯著別人日漸稀疏的頭髮說：「你跟剩下的道過別了嗎？」他們覺得很好笑的事情，別人可不覺得，這完全是把自己的快樂建築在別人的痛苦上。乾脆一點，他們可以對人說：「你不是自卑，你就是卑，哈哈哈哈哈！」

技巧33：沒事不要貧嘴亂逗人

一個人成不了大器，一大特徵就是貧嘴逗人。自以為無傷大雅的笑話仍可能傷害到別人，你當下笑得很開心，大貓們卻已看在眼裡。最後誰會笑，誰會哭，我想當下確定都還太早，因為如果你真是隻這樣的白目小貓，那麼你抬頭一看，我想你會看到一片漫無邊界的玻璃天花板，對，就是那種貓爪沾不上去的強化玻璃——你所有的升官夢都可以醒了！

只要會傷人，那麼不論再好笑，再精彩，再天才的笑話都請你吞到肚子裡，除非你想跟自己過不去。

第三十四章
如何當隻討人喜歡的烏鴉

古埃及的法老王看到最下層負責報信兒的探子，也都像是對待他國的王子一樣客氣，但前提是他帶來的得是好消息。如果氣喘吁吁的探子帶來的是不中聽的壞事情，那倒楣的他就要人頭落地了。

類似的狀況現在也看得到。有次朋友跟我帶著花生醬跟果醬三明治要去踏青，我們才剛開開心心提著籃子出了門，一位鄰居笑得很開心，坐在露台的搖椅上望天說道：「喔喔，要去郊遊喔，氣象說今天會下雨喔！」乍聞此言，我第一個反應就是花生醬跟果醬不吃了，拿來塗他臉上好了。我氣的不是天氣不好，而是鄰居的嘴巴很臭！笑什麼笑啊，氣死我了。

幾個月前有天我正急著要趕公車。正當我手忙腳亂地在櫃檯前把找回的滿手零錢塞到包包中時，灰狗巴士的售票小姐笑著脫口而出：「你要坐的車，三分鐘前剛走一班。」你告訴我這幹嘛，氣死我了！當下真希望自己是法老王！

讓人生氣的不是壞消息，而是態度。每個人都有需要當烏鴉的時候，都有壞消息要傳達的場合，這時候有沒有心的差別就在於你的態度。醫生對病人說得動手術，老闆對員工說要請他走路，心理醫生面對空難罹難者的家屬，樣樣都需要同理心的展現。懂得溝通的人會知道在傳達噩耗的時候，要站在聽者的角度去想。

但這一點對大多數人來說似乎很難理解。你剛飛了十幾個小時的飛機落地，飯店小姐卻輕浮地對你說：「房間還沒整理好喔！」；你滿懷期待地到餐廳想點乾式熟成的頂級牛排，侍應生卻告訴你剛剛賣完；你需要領現金過聖誕節，銀行出納卻笑著說你的戶頭沒錢了。身爲乘客、食客與基督再臨前的過客，你會不會很想一拳打在這些人的臉上？

技巧34：傳球要看方向，說話要看對象

美式足球的四分衛如果蒙著眼睛亂傳球，早就被球團解約了；明星四分衛在長傳之前，一定會先判斷接球的隊友人在哪裡。

你說話時也要學學四分衛，我是說好的四分衛，你要先想想這話要說給誰聽，看看對方的臉色，然後再決定要怎麼個說法。該笑、該哭、該嘆氣，都要視情況而定，但我所謂的情況不是你的心情，而是對方可能的反應。

我的鄰居如果能展現一點同理心，溫暖地提醒我今天會下雨，我想我的反應應該會是很感激。如果灰狗巴士的售票小姐能用惋惜的口氣告訴我有班車剛走，我應該笑著說：「沒關係啦，我搭下一班，謝囉！」身藏壞消息的人生勝利組，就是能夠跟難過的人分攤痛苦。

贏家懂得怎麼傳達壞消息而不傷人。事實上，傳達任何訊息給任何人都難不倒贏家，我們下一章會仔細介紹。

第三十五章
不想回答，希望對方閉嘴的時候該如何回應

芭芭拉是我的一個客戶。身爲在傢俱業裡正嶄露頭角的明日之星，她剛與原本的事業夥伴兼前夫法蘭克離婚，而法蘭克早就是傢俱產業中舉足輕重的人物了。他們分得沒有很好，最後變成兩人合夥的公司還開著，但誰也不跟誰連絡。

這兩人正式離婚後不久，我在一個傢俱業大會上遇到芭芭拉。離婚歸離婚，芭芭拉跟法蘭克仍舊在業界富有人望，因此大家都很好奇兩人之間到底怎麼回事，也想知道兩人離異會對公司有什麼影響。不過，當然沒人敢問，芭芭拉也不講。

在那次大會的惜別晚宴上，我被安排跟芭芭拉坐在一起。而同桌的一位同事終於按捺不住，甜點一上來就倒向芭芭拉，神秘兮兮地問道：「芭芭拉，你跟法蘭克到底怎麼啦？」

芭芭拉並沒有生氣，挖了一口面前的櫻桃慕斯說：「我們分居了，但公司營運不受影響。」

這答案一點都不八卦，於是女同事又再追問：「你們上班還在一起嗎？」

芭芭拉又吃了一口甜點，然後把同樣的話又再說了一遍，連聲調都一模一樣：「我們分居了，但公司營運不受影響。」

不得其門而入的女同事仍不輕言放棄，「你們還在同一家公司嗎？」

雖然這同事很「盧」，但芭芭拉絲毫沒有不悅之色，先是一口吞掉碟子裡最後一顆櫻桃，笑了一下，然後轉頭對著這位同事，用完全一樣的聲調複述：「我們分居了，但公司營運不受影響。」

終於，同事閉嘴了。芭芭拉不愧是爲人生勝利組，她知道運用「跳針的唱片」這項技巧來回應閒雜人等的八卦文化。

技巧35：跳針的唱片

遇到有人哪壺不開提哪壺，一直追問你不想講的話題時，你就不斷重複原本的回答，就連語氣跟音調都不要變。同樣的答案連續聽個幾次，對方通常就會打退堂鼓了。如果對方還是死不放手，你繼續跳針就對了，最後贏的一定是你。

第三十六章 遇到名人怎麼應對

你剛在一家高檔餐廳坐定要吃晚餐，抬頭看了看隔壁桌，結果不會吧，那不是誰誰誰嗎？應該不是他吧，只是剛好遇到明星臉吧。等一下，真的是他耶！真的是伍迪．

艾倫（或其他你喜歡的電影明星、政壇明星、電視主播、你公司的母公司的母公司的總裁，族繁不及備載）。明星下凡耶，而且就坐在你身邊用手就摸得到的距離，怎麼辦？怎麼辦？

不怎麼辦！人生勝利組不會看到明星就手足無措，更不會像餓了三天的狗狗看到餅乾一樣猛流口水。就讓明星享受一下平凡的快樂吧！如果他朝你看過來，你再笑一下加點個頭也還不遲。如果你有男伴或女伴跟你一起用餐的話，還是把絕大部分的精神放在伴侶身上吧，這樣你會顯得格外迷人喔！

如果你實在抗拒不了明星的魅力，不想辜負命運的安排，實在很想跟他握握手，當面表達一下對他的仰慕，那麼你應該這麼做才酷。**你應該等到你或明星其中一個用完餐要走了，也已經結完帳了，再去做你想對他做的事情，這樣不論你想對他做什麼樣的要求，都不會造成對方太大的麻煩**。你可以說：「艾倫先生，對不起，我只是想親口對您說聲謝謝，您這些年所拍的電影帶給我很大的樂趣，真的很謝謝您。」

你看出這當中的蹊蹺了嗎？你不是在恭維他的工作。那樣的話，明星可能會在內心嘀咕，「你是什麼東西啊，有什麼資格對我的作品說三道四？」**你該說的，是你身為觀眾的主觀感受；你能說的，就是你多喜歡看他拍的片子**。

就算你老闆的老闆的老闆在命運的牽引下要接受你的膜拜，原則還是不變。

請你千萬不要說出「比爾．蓋茲先生，你的公司眞的經營得很好」這種話。你沒資格。「低等的電腦宅男，」他會想，「你憑什麼這樣說？」聰明的話，你應該用這千載難逢的機會告訴比爾．蓋茲你覺得很榮幸能夠在微軟的孫公司裡工作，這樣就夠了。至於相片影像編輯軟體如何被你改得更好，就不用在他面前贅述了。

然後你可以讓你的肢體語言發揮作用，讓伍迪．艾倫或比爾．蓋茲或其他的天王天后知道如果他們不想繼續，你就不會再打擾他們了。但如果明星覺得你很投緣，或今晚酒喝多興致來了，那就算你走運，我沒意見，你就自己看著辦吧！你就好好玩，直到明星的肢體語言告訴你他們想要走了。你可以把自己想成是國標舞的學生，而明星就是老師在帶著你跳，他帶，你跟，當然什麼時候下課，也是看老師高興。

要是不知怎地，巨星跟你一講就沒完，而他身邊有伴的話，記得要把話題扯到那位「衛星」身上。道理很簡單：如果恆星超級亮，那衛星應該也不會太差，萬一能攀上關係，占便宜的機會應該比吃虧大得多。

我一個朋友菲莉西亞是非常優秀的訴訟律師，她老公湯姆是一個地方電視台的節目主持人。因爲定期在電視上出現，因此湯姆經常在路上被人認出來，但一般觀眾並不認識菲莉西亞。菲莉西亞跟我說她覺得很煩，甚至連湯姆都常覺得不耐。他們不論去到哪裡，即便只是參加個普通的派對，一堆人也會湧過來把湯姆團團圍住，而同樣優秀的菲莉西亞則幾乎沒人理會。他跟湯姆以前很愛出去覓食，現在幾乎都被迫宅在家了。何解？因爲他們不能忍受熱情粉絲的騷擾。

「我以前好喜歡你喔（你以前好紅喔）！」

另外還有件事情要特別小心。電影明星多半很在意自己上部戲賣不賣，政客多半很在意自己上次選得好不好，企業主多半很在意集團上次併購成不成功，以此類推。所以萬一說到明星的戲，政客的選舉，集團的購併，作者的小說，或任何大人物的任何表現，你要盡量把焦點放在最近一個作品。跟伍迪．艾倫說你多喜歡他拍的《星塵往事》(*Stardust Memories*)，他不會開心的，因爲那已經是上個世紀一九八〇年代的事情了。「我最近拍了很多好片呢，這自稱粉絲的傢伙都不知道喔？」他會暗暗這麼想。可以的話，**盡量在名人面前當個近視眼，只想得到，看得到他們最近的表現。**

技巧36：強者不會見人就流口水

正港的VIP不會看到名人就慌了手腳，一副要撲上去的樣子。如果有幸跟名人交談，不要對著他扮演起影評或樂評，只要說你很喜歡或欣賞他們的作品就好了。如果你一定要點出一部作品來談，盡量談那個最近的，千萬不要去翻陳年的舊帳。

另外如果女王蜂旁邊有隻工蜂在嗡嗡嗡，想辦法跟那隻工蜂也認識一下，我想那應該不會是隻普通的工蜂。

遇到名人，還有最後一件事要注意：**假設你有幸辦了個活動有名人到現場加持，記得要體貼一點。你可以把蘋果光打在他們身上，但不要強求他們「上台說幾個笑話」、「上台唱一首歌」**。螢光幕前的光鮮亮麗是經過排練與準備的，不是你想的他們早上起來第一件事就可以上台。何況唱歌跳舞說笑話對一般人來說是娛樂，對明星來說則是工作，而你知道的，什麼事情只要一當成工作，就不好玩了。來賓換作是會計師，你會叫他現場表演查帳嗎？換作是牙醫，你會叫他當場表演拔牙嗎？放過他們吧！讓他們輕輕鬆鬆喝個兩杯，跟朋友聊個天，好不？名人也是人，不是機器，何況機器也要休息。

第三十七章
怎麼讓人對你心存感激，讓人想要謝你

作爲第三部的結尾，我想再教各位一個簡單的小撇步可以讓大家說起話來更像個大人物。掌握這項技巧，你不僅能散發出大貓的風範，更能讓人把你奉爲上賓，對你說話客客氣氣，對你的生意邀約來者不拒，對你的丰采深深著迷。這技巧很快速、很可愛、很簡單。你可以用在日常生活裡周遭的每個人身上。等到上手了，這技巧會讓你愛不釋「口」。

這簡單到不能再簡單的技巧，就是一定要給你說出口的每聲「謝謝」穿衣服，**你每聲謝謝的後面一定要有受詞，換句話說，你一定要說清楚你在謝什麼**。很多人都習慣只乾乾地說謝謝兩個字，你覺得有多少人，包括你在內，會把別人隨口一說的謝謝兩個字當眞。我們早上買報紙的時候，是不是會對找零的店員說聲沒什麼誠意的謝謝，那種程度的謝謝，你會想說給絕不能失去的大客戶聽嗎？會想說給爲你燒飯洗衣帶小孩的老婆（或老公）聽嗎？只要情況允許，盡量在謝謝兩個字後面加上原因：

✓ 謝謝你來。
✓ 謝謝你的諒解。
✓ 謝謝你願意等我。
✓ 謝謝你長久以來的惠顧。
✓ 謝謝你這麼關心我。

下飛機時，機長與空服員通常會在艙門邊列隊送客，這時我都會對他們說：「謝謝你們帶我們來這兒。」我承認，有的人可能覺得我有點誇張，但我必須說禮多人不怪，我這麼做的效果好得出奇。機長跟空服員都會喜出望外地鞠躬回我：「喔，謝謝你搭乘我們的航班！」

技巧37：謝謝不可以乾乾的，一定要加料

「謝謝」出口絕不能乾乾的，小到幫忙撿東西，大到救了你的命，你都一定要說清楚，在謝謝後面加上你要謝什麼。謝謝你問我，謝謝你讓我閉嘴，以此類推。

謝謝你讀完《跟任何人都可以聊得來》的第三部！現在讓我們往下一關邁進，那就是你要如何邊和人講話邊展露你的「博學」，不論在你四周的是會計師或得道高僧，你都能說得頭頭是道！

第四部 如何打進任何團體的核心

他們在講什麼啊？

你有沒有過這樣的經驗？那就是宴會上的每個人都在談「什麼什麼」，例外的只有你。這個「什麼什麼」可能是企業做假帳，可能是建蔽率的上限，可能是出版業的圖書館市場，你一個字都聽不懂，畢竟全場只有你不是會計師、建築師或出版商。於是你杵在那兒笑得很僵，活像個智障，死活就是沒東西可講。硬要講，你又怕說錯話，於是你慌了：大家都會笑我，我跟全場格格不入，我還是不要出聲好了。

高中時的我就是這樣，而且我的情形非常嚴重，特別是男生一多，我簡直就變成個啞巴一樣。男生聊的都是車子，而我不懂車子。「進廠」對他們來說是要去改車，對我來說是要去整容。

嗯，有一天好死不死，我媽帶了個禮物回家給我。這東西讓我整個改頭換面，讓高中生的我從害羞的醜小鴨，變身成八面玲瓏的花蝴蝶。那是一本書，書裡介紹了所有市面上看得到的車款，還有引擎蓋下面所有的東西。翻過一遍，我儼然已經是車神，開口閉口都可以是福特、雪佛蘭跟別克。即便聽男生提到化油器、發電機、凸輪軸或排氣管，我也不會再倒抽一口冷氣準備窒息！**我不需要去大學旁聽汽修科課程，更不需要知道所有問題的答案，我只要能問得出問題來就行了，只要問題問對，一堆男生就會講到停不下來。**掃除了沒辦法聊車的障礙之後，我的社交生活整個活過來了。

鏡頭拉回今天。已經成年的男男女女也都有自己偏好的話題，而這些話題往往跟個人的專業或興趣有關。如果跟同行或同好湊在一起，我們就會像三姑六婆聊八卦一樣，一檔一路換到八檔都煞不住車。就連平常在無塵室裡包得密不透風，一句完整話都說不出來的宅男工程師，只要是說到數位相機的光圈大小或雙B跑車的扭力大小，一個一個也可以突然變身成脫口秀的主持人。很多事情都是這樣，懂的人就覺得饒富興味，不懂的人就覺得索然無味，問題是品味是可以培養的，生魚片有人吃來反胃，有人覺得是人間美味。經典與天書就像全壘打跟接殺，往往都只有一線之隔。

你擔心自己被壁球迷包圍而無法招架，因爲你人在道場比你在球場自在嗎？你擔心從業餘壁球玩家口中聽到像吊球或抽球這樣的術語來襲嗎？你之前聽到壁球的英文「Squash」，都以爲人家說的是搗成泥之後，感恩節晚上搭配火雞吃的那種瓜嗎？別擔心，下面幾項技巧正符合你的需要。

釣魚的人會丟出對的餌讓魚群上鉤，你要做的就是丟出對的問題讓人開口。戴爾・卡內基的名言是：「你做出想聽的樣子，別人就會講」只能說是說對了一半。就像撲克牌裡說的：「拿到的牌至少要有穿衣服，才好出手。」跟人說話也是一樣，**你至少要有足夠的知識起頭，專家才有辦法順著你的話講**。基本的了解加上足夠的好奇心，火才點得起來。

在這第四部，我們會探索各項「芝麻開門」的技巧，讓你可以登堂入室直闖別人的心房，讓他們對你該說的話講，不該說的話也講。

第三十八章
不分男女，如何當個現代版的達文西（達文西再世）

每次有朋友來到我的故鄉紐約市，我總是警告他們：「千萬不要在地鐵裡跟人問路。」「怕被搶嗎？」他們會緊張地問。

「不，不是怕被搶，是怕他們比你還不知道路！」紐約這顆大蘋果的地鐵乘客大多只知道兩件事：從哪裡上、在哪裡下，完了。扣掉他們上下課或上下班或其他生活所需的起迄路線，他們對歷史悠久，縱橫交錯的紐約地鐵一無所知。大多數人對於各項人可以從事的興趣與嗜好，也都跟紐約市民對地鐵路線的了解差不多，好像都聽過，但又好像都不熟。他們知道自己喜歡的東西，但別人喜歡的東西就摸不著頭緒，就像自己的站他們很熟，但其他沒去過的站就都印象很淡。

我有位單身但痛恨單身的朋友芮塔超愛打保齡球。每週三晚上她都會和朋友約好打到翻掉。即便平日，她也滿嘴都是自己的分數，自己的平均分數，自己的單局最高分數，還有她要怎樣才能打出更高的分數。另外一位單身且努力要脫離單身的朋友華特喜歡泛舟，他跟同好永遠聊不完各自征服過的急流，哪個牌子的裝備比較好用，還有哪個等級的水勢泛起來最有快感。想說這兩個單身貴族說不定會來電，我把泛舟華特介紹給了滾球芮塔，各自的興趣我也跟雙方提了一下。

「喔，所以你打保齡球喔！」華特說。

「是啊。」芮塔嬌羞地笑著回答。話畢她等著男生再多丟些問題過來，最好是跟保齡球有關的，這樣她就可以打個全倒，甚至火雞。但華特卻像壞掉的鬧鐘一樣，一聲不吭。

壓抑著失望的心情，芮塔只好開口：「嗯，萊拉說你喜歡泛舟。」華特聽到芮塔這樣說，流露出得意的神情，等著芮塔多問一些跟划槳有關的問題。「嗯，泛舟一定很刺激吧，會不會危險啊？」芮塔只能做到這樣。

「不會啊，哪會危險啊。」華特用一副嫌棄她是個「門外妹」的語氣嗆聲。接著兩人就講不下去了。

當時在場目睹這場悲劇的我曾想說只要芮塔這輩子泛過一次舟就好，只要華特打過一次保齡球就好，他倆的人生就會大大不同。只要能先聊起來，火花就有可能點燃，之後的發展誰也說不準。

「散打」做為一種技巧，可以拯救你於華特與芮塔的不幸。這一招可以讓你蛻變成為現代的達文西，文武才華兼具，別人想聊什麼興趣就聊什麼興趣，你都可以回應。

散打，很簡單，就是要把你的生活打散，讓你能接觸到你原本從來沒想到要從事的活動。**每個月以四個星期來算，請你找某一週去做件跳 tone 的事情**。你週末一般都打網球嗎？這禮拜改去爬山吧。你週末習慣爬山嗎？這禮拜改打網球吧。你打保齡球嗎？這禮拜拋棄你的球友吧！改去泛舟看看。喔，你本來想去泛舟嗎？馬上改，約人打保齡球吧。

去看郵票展，去上圍棋課，去坐熱氣球，去濕地賞鳥，去打花式撞球，去划獨木舟，去放技術風箏，都行。**重點是要從這些嶄新的活動中得到體驗，讓你什麼都能聊上一點**。就從這個週末開始去拓展你的生活範疇，讓你不論面對喜歡集郵的，喜歡坐熱氣球的，喜歡賞鳥的，喜歡打撞球的，喜歡划獨木舟的，喜歡放風箏的帥哥美女，都可以跟他們聊得起來。

拿條藍色的石蕊試紙浸入一大碗酸性的物質裡，試紙就會變成粉紅色；再拿一條藍色的石蕊試紙滴上一小滴酸性的液體，試紙還是變成一模一樣的粉紅色。這就跟參加活動很多年或一兩次一樣，只要參加過一兩次，你也可以得到八成的「聊天材料」。**你也許不能成為專家回答問題，但你會知道有哪些問題專家可以回答；你問起問題來，用的術語也會比較對味兒**。平常多累積一些生活經驗，未來你不論再遇到各式各樣的興趣或話題，就都不用再擔心了，否則同樣的問題只會不斷出現。

潛水你懂嗎？

我沒有潛水執照，不過六年前在百慕達我看到一個招牌上面寫著：熱門景點潛水，只要二十五美元，初學者可。這之後短短三個小時，我已經潛水過，也上了一堂專家親自教授的浮潛名嘴速成課。

報了名，教練先讓我在游泳池裡練習。然後揹著重重的氧氣筒、調節器、浮力背心跟配重皮帶，快要站不住的我手忙腳亂地上了船，接著坐在搖搖晃晃的小船上，我把面罩與蛙鞋當成念珠一樣把玩，同時聽著其他有照的潛水者互相交換心得：

✓「你的執照是在哪裡拿到的？」

✓「你在哪些地方潛過？」

✓「你喜歡潛船礁還是珊瑚礁?」
✓「你有晚上潛過嗎?」
✓「你喜歡水下攝影嗎?」
✓「你有帶電腦潛過嗎?」
✓「你最高紀錄潛過多久?」
✓「你有得過潛水夫病嗎?」

上面這些問題都是潛過水的人,才能眞心感到有興趣的問題,完全沒經驗的人應該想不到。那天之後,我對潛水的術語跟話題不再陌生,一直到現在我每次偶遇喜歡潛水的人,我都知道可以問些什麼東西,更知道哪些東西不能問,比方說你不能跟潛水的人說你多喜歡吃海鮮,那就好像跟愛貓的人說貓肉很好吃一樣。一般來說,我會問愛好浮潛的新朋友去過哪些熱門景點潛過,然後如果眞的想讓他們嚇一跳的話,我會問他們潛過科蘇梅爾島 (Cozumel)、開曼群島 (Cayman) 還是坎昆 (Cancun)。最後如果我想讓他們對我肅然起敬的話,我會問他們有沒有去過太平洋深處的特拉克環礁 (Truk Lagoon)、澳洲的大堡礁或紅海。

關於潛水的各種術語,我現在都已經很輪轉了。在悟出散打療法之前,我會把船礁與珊瑚礁說成沉船跟珊瑚，他們會知道我指的是什麼，但聽起來就是有點刺耳。聽得懂，但潛水的人不會這樣說。在那天親身跟有照潛水者相處過之前，我一開口可能問說：「潛水喔，好像滿有趣的喔，你不會怕遇到大白鯊嗎？」很多潛水的人聽到你這樣問，應該會想把你推去餵鯊魚吧！

技巧38：散打

每個月一次不要照章行事，不要照表操課。找點你從來沒想過要做的事去做。去參加極限運動，去看超現實畫展，去聽你很可能聽不懂的演講。只要親臨現場，你就能掌握八成以上的術語與提問的能力。

想想看！某天的晚宴上聊到潛水，而你因為有過那次的體驗，隨口便問人喜不喜歡晚上潛水，或者喜歡潛船礁還是珊瑚礁。之後如果你招認自己的潛水經驗除了在百慕達那次以外，就是自家的浴缸的話，我想任誰都不會相信的。

接著你可以轉頭問左手邊喜歡高空彈跳的那位說：「你喜歡綁腰還是綁腳踝？」如果話題轉到網球上，武術上，錢幣的收集，甚至是賞鳥上，你都可以跟得上，都可以行雲流水甚至如魚得水。不分男女，如此文武全才能不令全場為之傾倒嗎？

第三十九章
如何聊起別人的工作或休閒，都完全狀況內，一副很懂的樣子

比起聊興趣，更棘手的是聊工作。有場由「電腦資料庫管理」夫妻檔所舉辦的派對我「有幸」參加，那晚我現在想起來，都還會渾身打冷顫。我一進門，就聽到某A對某B說：「定義域關聯性計算若限制用安全表達式，那就相當於值組關聯……。」

接下來的我沒辦法告訴各位，因爲我沒待在那兒聽，而我沒待在那兒聽，是因爲我知道就算我留下來聽，也聽不懂。霎時我突然覺得自己平常眞是人在福中不知福：鼠就是鼠，很愛吃乳酪，不會跑出來什麼叫做滑鼠；窗就是窗，可以掛窗簾，不會跑出來什麼叫做視窗；網就是網，是蜘蛛編的，不會跑出來什麼叫做網路。當下我想如果要撐過這晚，不找點「技術支援」肯定是不行的。

於是我立刻隨機應變，我決定趕緊看看資料庫管理專家是怎麼問問題的，然後看看能不能現學現賣。透過觀察，我很快就掌握了一些訣竅，於是我開始等不及要找人來試試。我準備好的問題是：「你用的磁碟陣列是哪個等級？」還有「你資料倉儲用

的是哪一種產品？」

只要有幾個可以破題的內行問題在手上，你就不會有問題。你可以拋出問題，等對方回答，努力撐幾個來回不要穿幫，然後就盡快改變話題。**記得千萬不可因為破題成功就得意忘形，更不可以戀戰，因為不趕緊改變話題，再下去就是死路一條**，你不可能比在場的專家懂得多，更沒有辦法用謊話呼嚨他們。

關鍵只有一個：如何破題

網球選手看到對手發球，就知道今天會不會是一場苦戰。溝通也是一樣。聽你講第一句話，別人就知道跟你聊生活，聊興趣，究竟會是一個聰明的決定，還是無止境的人間煉獄。

假設我偶然認識了一個新朋友，而她開口第一句話就問我：「聽說你是作家，你什麼時候會寫出偉大的小說呢？」聽她這麼說，我全身雞皮疙瘩大作，這傢伙對作家在幹嘛完全沒概念嘛，先跟她客氣聊一下好了，換話題爭取時間，再想辦法閃人。

如果這位新朋友開口說的是：「你是作家喔。文學還是非文學？」這就對了，這告訴我她知道作家在幹嘛。爲什麼啊，很簡單，因爲這是作家認識其他作家時的第一個問題。我會跟這樣的人聊得很開心，因爲我會覺得她懂。就算我們沒有延續作家或寫作的話題太久，我對她的印象還是會一樣的好。

每樣工作，每項運動，每種興趣都有內行人的話語，都有「巷仔內」的問題是同業、同好、同志會互相問的。當然也有一些問題很「外行」，是懂的人永遠不會問的。美國太空人遇到德國太空人，先開口的人會問：「你出過什麼任務？」這就是內行的問題，外行人會問：「你在太空船裡怎麼上廁所？」牙醫遇到牙醫會問：「你是作全科還是專科？」，會問「有看牙很痛的八卦嗎？」的可能是密醫。

好消息是初級的「工作會話」比外語簡單。你不用背很多單字，不用記很多句型，你只需要掌握幾個開場的問題，聽起來就會很有內行人的架勢。好玩的是，即便你最後透露自己的素人身分，他們也不會改變對你的印象，他們內心依舊會暗暗覺得「這傢伙懂的還眞不少！」

「救命啊！到時候我會被藝術家包圍！」

能拿工作「扯淡」就跟會說外語一樣，對你的工作會有很大幫助，而且前者比外語容易入門多了，很容易就能得到成就感。假設你受邀參加一間畫廊的開幕式，在場可以想見會有很多藝術家。如果你擔心自己會不知道要講什麼，你可以翻翻自己的通訊錄，看看自己有沒有朋友是藝術家，趕緊向他們求助。

啊哈！莎莉不就是嗎？至少她自稱是藝術家啦。於是你打電話給學美術的莎莉，一五一十告訴她：「莎莉，我知道這聽起來有點蠢，但我要去參加一個活動會遇到很多藝術家，我總不能都不講話吧。你可不可幫我想幾個問題問？」莎莉聽你這麼一說可能會有些許傻眼，但你的誠意應該可以感動老天跟她。

她或許會說：「嗯，你可以問問他們創作用的是哪種媒材。」

「媒材？」你可能會感到狐疑。

「對啊，」她會告訴你，「專業的都會這麼問，因爲藝術家使用的素材各有不同。有人用壓克力，有人畫油畫，有人用焦炭素描，有人正常一點用筆，還有很多啦，這就不講了。」

「喔。」

「不要叫藝術家去形容他們的作品，」她口氣中帶著警告，「對藝術家來說，他們的作品要用看的，沒辦法用言語傳達。」

「喔。」

「還有不要問他們有沒有藝廊收他們的作品。」

「喔？」這我不懂。

「這會戳到某些人的痛處。你可以問：『你的作品有地方看嗎？』，這樣問藝術家就會很開心，因爲就算他們現在沒有藝廊收留，他們也可以邀請你去工作室欣賞他們的作品，你人去了，就有可能買。」

技巧39：學著聊工作，絕對不會錯

除了母語跟外語，贏家還懂一種用來「聊工作」的語言，會這種語言，代表你可以跟任何職業的人聊上幾句。

會這種語言有什麼好處呢？很簡單，這種語言「輪轉」，你就容易被看成自己人。那這種語言要去哪裡學呢？書店裡絕對沒賣它的錄音帶，但你也不需要特意去學，你只消找個專家問問，整理出幾個可以拿來破題的問題就行。學習這種語言可以說是一種穩賺不賠的投資。

莎莉告訴你的這「兩要兩不」，對開始起步的你來說已經非常足夠。

假設你用準備好的問題完美破題，一發高質量的抽球從你的拍下朝對方的場子射去，又強又直。你的談話對象這時正常的反應會是喜出望外，他們會有棋逢敵手的感覺，會覺得終於遇到一個可以暢所欲言的人。於是他們拿出看家本領，用最得意的正拍回擊。他們是專家，要出擊幾次都沒有問題，但這會兒又輪到你了，你還有問題可以問嗎？

這時候你要是還不想自爆是素人，不想見好就收，反而想見好續攻，那麼下一個技巧「找到開關按下」你就得好好運用。

第四十章 如何摸清對方底細，把他們搞定（基本醫生對話）

我朋友約翰是個新婚的醫生，他娶的是一位日本美女，名叫友香。約翰說他跟友香第一次一起受邀要去見約翰的許多同事，她完全慌了。

她希望能給老公的同事留下好印象，但想到要跟美國醫生面對面，她實在是緊張的不得了。她老公約翰當然也是美國醫生，但他們約會的時候很少談治病的事情，應該說正常的情侶都不會談這些吧。

看到太太這麼焦慮，約翰告訴她說：「別煩惱，老婆，他們互相問來問去都是一樣的問題，不是『你是哪一科的？』，就是『你在哪家醫院服務？』，你就比照辦理就是了。」

「如果想談深一點，」約翰繼續說著，「就丟些像是『你跟院方的關係如何？』或『目前的醫療環境對你有什麼影響？』這些都是醫生之間最熱門的話題，畢竟醫療產業正歷經快速的變遷。」

約翰說友香後來在場合中說的一字不差。她在宴會中四處穿梭，遇到醫生就問他們的科別、服務院所，還有與醫院的互動狀況。就這樣，她成了當天的焦點。約翰許多同事都恭喜他能找到這樣美麗與智慧兼具的賢內助。

真正的王牌

如果不是醫生呢？事實上任何職業都有他們產業內熱門的話題，但外人一般既不容易了解也不關心。比方說，獨立書店常常抱怨連鎖巨擘獨占了整個市場；會計師輒轉難眠，煩的是爲了可能錯不在己的會計疏失買保險；牙醫晚上磨牙睡不好，讓他們恨得牙癢癢的罪魁禍首是美國職業安全與健康管理局（OSHA）跟環保署（EPA）多如牛毛的規定。而身爲作家，我們痛心疾首的是電子書或數位刊物用我們的心血，卻不付錢。

假設有人很不幸得跟一群作家共處一室，要跟這些不寫出來就不會講話的人攀談絕非易事，尤其是對一個習慣用說話來溝通的人。但如果那個不是作家的人可以在活動前打個電話給某位作家朋友，了解一下作家最關心哪些事情，屆時跟作家們相談甚歡就不應該會是件難事。這就是一種「摸清底細」的技巧。

技巧40：摸清對方底細

在盲目衝入一群出版商或牙醫師裡之前，先做功課，先摸清別人行業裡有哪些熱門的議題是外人所悉甚少但內部討論非常激烈的。好好利用你的線人，把內線掌握清楚。時候到了再把內線拿出來當作火種，一舉炒熱現場的氣氛。

再回來說你準備要參加的藝展，這時候你還不能讓電話另一頭的莎莉去睡。莎莉已經給了你兩個可用的問題，但她沒給你王牌之前不能讓她走。追問她在藝術家的圈圈裡，此時此刻最紅火的議題究竟爲何。給她點時間想，她會告訴你：「藝術品的價格是永遠都聊不完的。」

「藝術品價格？」你會問。

「是的，」她說，「比方說一九八〇年代的藝壇是非常市場導向的，藝術品的價格會因爲投資客的炒作與暴發戶的亂買而衝高到九霄雲外。我們覺得當時的藝術因而與普羅大眾脫節的很嚴重。」

哇，這下子可以讓莎莉去睡了，她已經把王牌給了你。

「大攤」見！

跟線人討教得正起勁時，別忘了拷問他某個行業有沒有特殊的打招呼方式或禁忌。比方說舞台劇女演員很討厭在上台表演前聽到「祝你好運」，她們想聽到的祝福語是「斷條腿吧！」（編著：在劇院裡有個迷信，說祝福話被認爲是不吉利的。）

「斷條腿吧！」可以說給準備上台的女演員聽，但決不能說給起跑線前的馬拉松選手聽，我想原因就不需要我多解釋了。長跑選手想斷的，只有一樣東西，就是終點線的那條帶子，因爲只有冠軍衝線時會有帶子。你可以祝他一馬當先！

美國消防隊員的工作是輪班的，所以所有弟兄會都聚在一起，一定是因爲有超級大火，所有人都被叫來支援的時候。這就是爲什麼打火弟兄打招呼時會說：大攤見！

有次我車開在一個很不容易迷路的靜謐小鎮裡，眞不簡單，我竟然迷路了。正當我絕望地掉頭想離開時，好運降臨，我發現前面就是消防隊，門口就有幾位百無聊賴的消防猛男在乘涼。

「對不起，請問我想開回東西向的五十號公路，應該怎麼走？」我從窗戶喊聲出去。從他們的神情與態度判斷，我知道他們覺得我是個白癡。不過他還是很慵懶地給我指了指正確的方向。開走的時候，我喊了聲：「謝囉，帥哥們，大攤見！」話畢神奇的事情發生了，從後照鏡裡我看到這些壯漢粗獷的臉上綻放出燦爛的笑容，一夥人全都感動到站起來對著我揮手告別。一個萍水相逢的金髮路癡只靠著一句內行的招呼，讓出生入死是家常便飯的消防弟兄一見傾心。

第四十一章 如何神不知鬼不覺摸清對方背景

假設你的送報生剛從腳踏車那兒把報紙扔到你的門前，你倒了杯咖啡，正準備舒舒服服地看看昨天世界上又新添了哪些悲歡離合。但是新聞報導的世界那麼大，你的世界那麼小，要有交集不見得容易。這時你面臨了抉擇，你是會先翻到國際版、時尚版、運動版，還是娛樂版？還是你都先看漫畫？

不論你先翻到了哪個版面，明天都請換換。**明天早上拿到報紙，請你不要重複今天的看報順序，事實上，明天請先看你平常幾乎不看的版面。理由很簡單，這樣可以幫助你拓展自己的視野，增加自己對陌生世界的了解，這樣你不論遇到誰，都有機會跟對方天南地北地聊，不論你們的背景有多殊異。**

地產版？很無聊喔！也許你對炒房完全提不起興趣，但難保哪天你不會身處在一群投資客或房仲之間，而他們開口閉口講的都是房地產的地段、成交價與市場熱度。再討厭，你每幾個禮拜稍微掃一下地產版也不爲過，這樣你就不會對房市的語言一無所知。

地產版就算了，廣告頁？這會不會太過分。也許你覺得這世界沒有麥迪遜大道(Madison Avenue)會好得多（麥迪遜大道可說是紐約的廣告業一條街），但沒有廣告業的存在，你的生意只會更差，不會更好。你不是才跟他們當中的某一家簽了約要行銷你們公司的產品嗎？你覺得沒辦法跟廣告從業人員交談對你的事業會是件好事嗎？所以忍耐一下，還是看一下廣告版面吧，說不定看著看著你還會覺得有趣呢。要說做廣告的很多也是很有創意的人，只要你平常有接觸相關訊息，遇到了你大可跟他們聊行銷活動、聊靈感、聊平面廣告設計、聊電視廣告拍攝。廣告人很多語彙是不一樣的，比方說他們不說文字，說文案，他們不說廣告公司跟客戶，他們說廣告代理與廣告主。

如果你使用的詞彙不到位，就等於告訴他們你什麼都不懂。在船上，如果乘客問船員說：「你在船上工作多久了？」船員暗暗地並不會開心，因爲他們工作的場域是令人感到自豪的「郵輪」，而不是普通的「船」。乘客用船這個字，說明了他們多半時候是旱鴨子的眞實身分。

用對字可以讓你說起話來有一種魔力。在接待客人進晚會大廳的行列中，每當乘客問到我們沉默寡言的船長說：「您什麼時候升上船長的啊？」或是「您掌舵的第一艘郵輪是哪艘？」，他會不管後面等著跟他握手的人龍排得多長多迂迴，堅持要把自己的航海史整個再講一次，讓發問的乘客得到滿足，算是鼓勵他有把在報紙上讀到的術語用得比較精準。要是乘客說：「你是何時當上船老大的啊？」或是「您第一艘管的船是哪艘啊？」，卡菲埃羅 (Cafiero) 船長可能就會對他一視同仁，用義大利紳士的風度草草了事。

能在很多場合跟人一拍即合是會上癮的，而且很快。你需要的，只是養成看報的習慣，而且把報紙當書看，不跳過任何一部分，至少不要每次都跳過一樣的部分。

多方閱讀專業雜誌來充實油料

如果你不以報紙上會出現的皮毛為滿足，你可以開始閱讀專業級的產業雜誌。所謂專業的意思就是說這些雜誌的發行量通常很小，也通常只有業內人士會讀。你可以問問自己不同行業的朋友有沒有這樣的刊物可以借你，這樣你的攀談能力與續航能力都會更強。

所有的行業都有一兩本這樣的出版品。你應該不陌生有些大本雜誌光鮮亮麗，上面印著的名稱是《汽車新知》、《餐廳經營》、《泳池與ＳＰＡ動態》、《運輸產業》，另外甚至還有養豬人看的《豬隻養殖》，如果養豬這兩個字讓專業人士覺得不舒服，我道歉，我知道他們自稱「豬農」。你可能覺得有這麼誇張嗎？在江湖上行走連養豬都要懂嗎？很難說，說不定哪天你遇到某個男（女）生很來電，他（她）的家裡就是養豬的。好啦，總之專業雜誌是術語與議題的寶庫，讀一期是一期。

要增加談論嗜好或興趣的能力，你可以多瀏覽雜誌去了解慢跑、自行車、直排輪、游泳與衝浪等熱門的大眾休閒活動。大型的書店裡能找到公路車、拳擊、保齡球，甚至主題是「騎公牛」的刊物。像這類小眾或極限運動的雜誌，每個月出刊少說上千本應該有。

幾年前我有段時間每週都會買一本不一樣的雜誌，結果很快就有了回報，主要是當時我有位準客戶邀請我晚上去她家餐聚。這位客戶家裡有個美麗的花園，而因爲讀過了《花卉與園藝》，我在言談中丟出了好些個術語像是景觀植物、一年生植物、多年生植物。甚至連話題轉移到用種子或用球莖來培植花卉比較好的時候，我都能跟得上討論。

技巧41：拿專業雜誌進補

你的下一個大客戶會喜歡打高爾夫、喜歡跑步、喜歡游泳、喜歡衝浪，還是喜歡滑雪？你參加過社交場合裡是一堆超出世的佛教高僧或超入世的會計師，抑或是這兩種極端之間的任何專業團體嗎？任何一種你想像得到的專業或興趣或追尋，都有專屬的刊物。可能很多你都沒聽過，但加一加幾千本應該有。不論你需要與誰交談，專業雜誌都是你術語與話題的寶庫，有空多進補一下這些資料，絕對是有百利而無一害。說到這，最新一期的《動物園誌》，你讀了嗎？

聽我說得一口好園藝，她邀請我散步到她的私人後花園去參觀。走著走著，我逐漸把話題從菊花轉移到我可以替她公司提供哪些顧問服務。這一路上誰主誰客，你說呢？

到底是世界愈變愈小，還是我們的生活圈變大了？新世代男女若能上知天文，下知地理，外加多才多藝，那麼去到世界各地都可以抬頭挺胸，隨心所欲。下一項技巧讓你不論身處於地球的哪個角落，都能對環境知之甚詳，就像在自己家一樣。不想讓人笑你是「土包子」嗎？下一章的技巧正是你的防護罩。

第四十二章
到了國外怎麼開口講話

假設在國外出差的你想要當個世界通，你第一件事該做什麼？除了護照要隨身攜帶以外，你得去買本旅遊會話書對吧？畢竟沒人希望到了羅馬，不知道怎麼問廁所在哪裡？也不希望人在吉隆坡渴了，沒辦法買汽水。不過另外有一樣東西很重要，我們卻經常忘記帶，結果把自己弄得很狼狽。這東西就是國際禮儀須知。

我有一個朋友也是講者，叫做潔若。她第一次受邀要去日本演講之前非常興奮，而爲了在長途飛行中能夠舒服一點，她穿上了自己最喜歡的設計師牛仔褲和休閒夾克。然後經過了十四個小時的飛行，移動了六千七百三十七英哩的距離，她到了日本的成田機場，在那兒四位接機的男士西裝畢挺，笑著鞠躬還遞了名片給她。一手拿著隨身行李，小潔用另外一隻手接過了名片，瞥了一眼，然後就把名片放妥在褲子後口袋裡。崇尚禮尚往來的她接著也從包包裡掏出自己的名片，但想到日本朋友可能不會念自己的名字潔若，她很貼心地先在上面寫下了自己英文名字的暱稱小潔，然後才把名片給出去。四位日本朋友把收到的名片拿近點看，然後又翻過來檢視了一番，其中一位才把名片放進自己的公事包裡。

他們一行五人到了飯店，男士們邀請小潔去大廳喝茶。邊喝著茶，男士們拿出了一個小禮物要送她，她迫不及待地打開了。小潔最爲朋友所稱道的就是她的溫暖、直率與熱情。她收到禮物很開心，於是一打開便眞情流露地尖叫了一聲：「哇，好漂亮喔！」，然後再補上給每位男士一人一個小小的擁抱。

就在這個節骨眼上，四位日本男士突然一同站了起來，動作就像四個連體嬰一樣。四人極淺地鞠了躬，含糊地用日文告了別，便急忙離開了現場。可憐的小潔完全不知道發生了什麼事情，她不知道自己到底哪裡錯了。

說起來她是沒有一樣對的。首先她不該穿牛仔褲，在亞洲即便你是騎腳踏車去見客戶，打扮也不可以隨便。再者，小潔對名片的處理也有問題。在亞洲，名片是非常重要的社交工具，因此收名片跟給名片都有規矩，都一定要雙手爲之。爲一的例外是在亞洲的回教國家，在這些國度裡左手是不潔的，所以要用右手接名片。

第三，小潔把名片收起來的速度也太快了。在亞洲，名片有一項功能是話題的啓動機。一般而言雙方會看著對方的名片找話講，直到對方交換完名片，聊一下彼此的工作，對方已經把你的名片收好之後，你才可以跟著也這麼做，而且收名片的時候也一樣要小心翼翼地展現出尊重的態度。滿不在乎地塞進牛仔褲的屁股口袋剛好與這項原則背道而馳。

第四個錯誤小潔回到家才發現。她一位資深同事比爾長年出差，去過很多國家，是他分析給了小潔聽這第四個錯誤。在機場時，日本男士會把她的名片翻過來看，是因爲他們以爲背面會有日文版的姓名、職稱與公司名，但小潔的名片除了正面的英文之外，背面空無一物。

然後第五項錯到不能再錯的錯誤是小潔不該在名片上寫字。在亞洲，名片雖然不是神聖不可侵犯，但也不應該在上面留下潦草的字跡。

這還沒完。比爾老實跟她說她不應該在客人面前拆禮物。因爲在面子重於一切的日本，送禮的沒有收到禮是件很丟臉的事情，應該盡量避免，而小潔連禮物都沒準備，堪稱錯誤編號七。

收到禮物時的尖叫同樣屬於禁忌。在亞洲，人的地位愈高，聲音愈低調。最後一項錯誤，很明顯，是她不該擁抱那幾位日本男士。稍微擁抱在很多地方是一種禮貌，但在日本卻是商務場合的禁忌，特別是雙方第一次見面。

不用我多說，小潔第一次受邀去日本工作也是最後一次，但她接下來又得去薩爾瓦多演講。所幸受過教訓的她學乖了，這次她很努力地做功課，而她很開心地發現按照當地的習俗，在薩爾瓦多再怎麼擁抱都不會被嫌。只是她不能直呼任何人，包括她自己的姓氏。喔，還有她絕對不能介紹自己是「美國人」，因爲美國人的英文也可以解釋爲美洲人，而薩爾瓦多人也是美洲人！

文化差異遍及世界各地，這裡舉的例子不過是滄海一粟。我自己是不論去哪裡旅行，都會事前提醒自己外國不是美國，不是百無禁忌，幹嘛幾乎都可以。我也很喜歡穿著牛仔褲趴趴走，我也無可救藥地喜歡擁抱，收到禮物我更是很少能忍得住不當場拆開，但只要是離開山姆大叔的勢力範圍，我都會確認一下目的地的風俗民情，看看自己到了那裏，可以「做自己」到什麼程度。

技巧42：三里不同俗，何況不只三里

在你踏上異鄉土地前，記得買本書把目的地的風俗民情研究一下。每次要握手、送禮、作手勢，甚至是要恭維別人之前，也都把書再拿出來翻一下。小心駛得萬年船，一個無心的錯誤可能耽誤整個大局，你不見得承受得起。

我這邊推薦三本介紹國際禮儀與風俗的好書，各位可以好好利用一下：

- ✓羅傑・艾克斯特爾 (Roger Axtell) 所著《世界禮儀與禁忌》(*Dos and Taboos Around the World*)
- ✓瑪莉・巴斯洛克 (Mary Bosrock) 所著《展現自己最好的一面》(*Put Your Best Foot Forward*) 系列
- ✓葛萊德森・諾宛那 (Gladson Nwanna) 所著《什麼能做什麼不能做》(*Dos and Don'ts around the World*) 系列

不要像我另外一位不幸的同事一樣到了巴西，差點搞砸了一筆大生意。他的錯誤

是就在簽約之前用姆指跟食指做了一個ＯＫ的手勢，他渾然不知在巴西，這意思是要對方跟他發生關係。後來有人告訴他這手勢的意思，但傷害已經造成了。這次雖然圓了回來，但如果不學到教訓，下次他就不見得能這麼好運。

接下來我們要討論的是表現出內行人的樣子，能夠爲你帶來什麼樣立即、具體、可以量化的好處，而像個外行人又會如何傷到你的荷包口袋。

第四十三章 如何不論買什麼，都能用說的得到好價錢

千萬不要低估人爲了欲望所能發揮出的創意。對很多人來說，「求愛與戰爭就是要不擇手段」這句莎翁的名言可以引申爲「求愛、戰爭與購物就是要不擇手段」。爲了訂到熱門時段的人氣餐廳位置，冒用名人的稱號已經是老套了。我最麻吉的餐廳領班就說他一天到晚接到勞勃·狄尼洛打電話來訂位，結果來了一堆人全是素人，然後他們

就說：「對不起，勞勃今天臨時身體不舒服。」

有次有位小姐也用這招，但是沒成功。惱羞成怒的她對著他大喊：「我告訴你，我到底得是誰你才要讓我訂位？你希望我是誰我就當誰：歌蒂韓、葛拉夫、瑪丹娜，說就是了。」有些人更絕，他們會跑到早就訂滿的餐廳，對著領班面前的預約名單隨便一點，然後就說：「我們有預約，這裡！」

熱門的飯店也可以看到類似的手法。幾個月前我準備住進一間很受歡迎的飯店，預約也確認過了。但就在我排隊準備登記入住的時候，一位大嗓門的男士對著櫃檯大喊：「你說沒有房間了是什麼意思？我今天晚上就要住這。你沒有房間，我就在大廳打地鋪。」看到櫃檯好像沒有要理他，他更火了。

「我警告你，」他把嗓門又拉高一級，「我可是都裸睡的喔！」飯店馬上就把房間生出來給他了。

我當然不建議各位採取像這樣幼稚又無賴的舉動，但有個類似但文明許多的技巧你可以試試，這招我稱之爲「膨風換好處」。我想到這招，是有天跟保險業務員卡森先生共度下午，他那天是想賣我房屋保險，而身爲消費者，我當然希望能用最少的保費得到最大的保障。卡森先生賣保險非常老練也很有耐心，他用一般人能了解的語言對我解釋著保單內許多附加條款的好處。

正當他說明到戰爭與颶風理賠條款的時候，電話響了。他說了聲抱歉，然後接起電話，打來的是他的同事。就在這個時候，我眼前突然出現了巨大的變化，原本八面玲瓏，身段柔軟的保險業務員，變成了不擅於言詞又沒見過世面的土包子在跟他的老朋友掏心閒聊，對話中還不時出現「雨傘」兩個字。我一時間以爲他們在談天氣呢。

他們講著講著，話題似乎又開始在「飛蚊症」上打轉，這時我又以爲他們在談眼睛的毛病。又聽了一會兒，我才恍然大悟他不是在說雨傘跟飛蚊，而是在說跟這兩個詞的英文很像的保險術語。

就這樣聊了幾分鐘，卡森終於對著電話說：「好的，夥伴，掰掰。」然後放下了電話。他清了清喉嚨，再次變回那個正經八百的保險業務員，開始繼續耐心地向我這位什麼都不懂的客戶解釋起保單的理賠與保費可以如何抵稅。

坐著聽他說著包含「代位求償」(subrogation) 跟「比例責任分攤」(pro rata liability) 在內的一堆保險行話，我開始想到：「如果剛剛打電話來的同事也是要跟卡森買保險，我想他能拿到的條件應該會比我好得多吧，說不定保費也會比較便宜。」事實上不論是什麼樣的買賣，賣方都會大小眼，內行人是一套行情，外行人又是另一套標準。至於哪一種比較划算，就不用我多說了。

在我正要發火之前，我又想到這樣眞的不公平嗎？好像也沒有，因爲如果賣方不用花時間對像我這樣的外行人一邊解釋一邊安撫，還得回答永遠回答不完的笨問題，省下的成本就可以回饋給懂的客人。跟面對我不同的是對他的同事，卡森不用花二十分鐘的寶貴時間去解釋爲什麼龍捲風把你的房子刮走了叫做「不可抗力因素」。所以你輸了。遇到保險知識豐富的同事要買保險，卡森自然會化身成一個普通的售貨員，不用提供任何服務。而因爲他不用花太多力氣服務，少賺一點他也不介意。

只要多懂一點點，買東西就可以占多些便宜。如果你對房仲的底價多點概念，他就願意多給你點折扣；如果你聽得懂外燴或汽車業代用來多賺佣金的話術，如果你熟悉搬家公司跟水電工用來呼嚨普通民眾的手法，如果你有警覺律師用來給帳單灌水的技巧，換句話說，如果你熟門熟路，別人就比較沒有機會騙到你，你也就比較不容易被拐、被騙、被坑。**你不用什麼都懂，你只需要知道一些術語；只要說得出一些重要的名詞，專家就會以為你什麼都知道，包括他可以接受的底價與實際上最划算的方案**。

說的最好的是幫我們家油漆的工人伊吉。「當然，」他告訴我，「你一定得懂得怎麼跟油漆工『喬』，我是不會啦，但很多油漆工會不擇手段多賺一點，這也是人之常情啦，尤其是遇到女人，你一個不小心就會被他們坑。所以女生一定要放聰明點，只要照我說的去做，他們就不敢『黑白來』。他們會想：『嘿，這個人有兩下子喔，我還是老實點好了。』」

「好吧，伊吉，那你說我應該怎麼跟油漆工『喬』呢？」

伊吉說：「你可以跟他們說：『這面牆不太需要整理。你們不太需要批土磨平，差不多直接上漆就可以了。』」伊吉說只要說這幾個字，就可以省下好幾百塊美元。這是爲什麼？很簡單，因爲聽你這樣說，油漆工就知道你知道最花時間的不是刷油漆，而是「整平」牆壁，也知道你知道那是他們用來拉長施工時間，好跟你多收點錢的理由。

「然後，」伊吉接著說道，「告訴他們你不需要『處理壁癌』，不用『補縫』。聽你這些術語，他們就知道你懂，就知道不可以偷工減料，馬馬虎虎。」可惜的是我只認識油漆界的伊吉，但我需要伊吉的地方何止漆房子。

找不到伊吉的時候，你怎麼辦？

想拿到最好的價錢，最划算的方案，該怎麼辦？首先你得去找你的伊吉。**如果你朋友裡有專家，盡量去請教人家，學點術語；萬一沒有認識專家，你也不要急著放棄，你至少應該貨比三家再做決定。先跟店家多聊聊，順便學學他們說話的方式**。

你要買鑽石，不要急急忙忙跑去心儀的珠寶店，問些笨問題然後就當了冤大頭，你應該先去遠點的，你不想在那兒消費的店家去走走，跟老闆或老闆娘聊聊，或跟店員交個朋友，重點是學點買賣鑽石的術語。銀樓的人不會用鑽石這兩個字，他們會說石頭，鑽石頂端的平面，他們叫「桌面」，鑽石最寬的部分，他們稱做「腰圍」，鑽石的底部，他們叫做「尖底」，如果鑽石看起來黃黃的，他們不說黃，說「開普」，如果看到鑽石有缺陷或汙點，他們不會這麼說，他們說「有瑕疵」或「有雜質」，覺得眼前的鑽石不喜歡，行家不會說「我不喜歡這顆，我想看別的」，他們會說「我想看看等級更高一點的」。不要問我爲什麼，很多事情都是沒有理由的。

等你術語夠熟練了，你再去你眞的想要消費的店裡買。現在你開口已經可以像個內行人了，你拿到的價錢一定比較好。

技巧43：口氣大點，價格低點

討價還價在古代的阿拉伯市場有這麼一招，現在你在美國還看得到，尤其是要花大錢買東西的時候。這招用得好，你拿到的價錢就愈划算，因為對方不敢呼嚨你，反倒是被你給唬了。

要唬得過對方，你買大件東西的時候就要先跳過真正要買的那一家，反倒找些同業多跑跑，跟專業的賣家學學他們講話的口吻跟用語。有了專業級的口條護身，你就可以出發去你設定好的店家，好好地選，好好地殺。

熟能生巧，很快地你就可以舉一反三。面對皮草商，你知道要問他皮貨是在哪「鞣」的；出國駐點前面對搬家公司，你會知道要請對方出示跨洲搬家的證書與記錄；面對律師，你會知道要問他提供法律諮詢的鐘點費是多少，陪同出庭又要多少錢。聽你問得這麼專業，這些人就會像伊吉說的一樣在內心暗忖：「嘿，這個人有兩下子喔，我還是老實點好了。」

接下來讓我們更進一步去探索內行人的世界。這次我們要研究的是如何讓你的談話對象覺得你不僅可以分享生活的經驗，還可以交流更深層的信仰與價值。

第五部
怎麼讓人覺得跟你是一個模子出來的

瞇起眼睛，抬頭看著鳥兒飛翔，你會發現鴿子跟著鴿子，燕子陪著燕子，黃鸝鳥領著其他黃鸝鳥，就好像在鳥類的世界裡也存在著種族的界線。你甚至會發現同樣是燕子，靠海的跟住在內陸的都打不成一片，有些鳥可能顏色外型很像，但只要不是同種鳥，就是老死不相往來。這道理說得簡單點，就是物以類聚，鳥以群分。

幸好，人有些地方算是比鳥稍微聰明些，我們有大腦可以跨越偏見，至少時不時啦，聰明人會一起工作，一起玩耍，一起分享食物。這表示獨樂樂一定不如眾樂樂嗎？嗯，這得看人啦。我們在這裡所要探討的重點不是人跟人之間到底要不要分你我，而是希望盡全力讓你變成一個好親近的人，讓別人不論是要跟你做生意，還是做朋友，都可以很舒服。

是人，都喜歡跟志同道合的人相處，這是顛撲不破的眞理。有項研究是先測試人的個性與價值，然後兩兩配對讓他們去相處看看。在見面之前，半數的人得到的訊息是對方跟自己的想法很像，另外一半的人則經告知對方跟自己格格不入。

不過，當事後被問到他們喜不喜歡被分到的夥伴，一開始以爲雙方想法類似的比起一開始覺得雙方想法殊異的組合，前者喜歡夥伴的比例要高得多，這顯示人的天性就是喜歡跟自己感覺相同的人。我們會優先把生意交給氣味相投的人，也會樂於跟人生價值與信念雷同的個體當朋友。爲了讓你好做生意，好交朋友，我在這裡提供六項技巧，讓別人對你產生頻率相近的印象。

這些技巧除了可以讓你與客戶、朋友與同事的關係更爲緊密，還可以讓你針對不同種族、不同背景的其他個體培養出更深層的了解與同理心，還可以讓你得到一把鑰匙，讓你打開原本打不開的心門。

第四十四章
如何讓人覺得你跟他們是「同梯的」

麻雀拍翅的速度比在高空盤旋的老鷹快，這是常識，不同背景的人也是如此。我們來自不同的家庭，接受不同的教育，應對進退氣質也會各異。比方說，西方人習慣大山大湖，他們站得會比較開，距離別人比較遠，因爲那種遠對他們來說，算是近的了。東方人相形之下，擠大眾交通工具擠久了，會跟別人站得近些。亞裔美國人的動作最溫和，義裔美國人舉止最豪放。

喝下午茶，注重禮儀的人會屈膝彎腰慢慢地用臀部坐到沙發上，而要拿茶杯，小姐們會一手拿碟子，一手扶杯子，小指還會若有似無地稍稍翹起。一般人若沒有這麼講究，可能就會一屁股往沙發中間陷下去，明明有耳朵的杯子他們也可能會兩手捧著。

這當中有所謂的對與錯嗎？我認爲沒有，**但是懂得溝通的人，就會知道要看臉色、看場合，他們會看今天的客戶是屬於前者或是後者，然後跟對方一起「矯揉造作」或「不拘小節」。這麼做，是為了讓對方覺得你好相處，覺得跟你是一夥的。**

我有個朋友巡迴美國各處主辦很勁爆的一種研討會，主題是：嫁入豪門一〇一。喔，對了，她叫吉妮。吉妮有次在拉斯維加斯被一位電視記者問到她能不能分辨眞假有錢人。

「當然。」吉妮回答得很快。

「那敢情好，」記者要試試她，「這房裡誰最有錢？」記者說的是隔壁桌有三位西裝筆挺的男士，而且他們身上還不是普通的西裝，識貨的就知道那是倫敦梅菲爾區海沃德老店的手工西裝。襯衫同樣是訂作的，來自巴黎凡登廣場的夏爾維名店。他們品嚐的蘇格蘭威士忌身價不凡，那是單一純麥的拉佛格（Laphroaig），產地是蘇格蘭外海的艾拉島（Island of Islay）。這位記者顯然以爲吉妮的答案不脫這三位男士。

但就像一隻訓練有素的獵犬，吉妮環顧四周之後，目光停留在角落賭桌上的一個傢伙。她用鮮紅色長指甲指了指這個牛仔褲都快破了的男人，喃喃地說道：「他很有錢。」

驚訝不已的記者問吉妮：「你怎麼知道？」

「他已經有錢很久了，看動作就知道。」吉妮說。

「你知道的，」吉妮開始解釋，「動作看得出一個人是一直都有錢，剛剛才有錢，還是根本沒有錢，角落這傢伙顯然是有錢到有點不耐煩了。」沒錯，只是看動作，吉妮就知道這位低調的老兄深藏不露，身價傲人。

技巧44：有樣學樣，配合對方

看人，看人的動作。動作大？小？動得快？慢？動得突兀？動得流暢？動得像老人家？動得像年輕人？動作優雅風流，還是低賤下流？

假設跟你對話的是你的舞蹈老師，他是走爵士風？她是位芭蕾舞者？你去觀察他的體態，然後模仿，這樣就能讓對方覺得跟你相處有種說不出的舒服。

你也是商品或提案的一部分

身為業務員，你不僅要模仿客戶的風格與品味，還要複製自家產品或服務的風格與品味。我住在紐約的蘇活區，蘇活區往南隔幾條街就是破落到出了名的運河街（Canal Street）。常常經過這裡我都會把皮包夾得緊緊的，盡量避開人群，但總還是會遇到一個沿路銷贓的扒手。他鬼鬼祟祟地四處張望，掏出了一條油滋滋的手帕，向我兜售手帕裡面包著的一條細軟。「噗嘶，要不要買金鍊子？」他緊張的賊樣實在很好笑，而且他應該很慶幸我不是便衣警察，不然他等於是不打自招。

蘇活區往北大約六十條街，有的是時尚又名貴的蒂芬妮珠寶店。偶爾我會懷抱著自己買得起的幻想，漫步經過店家高聳的鍍金門窗。要是裡頭衣著入時得體的店員也從精雕細琢的玻璃櫃檯後面探出頭來，鬼鬼祟祟地四處張望，壓低聲音對著我說：「噗嘶，要不要買顆鑽石？」你覺得能看嗎？

我想是人都會昏倒吧！

你的個性一定要搭配產品，因爲你也是產品的一部分。你賣的是手工設計服飾嗎？那你自己也得打扮打扮。賣牛仔褲？那你就得酷一點、瀟灑一點。賣運動鞋？那你最好去健個身，雕塑一下身材，才夠敬業。總之不論你葫蘆裡賣什麼，記得，你也是產品，客人花錢買東西也買你，所以討客人歡心也是應該的。

第四十五章 怎麼讓人覺得你跟他是一家人？

你有沒有過跟新朋友閒聊一會兒，突然覺得「這人跟我很投緣，講話頻率很合耶！」如果是異性，我想你差不多就得準備陷入愛河了。

事實上情人們確實就是這種感覺，而且這還有個詞兒叫做「來電」或「化學作用」。這跟同性朋友間的「一拍即合」或生意夥伴間的「英雄所見略同」是姻親關係，共通點是雙方會同步霎時感受到溫暖與親近，讓人覺得明明剛認識，卻有一種老朋友的錯覺。

小時候交朋友比較容易。我們小學的同學或童年的鄰居因爲朝夕相處，自然比較氣味相投。但慢慢長大，我們會有不同發展，會搬家，這時候我們再認識新的人，背景、經驗、目標、生活都會不同。這時候我們跟別人的頻率就不容易那麼合了。

這時候如果有一個神奇的天線，可以讓你找到每個人的頻率，那該有多好？這其實也沒有想像中難，善用語言，你就能左右逢源，遇到誰都能搞好關係。站在空谷懸崖邊大喊「哈囉」，迴音震耳欲聾，所以這技巧也就叫做「迴音」，因爲就像在山谷裡喊聲，你也要完全複製對方所說。

在歐洲闖蕩，跟人說話常常一次會用到五種、十種，甚至更多不同的語言。比方說在義大利，南部的西西里方言對北方人就是鴨子聽雷。有次在義大利餐廳裡，我曾無意間聽到一位食客發現他的服務生跟他是烏迪內 (Udine) 的同鄉，而在烏迪內這個義大利東北部的小鎮，當地人說的是一種叫做弗留利 (Friulano) 的方言。食客起身給了服務生一個擁抱，有點他鄉遇故知的感覺。然後這兩人就用在場其他人都聽不懂的語言開始嘰哩呱啦。

美國也有方言，只是沒那麼明顯。因著區域、工作、興趣、成長背景的不同，英文裡有上千字的用法不同。有次在美國國內跑來跑去，我曾在公路旁一家小館子想點杯可樂或七喜的汽水。結果我解釋了老半天，才讓點菜的小姐了解我要的汽水，就是他們當地人口中的「涼的」。可能英語世界實在太遼闊，我覺得美國人說到老東西，那可以用的名字之多眞的是世界上少有。

家人講話會比較像，朋友、同事或同好也是，但你遇到的每個人都會有跟別人不同的用語、口氣與腔調。這一切的一切都算中文，但又不是完全一樣的中文，你說這叫「三里不同風，五里不同俗」，行；叫「隔行如隔山」，也行；叫「家家有本難唸的經」，當然行。

怎麼用說的，讓人知道「我們頻率相同」

想給人契合的感覺，很簡單，就放下自己的堅持，學他們講話。假設你要賣車給一個新手媽媽，而她說她在意的是「小朋友」坐在車裡安不安全，那你在介紹車子安全性的時候就用「小朋友」，不要用你平常稱呼自己孩子的字眼。甚至連寫在銷售手冊裡的「兒童安全鎖」這幾個字都不要用。你該做的是告訴客人「駕駛座有中控鎖，所以小朋友不可能把頭手伸出窗外」，更絕一點你可以把這東西改叫做小朋友的安全鎖。聽到你嘴裡說出小朋友這幾個字，作媽媽的馬上就會覺得跟你是一家人，因為她的親朋好友也都是這樣說話的。當然假設你的客人叫兒子作「北鼻」或「弟弟」，你也就跟著叫「北鼻」或「弟弟」。反正她怎麼說，你怎麼說。如果一定要說例外的話，請不要跟著她叫「家裡那個沒規矩的」。

派對上的迴音

假設你人在一場大型的宴會當中，出席的佳賓形形色色。你先是跟一位律師聊天，而她說她的「職業」有點被汙名化，那麼換你講話的時候，也請你用「職業」兩個字來自我介紹，不要用「工作」，你用工作，就是在兩人之間築了道無形的牆。

接下來你又遇到一位建築工人，一開口便是我的工作怎樣又怎樣。這時候你就不應該說「職業」來給自己找麻煩，那樣只會讓藍領的朋友覺得你在諷刺他們或自以爲了不起。

繼律師跟工人之後，你開始跟幾位算是自由業的朋友交談，首先是一位模特兒，再來是接案的講師，最後是在等發片的駐唱歌手。三位新朋友各用了不同的語言來形容自己的就業狀態，小模先是吹捧了一下自己的「case 排得很滿」，講師也用了幾次 case，但好像用得很多的是演講「邀約」，最後歌手說的是：「嗯，我很多場地在跑。」這麼多不同的說法，要全記住還眞有點傷腦筋，但你就是要豎起耳朵，照他們的喜好去說。

迴音的適用對象不只對於工作的描述。假設跟你在聊天的是位船東，記住不要用英文裡的它去稱呼對方的「愛船」，那樣是自曝其短，對方一聽就知道你對船沒有感情，甚至沒有坐過船。在船東的嘴裡，船是他的寶貝，是他的愛人，是他的「她」。如果你有仔細聽，你會注意到語言裡有很多微妙之處，是你以前可能沒有注意到的。像是面對「貓奴」，你就不能問他們「有」幾隻貓，你要問他們「養了」幾隻貓，這樣才能給他們好的印象。你可能會覺得養貓的朋友也太小題大作了吧，但貓奴們可認眞了。

他們覺得用「有」這字兒把貓咪物化了。但馬的主人就不愛聽你問他們「養」了幾隻馬，他們要聽的是你問他「有」幾匹馬，因爲他們多以「馬主人」自居。說到魚，那又得說用養的了。這當中的差別還眞的是很微妙，因爲其實明明是類似的概念，但在語言的表達上卻有這麼多差異。這事兒可大可小，但你就是要盡量避免露餡，避免因爲用錯字而讓對方猜出你是外行人。

關掉迴音的風險

關掉迴音要冒的風險就是全盤皆輸。我朋友菲爾跟我曾在一場派對上跟其他幾位賓客聊天，其中一位女士自豪地宣布她剛「敗」了一棟超美的滑雪別墅。她很期待雪季能快點來到，好讓她能邀請親朋好友到山裡共度美好時光。

「太好了！」菲爾脫口而出，也不知道人家說的親朋好友有沒有包括自己。「你的滑雪『小屋』在哪裡？」晴天霹靂！這下可以確定了，菲爾不會在受邀名單裡。

這一攤散了之後，我實在忍不住地對菲爾說了：「菲爾，你爲什麼要說什麼『小屋』啊，那樣對小姐很不敬耶？」菲爾抓著頭一臉狐疑地說：「你說不敬是什麼意思？『小屋』又不是什麼不好的字眼。我爸在鱈魚角也有一棟度假小屋啊，我小時候常去那兒玩。對我來說聽到小屋，就會想到很多美好的回憶。」換句話說對菲爾而言，小屋是好的，這我沒意見，但那位小姐想聽到的，很明顯是「別墅」。

專業級的迴音

時至今日想當業務，你不能只是賣東西給客人，你還要幫客人解決問題。而要讓客人相信你有爲他們解決問題的能力，你就得把話說對，讓他們相信你知道問題出在哪裡。

我朋友佩妮賣的是辦公室傢俱，客戶有出版社、廣告代理公司、廣播電台，還有幾家律師行。佩妮的教戰手冊上用的是「辦公室傢俱」，但她跟我說她如果出去提到辦公室這三個字，所有的客人都會覺得她在「莊孝維」，進而質疑她的專業，質疑她對各個行業的了解夠不夠。

她跟我說有個客人是廣告業的採購經理，這客人每次提到自己所服務的公司，都不會說廣告公司，而會說（廣告）代理商。另外律師客戶說到自己任職的場所，會說事務所，廣播人自我介紹則會說電台，總之沒有人在說什麼公司或辦公室。「嘿！他們想怎麼叫，我都沒意見，」佩妮說，「他們的場子，他們高興就好。」

「總之，」佩妮補了一句，「我如果想做成他們的生意，就要順著他們的話講。」

技巧45：迴音

迴音是一項簡單，卻力量十足的語言技巧。**聽對方講話，看對方習慣用哪些名詞、動詞、形容詞，然後就像迴音一樣有樣學樣。**聽到他們習慣的說法從你的嘴中說出，雙方關係立刻拉近。他們的直覺會是你跟他們有著一樣的價值、態度、興趣與人生經驗。

迴音等於政治正確

馬上回答我：你跟一位藥師講話，而你問她：「你在藥房工作多久了？」請問這句話哪裡有錯？

答不出來嗎？讓我告訴你。這裡頭錯的就是「藥房」兩個字。藥師對這兩個字深惡痛絕，是因爲這用法會讓他們想到很多業內的陋習。雖然一般人都這麼說，但聽到這兩個字，專業的藥師就知道對方不了解也不在乎他們身在這行的苦處。藥師希望聽到的是「藥局」。

最近在一場接待會上，我介紹了我的一個朋友蘇珊是白天幫上班族爸媽帶小孩的。但稍晚蘇珊卻跑來跟我抱怨說：「萊拉，拜託，不要再叫我帶小孩的了，我們是專業保母。」哇咧，世事變化還眞快，新說法出現的速度眞是令人趕不上！

一群人會對特定的字眼有偏好，不是偶然。任何行業，任何少數族群，任何利益團體，都可能有不爲輿論所熟悉的過往。如果這樣的過往牽扯了太多的痛苦，新的詞彙就會創造出來，減輕悲情的色彩。

我有個很好的朋友萊絲莉以輪椅代步。她說每當聽到有人說到殘障，她都會馬上想到殘廢，然後深深感受到自己的殘缺。「我們比較樂意聽到別人說我們行動不便。」她的解釋讓我動容，她說：「我們這些行動不便的人跟其他好手好腳的人一樣，他們有的我們都有，我們只是多一樣：多一點不方便罷了，好手好腳的人也有他們不方便的地方。」

很簡單，很有效，要讓身邊的人覺得受到尊重，覺得跟你親近，就當他們的迴音。迴音能讓你蛻變成體貼的溝通能手，讓你不論遇到什麼困境都能全身而退。

第四十六章
如何把話真的說清楚

我最近得去一家公司對大約十五個男人做簡報。「好，」我起身想著，「十五個火星人跟一個金星人。」問題不大！我讀過《男人來自火星，女人來自金星》(*Men Are from Mars, Women Are from Venus*)，我研究過男女之間的神經傳導差異，我熟知兩性不同的肢體語言，嘿，我還開課教兩性之間的溝通差別呢。我想我應該有能力對著這些男人講話，把訊息傳達清楚，甚至他們有任何問題我應該都應付得來。

一開始問題確實不大。我準備得很充分，言簡意賅，包括起承轉合與口語表達都按照劇本演出，沒有可以挑剔的地方。簡報完了之後我坐定位，信心十足地請台下發問討論。

問題大了。我現在還只記得台下一堆連珠炮的問題讓我難以招架，因爲裡面好多美式足球的比喻與典故，我根本聽不懂。

「你覺得我們在這方面掉球了嗎？」一位男士問道。

「是啊，」另外一個人呼應他，「但我們可以把球權搶回來嗎？」

這兩個例子比較簡單，我還懂。但後來又出現了所謂的「傳球防守範圍」與「故意以球觸地」這樣的術語，我就整個暈了。最後的一根稻草是有位男士高談闊論說：「要把這個案子救回來，我們是不是要『跟聖母瑪莉亞拼了呢』？」，我實在是受不了了。我以無條件投降的口氣問了：「嗯，『跟聖母瑪莉亞拼了呢』是什麼意思啊？」在場的男士們會心地看了看彼此，有點汙辱人地笑了笑，告訴我那就是孤注一擲的意思。

那天晚上入睡後我做了史上最變態的夢。我夢到開公司的是十五個女人，一個男的單槍匹馬來做簡報，然後全場用的都是女性懷孕九個月的典故，他完全聽不懂。

「這個新的企劃案要到『懷孕後期』才能成形。」會計部門主管說。

「嗯嗯，那就還要等六個月耶，我看我們直接剖腹好了。」財務長裁示了。

「那樣太麻煩了吧，沒必要吧？」行銷副總有不同意見，「反正所有的企劃都是試管培養的啊。」

「別吵了，我要得產後憂鬱症了。」執行長喃喃地說。不過眞的要得憂鬱症的應該是在場唯一的男性，他可悶了，不僅什麼都聽不懂，還覺得受辱，就像被美式足球用語包圍的我一樣。

嗯，本書的宗旨並不是要挑動兩性隔閡，也不是要撩撥你的負面情緒，而是要提升你的溝通能力，而爲了提升你的溝通能力，我在此介紹各位幾個比喻的技巧，但不限於美式足球的比喻，這樣男性的讀者才不會把女生都嚇跑。我必須說對著女生大談運動，並不是件很紳士的事情。

比喻就是要一針見血

比喻用得好，是一等一的溝通工具。**透過比喻，你可以喚起對方腦中的畫面，而一個畫面勝過千言萬語**。男人喜歡用運動的比喻，當然不是故意要讓女生聽不懂，而是因爲這樣溝通會比較容易。而運動方面的比喻對男性而言容易了解，自然是因爲一般而言，他們看比賽比女生勤得多。

當然運動有很多種，不是只有美式足球。任何人不論男女只要聽到「用這個辦法我們絕對不會被三振出局」，都會知道大概是什麼意思，畢竟棒球是美國的國球。但對眞正死忠的棒球迷來說，更鮮明、更有畫面的比喻會是「平飛被接殺」、「滑壘成功」，還有「在球上動手腳」。

你應該聽人說過：「這個解決方案正中靶心」，意思是這個辦法可以快狠準地對應某個棘手的問題，一般人都能了解，但如果是聽在射箭選手或射箭迷的耳裡，感受一定又超過一般人。**談話的對方若打保齡球，你就多用像「洗溝」、「開花」這樣的比喻；如果客人是籃球迷，你就可以善用像「鉤射」、「麵包（完全沒碰到籃框的投籃）」這樣的比喻來跟他們搏感情；萬一這位仁兄喜歡摔角，「假動作」或「剪刀腳」都會是不錯的嘗試，你有機會可以「鎖住」他的心思。**

上述這些比喻對你來說，可能有點距離感，但對特定人而言，這些用法既生動又精準，是非常好用的溝通工具。既然好用，你自然應該多用，不然實在說不過去。不過當然重點不是這些比喻，這些比喻只是工具，目的是要把你想說的話說清楚，讓這個月的業績一舉成擒。這項技巧簡單講，就是要用比喻帶出畫面。

技巧46：用比喻帶出畫面

你的客人有在種花嗎？你可以把希望對方做的投資比喻成「埋下成功的種子」；你的老闆有艘私人遊艇嗎？你可以把自己的點子形容成「絕對防水」、「不會沉」；或許他閒暇時有在飛輕航機？那你可以說這案子絕對能一推出就「起飛」；她打網球？那請告訴她這拍下去絕對能打到「甜蜜點」。

這技巧是要從對方的生活經驗與興趣出發，去喚起他們的注意力與興趣。

要讓你的重點更「重」，多用對方生活中有連結的比喻，不要只看到自己熟悉的東西。比喻對了，一切就對了，聽者會覺得跟你想法類似，興趣一致。

請容我很快地回到我變態的幻想中，這次同樣還是一位男性員工被眾多女強人包圍，不過這次女性幹部用來討論經營策略的不是生小孩的比喻，而是芭蕾的術語：

「我主張用快板來推動這項合併案。」她說。

「不好吧，事緩則圓，還是用慢板吧。」同僚回應。

「但萬一我們還慢慢卡在第五樂章時，他們突然大動作轉躍怎麼辦？」

「拜託，他們總裁的獨舞有獲得滿堂彩過嗎？」

最後女性大主管拍板。「我看我們就先給他行個舞台禮，然後再朝要害上給他來個大踢腿好了。」

第四十七章
如何讓人覺得你懂（但不用說出「好、嗯哼、是喔」）

聽別人講話，我們常常會發出「嗯哼」或類似乾咳的聲音來表示我們有在聽。甚至這聲音對很多人來說已經根深蒂固，到了會不自覺發出的程度，前面介紹過的菲爾就是嗯哼的愛用者，任何時候跟我講話，他都是半句不離「嗯哼」。偶爾我火氣比較大的時候，他又一直在那邊嗯來嗯去，我會帶著點挑釁的口吻問他：「好，我剛剛說了什麼？」

「嗯，這個嘛，基本上……。」菲爾顯然沒在聽我講話。不過這不能只怪他，他是男人，男人本來就是這樣「有嘴無耳」。有次我對著菲爾滔滔不絕但也沒有什麼重點，他則是一如往常地嗯來啊去，於是爲了測試他懂不懂得傾聽，我在一堆廢話裡面插了一句：「對啊，我今天下午會去刺青，而且要刺得滿滿地，全身都不會留一點空隙。」

菲爾點了點頭，「嗯哼」照例出口。

嗯，聊勝於無啦，嗯哼總是比放空好，但也沒有多好。我建議還是放下嗯哼，把話說清楚。

怎麼把話說清楚？

要把話說清楚，你需要的是短潔有力的強調工具。不同於「嗯哼」，這些工具得是整句，比方說像「我可以體會你何以這樣決定」、「真期待，好令人興奮喔！」、「沒錯，你這麼做是對的」、「你怎麼這樣想，很可愛耶你」。

回答捨呻吟而用整句，不僅可以讓你更有條理，還可以讓聽者感覺你真的跟他們站在一起。

技巧47：善用強調的整句

不要當個哼哈小將。把每句話說清楚，好表示你的誠意，同時可穿插一些「我懂你的意思」，點綴幾個「你嘴巴好甜喔」。你的貼心會讓對方感動，讓他們願意對你打開心胸。

當然，天下沒有白吃的午餐。你要能整句回答，就得先花力氣把對方所說聽完。接下來讓我們進一步來深究這項技巧，看看強調這件事能怎麼做得更細緻。

第四十八章
如何讓人覺得你的所見所聞與感受和他們一致

約莫十年前，我有位踢躂舞老師的室友叫做布蘭妲，但她不是爲了活著而跳踢躂舞（至少不只是），而是爲了跳踢躂舞而活著。她房間牆上盡是比爾．「波罕格列斯」．羅賓遜 (Bill "Bojangles" Robinson) 與查爾斯．「霍尼」．柯爾斯 (Charles "Honi" Coles) 的踢躂舞傳奇的海報。即便是在室內行動，她也不用走的，她都用跳的。就這樣從這個房間跳到那個房間。說眞的，很吵，好處是有電話打來找她，我一下子就知道她在哪裡。

我問布蘭妲是從何時開始喜歡上踢躂舞，她說：「從我打開耳朵開始。」我聽著納悶。一般人應該會說「從我張開眼睛開始」，她怎麼說耳朵呢？霎時我了解到布蘭妲看世界，用耳朵多過用雙眼。

我們都是透過感官在感受這個世界，我們看、我們聽、我們摸、我們聞、我們嚐，所以我們講出來的話，也都脫不了這五感。神經語言學的研究顯示我們每一個人，都有一項感官特別強，這在布蘭妲的身上就是聽覺。

布蘭妲告訴我她小時候住在紐約一間公寓的地下樓層，採光很差。她記得還是個嬰兒的時候，聽著搖籃外面人行道上的腳步聲乒乒砰砰；會走路了，她小小的耳朵則得忍受喇叭聲、尖銳的警笛聲，還有路面結冰時車主綁上的胎鏈碰撞聲。她印象特別深刻的是紐約騎警巡邏時在路面上敲出清脆的馬蹄聲。凡此種種，她的成長記憶充滿了外面世界的種種印象，而這些印象都經過了她的耳膜。時至今日，聲音仍是她生活中的要角。可以說布蘭妲是舞蹈老師，也是聲音中人。

既然神經語言學家建議主攻聽者最強的感官，我於是嘗試用聲音這一點去迎合布蘭妲。我不說「看起來不錯喔」，而說「聽起來不錯喔」；我不說「你說的我懂」，而說「你說的我聽見了」。我覺得我這樣的用心，她接收到了。

面對其他朋友，我也會去觀察他們各自慣用哪一種感官，過程中我聽得朋友這麼說：

「你想表達的點我看到了。」

「這樣看起來不錯。」
「我沒辦法想像自己過那樣的生活。」
「這樣的觀念我實在看不慣。」
「從我的角度來觀察……」
哇嗚，我想我真的挖到寶了！

皺紋就是這樣長出來的

但有時候，哇咧，我又會聽到同一個朋友說：「是的，你說的我聽到了。」
「當然，聽起來不錯。」
「我一直告訴自己沒問題。」
「這說法聽起來不太對勁。」
「少根筋的他真的完全沒聽出重點。」
「內心有個聲音告訴我……」
這一切的一切，果然不像我一開始所想的那麼簡單，但我並沒有輕言放棄。
有一次布蘭妲跟我還有幾位朋友去滑雪，當晚我們又一起去參加派對。同行的一位朋友跟一群人說：「今天的雪況很棒，坡道也超美的，每樣東西看起來都像晶瑩剔透，潔白無瑕。」

「這傢伙是視覺型？」我內心暗忖著。

另外一個人說：「新雪落在臉上的觸感無懈可擊。」

「啊哈！觸覺型的。」我彷彿福至心靈。

果不其然就在這個時候，布蘭妲開口了：「今天好安靜喔。唯一的聲音只有滑下坡道時耳邊的風。」這一小小的線索讓我堅信不可放棄。

但即便如此，要解開主要感官之迷仍非易事。

迎刃而解

我慢慢累積出的心得是辦法有，而且並不需要你去做太多的推理。這辦法叫做「以眼還眼」，而且並不難學。除非遇到送分題，也就是對方的感官偏好一整個寫在臉上，否則很簡單，你就按照線索去投以對應的強調語句。比方說，一位工作同仁在描述財務規劃時說了：「按照這個方案，我們可以在六個月內看到成果。」她很明顯地是用了視覺的比喻，那麼你就可以打蛇隨棍上說：「你的意思我看出來了」或「你擘劃的前景非常清晰」。

如果你的同事說的是：「這方案的 tone 調很好」，那你就可以改採聽覺的強調語如「聽起來眞的是不錯」或「你說的我聽到了」。

還有第三種可能是萬一她說：「我內心的直覺是這案子的可行性很高。」這時候你就可以用「體感」導向的強調語來回應，像是：「我可以體會妳的感受」或「你對這問題的掌握度很高」。

技巧48：以眼還眼

你的談話對象在言談中援引了身體的哪個部位？眼睛？耳朵？心肝？面對視覺型的人，就用視覺導向的強調語句來回應，讓對方覺得你跟他有相同的世界觀。面對聽覺型的人，就從聽覺出發去給予反饋，讓她知道她的訊息你聽得非常清晰；面對體感型的人，當然就用跟自體感覺有淵源的強調語呼應，讓她知道你跟她是「一體兩面」。

那還有兩種感官，味覺跟嗅覺怎麼辦？嗯，我到目前爲止還沒有跟這兩種人照過面，但遇到理論上很著重味覺的大廚，你永遠可以搬出「這個點子感覺很可口」。如果你在跟嗅覺比人靈敏百倍的狗狗講話，你可以告訴牠：「你好臭喔！」

下個技巧讓你能用兩個字拉近距離。

第四十九章 如何讓人想的是我們，而不是你跟我

隨便找兩個人的談話「旁聽」一下，你就可以大致判斷出他們的關係深淺。你可以八九不離十猜出兩人是新認識還是老朋友，也可以知道這對男女是萍水相逢還是天長地久。

你不需要聽到同性直呼對方朋友、麻吉，也不用聽到男女呢喃甜心、親愛的，就可以掌握他們相互的定位，這跟他們的話題跟語氣都沒有關係。就算你把眼睛矇起來，也一樣不會被這兩人蒙在鼓裡，關鍵就在於我即將跟你分享的技巧，而這技巧跟肢體

語言沒有關係。

這到底是怎麼回事？很簡單，你只要知道一件事情，那就是人的關係深淺，決定了他們說話的方式。親疏遠近下面讓我來說分明：

第一階段：廢話

兩個陌生人站在一起講話，通常往復的都是不用說也知道的廢話。比方說，聊到古往今來永不退流行的無聊話題——天氣，其中一個陌生人可能對另外一位說：「今天天氣很好喔！」或「老天，下雨囉，不會吧？」這就是第一階段，盡是些廢話。

第二階段：實話

兩個人算是認識，但也說不上熟的話，聊的大多會是實話，像是「欸，喬治，今天到現在的好天氣整整是去年的兩倍耶」或是「對啊，實在熱到受不了了，我們家終於決定要花錢蓋游泳池了。」

第三階段：我覺得怎樣怎樣，你覺得怎樣怎樣

變成朋友之後，兩人就會開始交換心情，即便影響他們心情的是無聊至極的天氣。「喬治，天氣這麼好，我覺得心情都跟著好起來了」就是一例。他們也有可能互相問些個人感受的問題，比方說：「貝蒂，你呢？你覺得晴天你心情也會比較好嗎？」

第四階段：我們怎樣怎樣

進入到最後一個階段，對話的內容會超越單純的事實，水乳交融的感覺會提升，很多狀況下會出現我們怎樣怎樣的描述。同樣討論天氣，這階段的朋友可能會說出：「如果天氣能保持這樣，今年暑假就開心了。」如果是情侶，對話可能是：「希望天氣爲了我倆繼續好下去，這樣我們去玩的時候才能鴛鴦戲水。」

上述的現象，催生了一項技巧，讓我們可以把言談上的感受距離拉到最近。**這技巧超簡單，就是多用「我們」這兩個字。不論是面對客戶、準客戶，或是你想攏絡成為朋友的陌生人，都可以這麼做**。在有好感的異性面前，言必稱我們可以讓對方覺得你們

已經融為一體。這項技巧就是要先講先贏。在閒談當中，我建議跳過第一跟第二，直搗第三跟第四階段。

面對新朋友，把他們當老朋友一樣問問他們對某件事物感覺怎樣。你可以問說：「喬治，新選出來的州長你覺得如何？」，然後討論到任何跟你們兩個人有那麼一點點共通點的事情，就把我們拿出來用，比方說「你覺得在他的執政之下，我們日子會好過嗎？」，即便是刻意為之也在所不惜，就是要讓他覺得你們的互動已經有朋友或情人的味道，就像是：「我想我們不會有事的。」

我們這兩個字可以營造出「一體感」，可以讓聽者覺得跟你有所連繫，彷彿跟你一同面對這個冰冷的世界，有種同仇敵愾的感覺。只要我們兩個字出口，素昧平生也會有親密感油然而生，對方會有一種你們已經是朋友的錯覺。排隊拿自助餐的時候，你可以嘗試對後面的那位說：「嘿，菜不錯喔！大會對我們還不錯嘛！」或「哇咧，這麼多好料，他們是把我們當豬餵嗎？」

技巧49：多用我們，先喊先贏

即便才剛認識，你也可以設法創造出親近的感受。聊天時記得跳過遠近親疏的順序，給對方來個措手不及，這樣你在他們心中的地位就會扶搖直上。另外要多用我們或我們的，這樣也可以替你在對方心中加分。

嗯，我們剛剛探究了幾種技巧都是要複製談話對象的動作，包括去模仿對方，運用迴音，喚醒他們生活中鮮明的畫面，用強調的語句去對應他們的主要感官，藉此跟他們拉近距離，還有就是把「我們」當成是友誼的橋梁。

朋友、愛人或好同事之間還可以有什麼共通處？是的，就是過去，他們一路走來有著共同的過去與回憶。第五部的最後一個技巧，就是要讓新朋友莫名感覺你們已經相處了很久，很久，很久，很久。

第五十章 如何用「你知我知」的笑點，讓友誼油然而生

愛人會在彼此的耳際吳儂軟語，很甜膩，而且只對他們小倆口有意義。摯友只要幾個關鍵字，別人聽到不知在說啥，但他們卻可以笑得像二傻。至於工作上的親密戰友，也會笑談職場上的革命情感。

我合作過的一家公司在十年內歷經了企業再造 (reengineering)、授權 (empowerment)、全面品質管理 (TQM) 與團隊建立等各個階段來來去去。在公司辦的派對上，員工都會把一件往事拿出來笑，那是有一次全公司上至總經理，下到收發小弟，共同參與了一個團隊建立的活動。那次活動的設計是要他們共同想辦法爬上一根高達二十九英呎，大約快九公尺高的桿子，但結局卻是執行長從桿頂滑了下來，腳趾的大拇指狠狠吃了蘿蔔乾。隔週的例會上，執行長拄著拐杖現身，厲聲宣布：「以後所有團隊戶外活動，一律取消！」就這樣，公司的團體活動傳統無疾而終，但一個公司內部的經典笑話卻從而誕生！

像這樣共同的經驗可以催生出企業文化。這家公司的員工會有共同的記憶，還會有共通的語言將他們串起。直到今日，公司裡只要有人想說的是「停掉某項計畫」，他們就會說「枴杖呢？」或是「問問執行長好了」，話畢大家都會狂笑，這是公司內部的專屬笑點，絕非閒雜人等可以了解。

劇作家尼爾．賽門 (Neil Simon) 有時候光用一個詞，就可以讓百老匯滿場的觀眾知道台上的兩個角色是夫妻還是多年好友。男演員只要對女性角色耍點無厘頭，然後雙方一同爆笑，大家就懂了：這兩人是一對！

每次朋友戴若爾跟我見面，我們打招呼都不會說「哈囉」，我們說的是「呱呱」，這是什麼道理？原來我們五年前認識是在一場派對上，而我們第一次聊天，戴若爾告訴我他小時候家裡是養鴨的。當我告訴他我從來沒有去過養鴨場，他表演了我長這麼大看過最像的鴨子模仿秀。他左右搖頭，先用一眼看我，再換另一眼，同時不停拍動雙手，呱呱呱地叫著。看我笑得那麼開心，他索性加碼，用扁平足演起全套的鴨子走路。實在是太好笑，玩開了的我們一起像鴨子一樣在屋子裡又是搖翅膀，又是呱呱叫。那夜的我們，沒有形象可言。

技巧50：讓瞬間變成永恆

遇到新朋友想化解陌生，你可以去找特別的時刻與他一同分享，然後想辦法發揮幽默感逗他笑。讓那一刻因為你們共同的快樂、共享的溫暖、共有的火花而成為永恆。這樣你們就朝老朋友之路邁進了一大步，因為你們開始有了歷史，有了回憶。

想讓某人成為你生活上的好友或工作上的夥伴，就去把瞬間變成共同的永恆，然後一同不斷去複習這個人生片段。

隔天我的電話響了，我接起來聽到的不是：「哈囉，我是戴若爾」，而是「呱呱」。那一刻我便知道，這朋友我交上了。直到今天，每次我聽到電話打來說出「呱呱」，我就知道是他，也會尷尬中帶著更多的開心與回憶。不論過了多久，一聲呱呱還是能讓我們的友誼根深蒂固，歷久彌新。

再來呢？

互動的電力，個人的魅力還有無敵的信心，這是各行各業人中龍鳳的三寶。本書的第一部讓我們能夠用肢體語言給人留下有活力、有信心、有魅力的第一印象；第二部，我們學會了用無礙的言談去配合身體的律動；第三部，我們掌握了大咖不論男女的祕訣，讓我們能成爲職場大聯盟的球員；第四部所學讓我們從瞠目結舌之中解放出來，跟背景不同的人盡情互動；第五部，我們習得了訣竅可以在轉瞬間激發出人跟人的火花，讓人沒有距離，只有熱情。

再來呢？沒錯，你猜到了，再來就是要讓人「自我感覺良好」。但到了今天，拍馬屁已經是風險很高的雙面刃。一個弄不好，你反而會把關係弄僵、弄砸。接下來讓我們來探究讚美與諂媚的正反影響，還有你如何能駕馭這些驚人的力量。

孩子們是要東西的高手。膩在爸爸的膝蓋上，他們會用天使般的聲音說：「把拔，你最好了，那個娃娃你要買給我喔。」隔天跟媽媽在超級市場裡，你又會聽到他們說：「馬麻，我好愛你喔。你是世界上最棒的馬麻，我想要那個巧克力，買給我好不好？」

從寶寶聽到媽媽走近嬰兒床，就會本能地因餓而哭，一直到汽車業代看到客人走進展示聽，就心機超重地出言讚美，恭維總是會出自有所求的人之口。事實上，恭維是眾多人心中得其所願的利器。戴爾・卡內基曾寫到「讚美爲萬事之本」，一千五百萬名讀者都聽進去了。我們大多人仍認爲讚美是一條終南捷徑，可以把別人的東西變成我們的。

沒錯，如果我們想要的是讓爸爸買洋娃娃，要媽媽買巧克力給我們，那讚美眞的就夠了，世界或許就像我們希望的那麼美好。但是現今商場早就不是卡內基那時的樣子了，隨便笑、隨便講兩句好話就可以爲所欲爲、呼風喚雨的日子，早就過去了。

蹩腳讚美的弊病

你給人灌迷湯，你笑容可掬，然後就想等著收割，等著對方感動得不得了——你有得等了。

只要他稍微懷疑你說好話的動機，你就很容易玩火自焚。**如果你的恭維不單純，或技巧太拙劣，對方對你的信任就可能遭受到永久性的損害**。原本可以開花結果的人脈就可能無疾而終。

成熟而純粹的讚美就不同了。做得對，你可以讓各種關係如火箭般起飛。客人對你推心置腹，朋友對你說一不二，另一半對你七年不癢。

哪些恭維可以讓關係起飛，哪些誇獎又會讓你一蹶不振？這當中到底如何區分？這說起來因素很多，隨便講幾個就包括誠意、時機、動機與用語，這還是操之在你的。跟對方有關的還有他們對自己的評價、他們的職務與職位，他們過往得到誇獎的經驗，還有他們對你身爲評價者的評價。當然這也還牽涉到你們兩個的互動模式與淵源長短。甚至於你是在電話中、電郵裡，或傳統郵件上說這些好話，也都有一些細微的差異，因爲這關係到你是眞正有跟褒獎的對象面對面過，只看過他們的照片，抑或是連對方長怎樣都沒概念。

頭有點暈喔？社會學的研究顯示了下面幾點成果：一、新朋友給你的褒揚，影響力會大於老朋友；二、你誇獎的對象如果不正、不帥，或者是女的正男的帥，但你好話出口時並不知道，那你的誇獎會比較有可信度；三、如果你在誇獎別人前先自我貶抑一下，對方對你所言也會比較當眞，但前提是對方原本對你要有一定的敬重。如果你原本的地位較低，那麼你的自我貶抑就不會被正面解讀爲謙虛，而眞的就只是自我貶抑而已。有夠複雜的喔，人家不就只是想要恭維恭維別人而已嘛！

我們不需要爲了這麼多枝枝節節的研究發現傷神，我們只需要掌握一些好用的小技巧，見機行事，那社會學家所擔心的事情就完全不會傷害到你。下面有九個這樣的技巧，每一樣都能讓你在新的每一天恭維別人得到最好的效果。

第五十一章 如何誇獎對方，但不會被誤會是在拍馬屁

面對面恭維對方一個最大的風險，自然是對方不信任你，覺得你是寡廉鮮恥地有什麼詭計在運作，背後有什麼見不得光的企圖，所以才會甜言蜜語，但其實根本是口蜜腹劍。

這一點是恭維避免不了的問題。如果你莫名其妙，沒頭沒腦地對你的老闆、你的客戶、你的情人大肆恭維，對方很容易會覺得你是在拍馬屁。像老婆就可能會覺得你沒事嘴巴這麼甜，一定有鬼，說不定是哪裡對不起她了。這樣到底該怎麼辦呢？說好話也不是，不說也不是。難道連真心想誇獎對方，也得忍住嗎？

你不需要這樣吃力不討好，放消息就行了。間接透過人脈或八卦網是經驗顯示極佳的溝通管道。從有人半開玩笑說散播消息最好的媒介是從「打電話、發電報、跟女人說『不得了了』」開始，我們就知道放消息很好用了，可惜的是所謂的消息往往是壞消息，而壞消息總是傳千里。但其實誰說消息一定得是壞消息，八卦一定得是屍體跟裸體。管道本身是中性的，可以傳醜聞當然也可以傳美言。而且**透過八卦間接傳到目標對象耳朵，還可以發揮隔山打牛的功效，讓恭維產生加乘的效果**。這不是什麼新鮮事，早在一七三二年，湯瑪斯．富勒（Thomas Fuller）就曾經寫道：「在我背後說好話的，才是眞正的朋友。」我們不在現場仍願意說我們好的，總是比較能得到我們的信任，這是當面誇獎人所力有未逮的。

防呆恭維法（背著他們說好話）

相對於當面大剌剌地誇獎，你應該把好話說給目標對象的親友聽。假設你想要討小華開心，不要直接去找小華，你應該去找她的姊妹淘小美，然後對小美說：「欸，小華眞的很優秀耶，前幾天開會的簡報超精彩的。我覺得哪天她變成公司第一位女性執行長，我也不會訝異。」十賠一，我打賭二十四小時內，你這句話會經由小美傳到小華的耳裡。小美說的可能是：「你應該聽聽前幾天某某某是怎麼誇獎你的。」

技巧51：放消息，玩八卦

俗話說妻不如妾，妾不如偷，偷不如偷不著，聽好話也是一樣。當面聽到的好話，永遠不如偷聽到的爽。電話裡聽到讚美，爽，電郵發過來誇獎你，爽；朋友轉告你被誇獎，不是一個爽字可以說完。而且間接為之，你就無須憂讒畏譏，不用怕別人懷疑你的動機。就算你真的是沒道德、沒原則、貪生怕死、笑裡藏刀的小人，為了自身利益在拍馬屁，別人也不會發現你的詭計。另外一個好處是你誇獎的人會做起白日夢，以為你跟全世界都這麼說。

把好話說給小美聽，她就會像信鴿一樣把好話帶給小華，而怎麼當一隻稱職的信鴿，你也應該在下一章裡好好學學。

第五十二章
如何當隻稱職的信鴿（喜鵲）

信鴿歷史悠久，聲名遠播，就像長了翅膀的郵差。牠們往往得冒著生命危險穿越砲火，誓死完成把訊息傳達出去的使命，千萬人是死是活就看牠們能不能堅持到底。一次大戰的時候有隻堅毅的小鴿子名叫「愛友」，阿爾貢戰役 (Battle of the Argonne) 時因爲牠，兩百條性命因而得救。勇敢的愛友只有一隻腳，一邊翅膀還曾經被子彈射穿過，但牠卻使命必達，把繫在獨腳上的訊息給帶到。雖然渾身羽毛都已沾滿血跡，但德軍準備轟炸的警告總算讓城裡知道，讓居民得以倖免於難。

矮子喬 (Stumpy Joe)，是另一隻信鴿界的勇者，英勇的牠身上掛滿了胸章般的傷痕。尊敬牠的人類在牠死後把牠做成標本，供後人瞻仰，地點就在俄亥俄州戴頓市 (Dayton) 的美國國家空軍博物館裡。另外全球還有數百萬隻的賽鴿爲了主人的樂趣與財富而戰，這樣的勇氣與毅力值得我們學習。於是我在這裡要介紹一個由鳥兒們所啓發，恭維的技巧，這一招就叫做「信鴿的勇氣」。

每次你聽到A說B好話，千萬不要讓這好話停在你身上。你不需要拿筆寫在紙上，捲起來放進膠囊，像矮子喬一樣綁在腳上，然後朝著被誇的對象飛翔。你可以做的，是**把當時的場景與氣氛記下，適時說給主角聽——誰被誇誰就是主角**。

打開你的雷達，注意四下有沒有誰在說誰的好話。如果你的同事卡爾誇了另外一位同事山姆幾句，記得把愛傳出去：「欸，山姆，卡爾今天好好把你誇了一下耶。」

你姊跟你說你表弟很勇猛，趕緊打電話跟表弟說。

你媽說她覺得曼尼草坪剪得很好，隔天他來的時候跟他說說，嘿，沒人不喜歡被說好話，即便說這好話的是老媽。

你可以好好從信鴿的角色裡受益，但記得烏鴉大家都討厭，你要當的是喜鵲。喜鵲受到的喜愛往往不下於出嘴誇獎的那個人。你要說這樣很八卦也行，但八卦也可以是好的。

技巧52：學信鴿，當喜鵲

平常人八卦，都是當烏鴉，這是壞的八卦。你要學的，是做一隻喜鵲，而且是一隻主動的喜鵲。每當你聽到好話，有空的話就立刻去傳話。你的粉絲也許不會在你百年後把你做成標本放在博物館裡膜拜，但能夠當隻到處受人歡迎的信鴿也是不錯的。

做隻更有料的信鴿

想要溫暖人的心房，結交新的朋友，還有一種信鴿傳遞的不是好話，而是好貨，也就是別人會感覺到有興趣的資訊或話題。知道了有這樣的新聞或情報，你可以透過電話

或電郵跟相關的人分享。如果你有位住在北卡羅來納的傢俱設計師朋友奈德，而今天在《洛杉磯時報》上又登了一篇跟傢俱趨勢有關的精彩文章，那麼你就可以把報導傳眞給他。如果你有位常駐西雅圖的雕刻家客戶莎莉，而你在紐約某人的豪宅家中看到她的作品，你也不妨把這個好消息跟她「報告」。

我朋友丹住在舊金山，他每次讀到報紙上跟大眾傳播有關係的文章，都會不嫌麻煩地剪下來寄給我。沒有加註什麼眉批點評，就只有FYI（給你參考）三個字母，加上角落的署名與簡單問候。他就像是我訂閱的專屬西岸私人剪報服務。

你可以試試，想想你可以因此省下的聖誕卡預算。把相關的剪報寄給對方是贏家的行爲，這就像是告訴對方：「我想著你，也想著怎樣對你有利。」

還有一個方法可以讓對方的自尊得到滿足。千萬不要莽莽撞撞跑去說人家好，正確的做法是不露痕跡，走一條通幽曲徑。幾個月前，我人在丹佛拜訪一個闊別許久的老友。他到我下榻的飯店來接我的時候，一看到我先說：「哈囉，萊拉，好嗎？」接著他頓了一下，掃了我一眼，然後第二次開口說：「你混得不錯嘛！」哇嗚，這句話我聽得可爽了。雖然沒明說，但他的意思很顯然是我氣色很好，而這一點讓我一晚上都超開心的。

我想是老天爺不希望我得到大頭症吧，那夜稍晚朋友送完我之後，我進了飯店的電梯。三樓有位維修人員進了電梯，對我笑了笑，我也笑了笑。他又看了我一眼然後說：「老天，女士，你當過模特兒吧！」哇，聽到這兒我一整個心花怒放啊，簡直暗爽到快要內傷了……。沒想到這位老兄話還沒說完：「你年輕的時候。」

晴天霹靂啊！他爲什麼不話說一半就好了呢？上集我眞的很愛耶，但下集簡直是指桑罵槐在說我已經是個歐巴桑了嘛，氣死我了。我第二天的行程完全開心不起來，接下來的一個禮拜也開心不起來，事實上我現在想到這句爛話，還是會小小地不開心一下，你看我現在把這件事寫出來就知道了。

你也要小心別在無意間出口傷人。來到一座新的城市，你在路上攔下一位市民說：「對不起，請問這附近有沒有好餐廳？」這樣問是OK的，因爲你等於暗示你信任對方的品味。但如果你賊賊地問的是：「嘿，這附近有沒有可以『鬆一下』的『那種地方』啊？」，你某種程度已經是在侮辱對方了。想要把讚美的球擦板投進，你必然得小心翼翼，發揮創意。

技巧53：有好話不直說，拐彎抹角

在講話中穿插一些若有似無的影射，讓對方得到正面的感受。但要小心，不要明明是好意想讚美，出口卻犯下像維修員在電梯裡所出的包。美國南部民風純樸，有位年輕人在畢業舞會上想誇獎一下他的女伴，但脫口而出的卻是：「瑪莉．盧，你舞跳得很好耶，你明明這麼胖，真不簡單！」我只能說：自目沒藥醫。

第五十四章
如何學習「便衣」，讚美人於無形之間

我們對於「好事使者」的期待，接下來的這一招我稱之爲「出其不意」。有次在一場小型晚宴上，話題轉到了太空旅行上。坐在我右手邊的男士說了：「萊拉，你太小了可能不記得，但當阿波羅十一號登陸月球的那瞬間……。」

現在就算你拿刀抵著我，我也想不起來那位男士後來說了什麼，我只記得自己傻笑著找旁邊的鏡子猛照，看看自己是有多年輕貌美。我當然記得一九六九年七月的事情，那時我就跟所有的世界公民一樣眼睛黏在電視螢幕上，看著阿姆斯壯用他那九號半的大腳踏出「他的一小步，人類的一大步」。不過當時在晚宴現場，我完全沒有心思去想登陸月球的事情，我想的都是有位可愛的男士覺得我應該不記得一九六九年的事。**因為他是那樣自然地脫口而出，所以我想應該有一定的可信度。**

當然，我不傻。回頭想想，他當然知道我沒那麼年輕，我想他使出的應該就是「出其不意」的招術吧。但這也沒關係，我對他的好印象不受影響。**出其不意就是在講話的重點之外加兩杓讚美的糖，讓你稍經解讀之後滿嘴回甘。**

試試看，你會喜歡，旁人也會喜歡

出其不意的讚美非常有效，誰收到誰就會笑。你六十五歲的叔叔如果聽到你說：

「叔叔你體能保持得眞好，我看你爬樓梯一點都不費力，你看我喘的。」你同事如果聽到你說：「你眞是招標法達人耶，還好有你陪我去看，不然我傻傻地就要把約簽了。」我想他們一定都會很滿意。

當然你得冒的風險就是對方好話聽得太高興，你後面的重點他完全聽不進去。

技巧54：出其不意

當個任務是誇獎人的臥底。意在言外地把美言透過正常的句子偷渡到目標對象心裡。如果有重要的事情要說，記得要稍微隔開一下時間，因為被這種好雷打到的人，一定都會聾掉一下下，因為太開心了，瞬間什麼都沒辦法想，什麼都聽不進去。

目前爲止我們已經介紹了四種精巧的讚美手法：八卦網、信鴿法、拐彎抹角與出其不意。當然有時候你也可以視情況有話直說。接下來本書就要教你幾項技巧，讓想正面出擊的你不會徒冒風險卻空手而歸。

第五十五章 怎麼一刀斃命，讓被誇獎的人永遠記得你

你會不會希望自己袖子裡能藏個幾招，讓你需要的時候可以拿出來做成生意、交上朋友、把到美女（帥哥）？如果會，我這裡有一招可以給你參考一下，但風險你要自負。學會這項技巧之後，你必須小心保管自己的唇舌，因爲它們會從此變成一組致命的武器。這一招就叫做「一刀斃命」。

我會想到這招，是幾年前一個晚上我室友克莉絲汀跟我剛去參加一場派對回來。我們剛進門正在脫外套，她臉上突然露出一抹傻笑，外加一副若有所思的眼神。

「克莉絲汀，你還好吧？」我問。

「喔，我沒事，」她口氣確實很開心，甚至帶著一點興奮。「我要跟那個男生出去約會。」

「男生？什麼男生？」

「喔，你知道的啊，」她口氣帶著點責怪說，「那個說我牙齒很美的男生。」

牙齒！

那晚克莉絲汀在盥洗準備就寢前，我正好經過浴室門口。我看見她在鏡子前面傻笑，頭還歪歪的，牙齒更是一顆一顆在刷。從頭到尾我看到她眼睛都黏在鏡子上，檢查牙齒有沒有像那個男生說的那麼美。我突然了解到一點，那就是誇獎克莉絲汀的男生這一手很高招，他不但讓克莉絲汀對自己很滿意，也讓克莉絲汀記得了他。換句話說，他成功讓克莉絲汀「一刀斃命」。

一刀斃命的這一刀，究竟是哪一刀？**針對個人的特質去觀察，去評論，你就能射出最有殺傷力的那把刀**。這把刀不會是「你的領帶很別緻」或「你人眞好」。領帶跟人沒有直接關係，好人更是滿街都是，一點都不特別。要能一刀斃命，你必須說出像「你的眼睛好美」或「你眞坦誠」這樣水準的話，因爲只有你的眼睛長這樣（夠個人），而坦誠的人寥若晨星（夠獨特）。

一刀斃命這招對新手來說，要入門並非易事，但我用了點小手段，還是讓來上我課的學員成功了。課程到了大約一半的時候，我會請他們把眼睛閉上，想想他們之前練習夥伴的模樣。然後我會下指令說：「現在想想他們外貌有什麼地方最美最帥，或是內在有什麼個性是最吸引人的，是你平常不見得會說出來的」，我特別強調了平常。「也許她的笑容非常可愛，也許她的眼神電力很強。也許他給人感覺很穩重，很可靠。

想好了嗎？」

然後我使出了殺手鐧：「ＯＫ，現在起找你的夥伴，跟他說你所注意到他的優點。」「什麼？要跟對方說？」這指示讓所有人當場定住。但一個接著一個，他們還是勇敢地找到了自己的夥伴，說出了內心的景仰。就在一片互相讚賞聲中，在場的陌生學員之間洋溢著幸福的氣氛。有人的棕色瞳子受到好評，有人的纖纖玉手得到肯定。笑聲像地雷被踩到一樣四處迸發，此起彼落。我眼前是一片太平盛世，有笑無淚，有羞赧的紅臉。每個人都愛聽好話，特別是專屬於自己的好話；對於說自己好話的人，我們都傾向於愛屋及烏。

用刀手冊

動刀動槍你總是要小心一點。槍會走火，刀能傷己，下面是一點精要的使用說明，記得看了再上。

技巧55：一刀斃命

每次遇到你希望長長久久的新朋友或新客戶，不妨去找找看他身上獨特而優越的外貌或內涵。然後在對談的尾聲找個機會跟對方眼神交會，叫對方的姓名，用專屬的稱讚讓他感動得想死。

要點一：私底下講。如果你跟四五個人站在一起，而你只誇獎其中一位女性的身材很好，其他的女生難道是一桶桶豬油嗎？如果你只讚賞其中一位男士很挺拔，難道其他男的都是鐘樓怪人嗎？同時這樣被點名誇獎的人也會很尷尬。

要點二：要有可信度。比方說像我是音痴，就算是被強迫要唱像生日快樂這麼簡單的歌，我都有可能會當場出醜。就算耳力所及有人笨到稱讚我的歌藝，我也不會相信。

要點三：每個人半年只能射一刀：不嚴守這一點，你在別人眼中會變成一個不誠懇、不老實、愛巴結、愛拍馬屁，別有用心還喜歡操控別人的傢伙。這樣一點都不酷。

只要準頭夠，小李飛刀可以例無虛發。但要達到最好的效果，你得謹慎將之用在新朋友身上。如果想要天天爲之，下一個技巧你要好好學學，保證用得上。

第五十六章
如何耍點小手段讓對方笑著輕微暈船

相對於對新朋友用飛刀或大砲，或是對親愛的家人朋友用後面會介紹的「墓碑遊戲」(Tombstone Game)，我在這兒要先提一支ＢＢ槍，讓你可以隨時隨地對任何人射擊，不用擔心後果太嚴重，這支槍我叫做是「小小的表示」。

小小的表示顧名思義時間很短，是你閒聊時的掌心雷，隨時可以掏出來朝著人射，包括在公司：

「幹得好，約翰！」

「水喔，京都分公司！」

「嘿！不錯嘛，比利！」

我有個朋友是這種技巧的高手。我要是做了什麼事情深得他心，他就會丟出一句

「有你的，萊拉」。

你也可以把「小小的表示」這招用在親愛的家人或朋友身上。假設你的另一半今天晚飯做得有超水準的演出，你便可以說：「哇嗚，你準備改行當大廚了喔。」相偕要出門赴約之前，你可以誇獎他說：「天啊，老公（老婆），你也太帥（美）了吧！」長途開車下來，你可以對辛苦的老公說：「你好強喔！累不累？」遇到孩子有進步，你可以說「欸！你們幾個小蘿蔔頭，房間整理得很乾淨喔！」

我曾經在《讀者文摘》上讀過一篇文章可以說是一針見血，文章談的是一位小女孩常常不乖，做媽媽的因此經常責罵她。但有一天小女孩表現特別好，所有事情都做得很令人滿意。媽媽說：「那天晚上我把她哄上床睡覺後，準備下樓。但正當我要這麼做，我聽到了壓抑的哭聲。走回樓上，我看到女兒的頭埋在枕頭下，她確實在哭。而夾雜著哭聲她問了我：『媽咪，我今天有沒有乖？』。」

這個問題，做媽媽的說了，像把刀一樣插進她心上。「犯了錯，我罵她罵得那麼快，」她說，「但她想要做好時，我卻沒有注意到，一個字的肯定都沒有就把她趕上床睡覺。」

大人只不過是身形大一點的孩子，我們也許不會因爲別人沒有注意到我們的好表現就上演暗夜哭泣的戲碼，但這並不表示我們不會有被冷落的感覺。

技巧56：小小的表示

不要讓你的同事、朋友、親人用哀怨的眼神注視著你，無聲地告訴你：「我今天表現不好嗎？」讓他們知道你非常感謝他們，只需要一些些溫柔，一點點用說的甜頭，一些些小小的表示：不錯喔！做得很好！你最棒了！

小表示，大作用

小小的表示，看起來真的並不起眼，但敏感的女人都知道動作不在大小，在心意。凱蒂·凱倫(Kitty Kallen)唱過這麼一首歌，歌詞寫出了所有女人的心聲：

給我一個飛吻，不受空間阻撓。
隨時隨地想到，誇讚我的美貌。
經過坐著的我，撫摸我的髮梢。
小動作並不小，心意才最重要。
用最溫暖的心，給我會心微笑。

讓我確切知道，你沒把我忘掉。
從現在到以後，從今夕到明朝。
小動作並不小，心意才最重要。

恭維的藝術之所以複雜，是因爲我們還得考慮時機。毫不遮掩、毫無轉圜、毫不忌諱的恭維絕非首選，因爲一個人臉皮無論再厚，也不見得能經得起這樣的好意摧殘。所幸人的潛力無窮，或者應該說人本來就很難猜透，有些時候我們就得直搗黃龍，有什麼說什麼，這時候你如果不噁心一點，肉麻一些，狠狠地給他誇下去，你可能就會輸，甚至得準備回家吃自己。至於什麼時候會是這些時候，且聽我繼續說下去。

第五十七章 如何掌握正確的讚美時機

我忘不了第一次在眾多陌生觀眾面前發表午餐演講的經驗，雖然我已經在房裡床上演練給玩偶和室友（克莉絲汀）看過很多次，但這畢竟是我眞刀眞槍的第一次。

我雙腳顫抖，站起身來，準備對著眼前十七位微笑著的扶輪社員展現我的聰慧與機智，但我口乾舌燥就像嘴巴裡塞著粉筆灰一樣，手心也不停冒著汗。台下這時候是十七個人還是十七萬人已經沒差，我是來演講還是來受審也已經沒差，我準備的東西好不好更是沒差，因爲我根本什麼話都講不出來。我貌似痛苦地看了好心開車送我來（受死）的克莉絲汀最後一眼，然後從容就義：「午安，大家好，今天我很榮幸有機會……。」

三十分鐘過後，在零星而且搞不好是禮貌性的掌聲中，我爬回到了座位上，坐到了克莉絲汀的身邊。我難掩期待地看著她，希望她給我點回饋，而她卻只是笑著對我說：「欸，這個蛋糕很好吃耶。來點吧！」

蛋糕？「蛋糕！有沒有搞錯啊，克莉絲汀，我想知道我講得好不好？」激動的我聲音大了點。幾分鐘後克莉絲汀才跟我說她覺得我講得很好，而且她覺得在場其他人應該也有同感。雖然她的評語是好的，雖然也只晚了幾分鐘，但我卻已經完全高興不起來了，我需要肯定的窗口已經關閉了。

打嗝沒有在挑時間的，恭維人也是一樣

記得小時候醫生會拿著一把變態的小槌子往你的膝蓋下面一點點敲下去嗎？你是不是不由自主地踢了一下，又快又用力。同樣的道裡，**有人在你面前表現好，你也應該立刻、馬上、毫不遲疑地給他踢下去，喔，錯了，我是說誇下去！說句：「哇，你怎麼這麼強！這麼棒！」**

假設有人談到一筆條件超好的生意，煮了一隻史上最好吃的感恩節火雞，唱到了可以上美國偶像接受膜拜的高音，總之不論他們的成就是大是小，你都應該立刻表示肯定與讚賞。不要等十分鐘，不能先去上個廁所洗個手，就是當下。英雄一走出會議室、廚房、聚光燈，你就要立刻上去用嘴巴給他「按個讚」！

技巧57：把誇獎人變成反射動作

別人一有個或大或小的成就，你就要以迅雷不及掩耳的速度表示恭喜或者肯定。你只有眨眼或膝反射的時間對他說出：「你是最棒的！」

不用擔心他們會不相信你，當下他們之興奮，你說什麼他們都信。

要是他們表現的很差呢？

「我應該睜眼說瞎話嗎？」你可能會問。我很確定、很直接、很大聲地告訴你：對！

絕大多數的時候，誠實是美德，只有這個時候例外。我想大部分人都會同意凡事都有輕重緩急，而有風度的強者更是能判斷有些時候，對掙扎中的朋友溫柔一點、體貼一點，會比不通人情的誠實令人欣賞。贏家會知道即便日後朋友冷靜下來覺得自己真的搞砸了，也無傷大雅。他們會知道你的用心，知道你避重就輕是顧及他們的感受。他們不會怪你，反而會覺得你很窩心。

我們談了很多恭維人的技巧，明著來的，暗裡去的，都有。接下來我們要聊聊對很多人來說，一種比恭維人更困難的技巧，那就是接受別人的恭維。

第五十八章 如何讓別人樂於恭維你

身為美國人，我們有一項共同的弱點：一被誇就手足無措。事實上，我想把這項技巧獻給我所有的法國朋友。法國人總是說自己很聰明，什麼都比美國人強。嗯，別的我不敢說，但說到被誇時的反應，法國朋友確實略勝一籌，至於勝在哪裡，我接下來會說分明。

美國人說到接受別人誇獎，確實是只有幼稚園的水準。如果有人稱讚你，而你手足無措尷尬至極，你就已經在無形之中啓動了一個惡性循環。假設現在有位男士不嫌麻煩，對某位小姐好言相向如下：

男（微笑）：「嘿，你這件衣服很好看耶。」

女（皺眉）：「喔，這件喔，這穿很久了。」

男（腦子裡想）：哇咧，她好像沒有很開心我稱讚她。她八成覺得我的品味很差吧，竟然會喜歡這件衣服，我接下來還是閉嘴好了。

三個禮拜後……

女（不悅中）：他怎麼都沒再誇獎我了，眞可惡！

男（不爽中）：這女人到底有什麼毛病？

「什麼！女生不喜歡這樣？」

幾個月前我在課堂上跟一群學員討論恭維的技巧，其中有個同學堅稱「女生不喜歡被誇讚」。

「女生不喜歡被誇？」我以為我聽錯了。

他解釋說：「我曾經跟一位女子說她的眼睛很美。結果女生說：『小子，你瞎了嗎？』」這可憐的傢伙非常受傷，從此也高掛免戰牌，再也沒有對女性同胞美言過。這是所有女人的損失，也是他在社交生活的損失。

受到誇讚，很多人會害羞，或尷尬地無地自容，急忙小小聲說「謝謝」。這還是好的。比較糟的狀況是有人會回答說：「嗯，其實你誤會了啦，不過還是謝謝你。」有些人會回以：「我是運氣好而已！」**像這樣的回答，對大方肯定你的人來說其實是一種污辱。你等於是貶低對方的判斷力，而且是「以怨報德」。**

「你人眞好」——法國版與美國版

說到萬無一失的百搭回答，還眞的不得不說法國人是專門的。受到誇讚，法國人會用優雅的法文說「你人眞好」。雖然是兩種不同的語言，但基本的字義跟英文所說的「你人眞好」，其實是大同小異。

但也不知怎麼地，美國人常說的「你人眞好」聽來就是有些做作，讓人感覺就像電影《窈窕淑女》(*My Fair Lady*) 裡面的奧黛莉・赫本，明明是個土包子的賣花女，卻想要學會上流社會的一切。所幸要表達出法文版「你人眞好」的神韻，還是有一個技巧可以用的，名叫「迴力鏢」。

你丟過迴力鏢嗎？迴力鏢丟出去之後，會在空中迴旋一百八十度，最後返回投擲者的手中。**這道理就是別人對你丟出恭維，你得讓那好的感覺回到他的手中。不要乾乾地說「謝謝」，更不要說「那沒什麼啦」，正確的作法是讓他們知道你很感激，並且想辦法恭維他們的「義舉」**。下面我舉幾個例子：

她說：「你的鞋很好看。」你應該回：「喔，你人眞好有注意到，我新買的。」

他說：「你這次的案子眞的做得很棒。」你應該回：「喔，謝謝你給我肯定，我非常感激。」

別人問到你的家庭、工作、活動，或是有任何發言顯示對你的肯定，你都可以用迴力鏢來予以回應，讓他們也覺得受到肯定。

你的同事問道：「這趟去夏威夷度假好玩嗎？」你應該回說：「喔，你記得我去了夏威夷！很好玩啊，謝謝你。」

你的老闆問到：「你的感冒好點了嗎？」你應該回答：「謝謝您的關心，好多了。」

每次有人開口給你溫暖，不論是肯定你的表現或對你的生活表示關心，記得用迴力鏢彈回去，而且要彈得比對方所施予的更大氣。

技巧58：迴力鏢

就像迴力鏢會回到主人手中一樣，你要讓恭維「迴向」到施予者的身上。學學法國人，嘴邊一句「你人真好」隨時準備好。

於是選日不如撞日，我決定趁這堂課替女性同胞們爭取一點權益，我要給男生上一堂課，讓他們永遠記住怎麼對女生說好話。我請那位受過傷，堅信女生不愛被稱讚的男士出來，要他衷心對身邊三位女同學讚美一下。他選了坐在他身後的女士，說她的銀髮非常漂亮，然後說左邊那位的手像彈鋼琴的，右邊那位的眼睛像深海一樣蔚藍。他說的很好。

我確信這世界上有三個女人那天優雅地回到家，自尊更強了一些。我希望日後那位男生再遇到其他的異性，態度也能夠更積極正面些。

隨著我們對於恭維的探討進入尾聲，我想確認一下你的方向正確。不論你想施展的是信鴿的勇氣，還是殺手級的恭維，接下來的技巧都可以讓你直闖好球帶。

第五十九章 如何讓愛人覺得你可以託付終生

你記得吧，小時候有無數個叔叔阿姨問過你：「你長大以後想當什麼？」，而心機重一點的小孩都知道標準答案是芭蕾舞伶、消防隊員、白衣天使、西部牛仔，乃至於電影明星。嗯，但眞正長大後，現實是我們的身分多半是肉販、麵包師傅、甚至是五金行老闆。惟儘管如此，我們還是都會夢想著偉大。

雖然我們大多數人為了生活、為了賺錢，最終都只能有夢最美，把希望告吹，但在內心深處，我們都知道自己非常、非常、非常特別。我們對自己的獨白是：「這花花世界也許不會注意到我多聰慧、多美好、多敏銳、多有創意、多有愛心。但愛我的、懂我的人，他們會知道我的不凡、我的偉大、我的奇妙、我的特別，他們眼中的我不是一般人。」這就是為什麼人遇到伯樂，就像魔鬼粘遇到毛毯，怎麼分也分不開。

面對你所愛的親人或密友，恭維需要的是一套跟素昧平生完全不同的技巧。所幸有一套做法我稱之為「墓碑遊戲」，可以讓我們與生活上或工作上的親密夥伴把距離更為拉近，但這做法需要一點前置的準備工作，且容我分說如下：

步驟一：私下有機會跟親友或工作夥伴懇談的時候，告訴他你前幾天讀到一篇文章講的不是別的，正是墓碑！「文章裡寫的是，」你說，「是人都會想說自己死了之後，墓碑上會刻著什麼話語。」記得要提到人都會希望自己最得意、最自豪的特質可以深深印在墓碑上，然後告訴對方：「文章裡說每個人自豪的地方眞是五花八門，種類多到讓你驚訝，畢竟每個人心中的自己都不一樣。」比方說：

✓此處長眠的是老王，他是個頂尖的科學家。
✓此處長眠的是黛安娜，她是個溫柔的女人。
✓此處長眠的是比利，老天爺，他超好笑的。
✓此處長眠的是珍娜，有她在的地方，就有歡笑。
✓此處長眠的是瓊斯，他是特立獨行的性情中人。

步驟二：讓對方知道你希望自己的墓誌銘寫些什麼。讓他感覺你是認眞的，藉以鼓勵他也分享自己的想法。

步驟三：殺對方一個措手不及，劈頭問道：「欸，說眞的，你最自豪的是什麼？你希望這世界記得你是個怎樣的人？你希望刻在自己墓碑上的墓誌銘寫些什麼？」

你的好同事喬治也許會說：「嗯，這個嘛，我有點希望大家知道我這個人說到做到，言而有信。」仔細聽，如果他繼續引申下去，所有的細節你都要牢記在心裡，分門別類歸檔整理，但別再提起。一段時間後，喬治會忘記你曾經跟他玩過這個遊戲。

步驟四：中間間隔至少三週，然後看你何時想要拉近距離，就把你記在腦子裡的資料反芻一下，吐回給他，但要改採恭維的形式。你要說：「喬治，你知道我們爲什麼欣賞你，爲什麼選擇在生意上跟你合作嗎？那是因爲你說話算話，言而有信。」

哇嗚，喬治聽你這樣說一定會震驚到好像七四七撞上一〇一——這人怎麼會這麼懂我！「終於，」喬治會在內心對自己說，「這麼多年過去，終於有人懂我了。」看到他以爲只有自己知道的優點，對喬治而言，是滿分的恭維。

現在假設你的朋友是自認爲機智的比利，你應該說：「比利，好兄弟，你很棒喔！你的笑話眞的很好笑耶，超有梗的！」

克漏字：我愛你，因爲……

假設珍娜是你的另一半，請對她說：「小珍珍，我愛你，因爲你把歡樂帶給大家。」

假設瓊斯是你的人生伴侶，請你握著他的手說：「瓊哥，我愛你，因爲你總能照著自己的意思去過日子，因爲你活得像自己。」賓果！你正中了他內心感情最脆弱與自尊最堅強的紅心。

技巧59：墓碑遊戲

面對你生命中重要的人，弄清楚他們希望的墓誌銘內容。把這內容烙印在你的腦海中，但沒事不要提起。然後等到時機來臨，就可以把這東西拿出來給對方來個一槍斃命。你只要說：我愛你或我很感謝有你，後面跟著幾週前他們自己說過的話，就大功告成了。

你能把對方的肺腑之言「原文照登」，就是一百分，收到的人只能「臨表涕泣」，因為他們在你的恭維裡聽到了自己。「終於，」他們內心的獨白是，「終於有愛我的人懂我了。」

墓碑遊戲是非常個人的，得因人制宜。你誇獎比利言而有信，比利不見得會賞光，因爲他自豪的不是誠信，而是風趣；你讚嘆珍娜日子過得「從心所欲而不逾矩」，她也不會感激，因爲她自豪的不是自身自由自在，而是帶給別人歡樂。

對人傾訴自己的感激或感情，都是美事一樁；要是你能順便戳中對方的「良好自我感覺」，其功效更是妙不可言。

第七部
如何一通電話，直撥對方心坎裡

對你的印象源自電話的個體不知凡幾，而電話在你的生活中可說是如影隨形。書桌上、床頭邊、廚房牆上，這樣就至少三支了。很多人跟你在電話上好像很熟，但卻又從未謀面。他們不知道你笑起來多可愛，也不知道你皺眉的窘樣。既然只通過電話，他們自然沒有跟你握過手，更不可能跟你擁抱過；他們不會知道你的肢體語言是什麼意思，也不會知悉你穿衣服的品味。他們對你的一切都只知道皮毛，而且還可能是隔了好幾百公里距離的皮毛。但即使如此，即便只聽過你的聲音，他們還是覺得自己懂你，難怪電話會被列爲上個世紀一項很偉大的發明。

電話的力量很大，無庸置疑，但這不表示通過電話得到的印象就是對的。多年來我跟我的旅行社業務員蘿妮，都是透過電話聯絡事情。我不知道她長的是美是醜，只知道她可以幫我訂到最划算的機票、車票與飯店。也因爲這樣，我才願意忍受她極差的電話禮貌，沒有要求換人，要不然好幾次我都差點發飆。

幾年前一個星期一早上，我接到家裡傳來的壞消息，當下我得立刻飛回去處理。立刻的意思是我沒有時間去機場排隊，於是我跳上計程車，到了旅行社，我叫計程車在外面不要熄火，我拿了機票跟登機證就立刻出來。

就像炸藥的引信被點燃一樣，這是我破天荒頭一遭衝去蘿妮上班的旅行社。看到我氣急敗壞的模樣，門口櫃檯的小姐察覺有異，立馬彈了起來。她先是溫暖地笑了笑讓我安心，然後問我需要什麼。我胡言亂語，毫無條理地說著我緊急需要機票的事情，她還是展現了極大的耐心。臉上掛著微笑的她一聽完我的亂七八糟的訊息，便立刻像火箭一般去弄我要的東西。直到這時我才驚覺自己的失禮。我心想：「這位小姐眞是既熱心又能幹！」而這時她已經在列印我的機票了。

又過了一會兒，感激涕零的我手握著機票，正準備要衝回外面的計程車上時，我才想起來要問人家貴姓大名。正要開車門的我回頭大叫：「小姐您大名是？」

「萊拉，我是蘿妮。」她說。我一百八十度大轉身，正眼看著這位帶著無懈可擊的溫暖笑容，站在店門口揮手祝我一路順風的可愛女生，我一整個大傻眼，這眞的就是蘿妮的本尊嗎？怎麼跟那個電話裡總是惹我生氣的聲音完全連不起來，眼前的蘿妮完美至極。

坐在計程車裡往機場的路上，我懂了。蘿妮的友善態度、溫暖笑容、肢體語言與眼神接觸，還有她種種的服務熱忱，都沒有辦法化為聲音放上電話。我閉上眼睛，嘗試回想以前在電話裡的點滴記憶，喔，是了，蘿妮的聲音有點尖而輕脆，發音很清楚但略顯急促。直到看到她人，我才發現她的肢體語言其實非常友善，跟講電話時那種有點不耐煩的感覺完全不同。蘿妮的電話分身與友善本尊，差異不可謂不大。

我突然想到這也是我們所有人的處境。我們每個人都有不同的個性，就像一齣一齣不同的戲劇在上演著，而我們都像演員一樣，希望自己主演的戲碼能夠熱賣，而不要成為票房毒藥。接下來我們有十個技巧可以讓你在電話裡有精湛的演出。

第六十章 如何在電話裡展現熱情

我有個朋友蒂娜的工作是替一齣「非主流」百老匯劇設計服裝，而幾年前這齣劇突然爆紅。這齣戲預算不高，規模不大，但很受好評；最後有一位金主願意出錢，於是這戲正式進軍百老匯，但到了百老匯，得到的評語卻不如預期，甚至可以說是慘遭滑鐵盧。

聽到這壞消息，我打了通電話給蒂娜。「蒂娜，怎麼回事啊，反應怎麼會那麼差啊？」我問，而蒂娜跟我說是導演的問題，她說導演沒有堅持要演員配合新的場地與環境調整演出。在小劇場裡動人的內斂演出，到了大場地變得索然無味，原本應該哭成一片的觀眾們，現在卻端坐著冷眼以對。這不是因爲劇本本身有什麼重大缺陷，而是單純因爲觀眾看不清演員細微的臉部表情。蒂娜說演員們忘記要放大動作了，於是他們的演出便淹沒在新的「大池子」裡了。

這中肯的建議不只適用於百老匯的演出，也適用於所有人的日常言行。這建議就是說你說話要看場合、看場地、看工具。如果是演電影，那你眨個眼、挑個眉都不成問題，特寫都帶得到；但如果你是在廣播上說話，你眨眼挑眉到抽筋都沒人看得到，你只能靠聲音傳達訊息。如果在電影裡演員可以用眨眼來詮釋一種輕浮的挑逗，那在廣播上你就得換成用說的，你得用輕佻的口氣說：「嗨，寶貝……」；同樣地在螢幕上你或許可以用挑眉來表示不解，但在廣播上你就得把「我太驚訝了！」五個字給說出來。

在旁人的眼裡，你的個性過半取決於肢體動作與臉部表情。所以如果別人看不到你的動作與表情，誤會的機率就會大增，就像我跟蘿妮的狀況一樣。**要讓你的個性正確而完整地展現在電話裡，你必須把抽象的情緒「翻譯」成聲音，你必須在一個限度內盡量讓自己的說話聲音誇張一點、戲劇化一點，要知道研究顯示人在電話上講話，展現的能量是正常講話的七成而已。**

假設你跟一位新客戶見面，你大方面對她，跟她握手，你保持著良好的眼神接觸，誠摯的笑容也始終掛在你的臉上。甚至在她發言的時候，你都不時點頭微笑表示在聽。她會很喜歡你。

但這是在你們面對面的前提之下，假設今天客戶跟你的眼睛同被蒙住，手也都被綁在身後，你還能夠在她心中留下好印象嗎？這就是你在電話中溝通所遇到的難題。

如果她看不見你，你就得用字句讓她知道你在幹嘛，包括點頭與傾聽。你得發揮創意，用言語讓她知道你在微笑，還可以多叫她的名字來取代眼神接觸，事實上這是一種技巧，還有個名字叫做「化手勢爲文字」。

要彌補眼神接觸不存在的缺憾，你要在講電話的過程中穿插「嗯哼」或「我懂」這類的短語，這樣對方就會知道你在電話的彼端點頭稱是，就好像你當面跟他說著「沒錯」、「那太好了」、「眞的！」、「怎麼會這麼有趣」或是「多說點，我想聽」一樣。

對方看不到你拍手叫好、拍案叫絕嗎？你不妨說句「真的假的」、「最好是！」。

對方說了什麼讓你啞然失語，但你沒辦法讓他看到你的五體投地嗎？你可以代之以電話裡的一句「你這句話說得太好了」或「你真的是個狠角色」。

當然，你得在電話語彙中準備好代替微笑的話語，你可以試試「哇嗚，你想笑死我啊！」。當然，你得在字詞的選擇上考慮到自己的個性與處境，但**大原則是要讓電話彼端的對方聽出你的情緒或感受。**

技巧60：化手勢為文字

每次接起電話，都把自己想像成是廣播節目名主持人。想讓電話的彼端感受到你的熱情，就要把微笑化成聲音、點頭化成答應、手勢化成文字，總之要是對方能聽得見的東西。原來可以用比的，你現在都要用說的，而且要拿出百分之一百三十的熱情，來彌補沒法兒面對面的遺憾！

第六十一章
如何遠在天邊，但聽來近在眼前

如果你沒辦法與親愛的家人或朋友或另一半促膝長談或共享晚餐，甚至於共枕同眠，親密感要如何維繫呢？你要怎麼樣在雙方是遠距的狀況下，創造出兩人的小世界呢？透過電話，你要怎麼做才能讓對方覺得特別，就像你還是能在他們失落時給他們「拍拍」或「呼呼」呢？

答案很簡單，多叫對方的名字就對了。當著面你可能不會一直直呼對方姓名，但在遠距離的電話裡，這麼做就是你的祕密武器，你要卯起來用，就好像叫名字不用錢一樣。因爲對方每聽到自己的名字一次，就好像被你擁抱了一次。

「謝謝你，山姆。」

「來吧，貝蒂。」

「嘿，狄米，就這麼辦吧！」

「能跟你說說話眞好，凱西！」

面對面的時候，一直叫名字會有點怪，有點不自然，但在電話裡的感覺卻是完全不同。即便是在擁擠的人潮裡，聽到自己的名字還是會讓我們轉過頭去，看看聲音來自哪裡；同樣地在電話裡，對方只要聽到自己的名字從話筒中傳出來，他就會自動豎起耳朵，一時間忘記自己是在講電話，跟你產生一種緊密的連結。

如果對方開始放空，指名道姓也可以把他的注意力抓回來。如果她開始分心去拆信，聽到名字她會停下手來；如果他開始剔牙，聽到名字他會把牙籤收起來。叫名字，你就能把電話那頭的人拉到你身邊來。

技巧61：指名道姓

聽到自己的名字，任誰都會抬起頭來。講電話時這方法尤其好用，因為你們沒辦法看到對方，所以你可以用指名道姓來取代眼神接觸，取得身體碰觸，讓分隔兩地的缺憾得到彌補。

面對面時猛叫對方的名字感覺很奇怪，好像把對方當成幼稚園小孩一樣。但為了克服雙方的距離感，電話上算是一個例外，你就是得不斷地叫對方的名字，才能讓對方暫時忘記你們一個在西雅圖，一個在台灣。

第六十二章 怎麼讓他們覺得打電話給你，值回票價

鈴鈴鈴！會議室、房間裡、甚至於洗手間電話一響，自封的電話會話專家會告訴你要「笑著接電話」。甚至有人會建議你在電話旁邊立一面鏡子，好方便你邊打電話邊「檢查自己的白牙」。

我笑也笑過，鏡子立過——完全沒用。某晚我滿面泥巴做臉做到一半，電話響了。你可以諒解我這時會有點投鼠忌器，我不敢看鏡中的自己，結果我的聲音也變得跟我的面目一樣可憎。講完那通電話我立刻把鏡子，還有建議照鏡子的書一起給撤了。誰會希望自己聲音聽起來像是個喝醉酒的小天使，或是會說人話的波斯貓呢？你希望別人覺得你宅到爆，日子無聊到終日在家等電話嗎？難道你一天當中的最高潮，就是等一通不知何時會打來，也不知道是誰打來的電話嗎？

贏家不會像傻子一樣笑著去接電話，他們會先聽聽看是誰打來的，然後再決定要不要笑，該怎麼笑，這才是正確的做法，這樣的笑（或不笑）才有意義。接電話本身要不帶情緒，要保持中立，先專業地報上自己或公司的姓名，然後再聽聽看對方來歷。決定之後再用本書前面提過的技巧，讓笑像潮水一樣在臉上蔓延。

「喔，喬治喔，是你喔（笑），你怎麼會打來！」、「莎莉，哈囉（笑），你最近好嗎？」、「比爾喔（笑），我這幾天還在想說你會不會打來！」

我有個朋友史提夫住在華盛頓特區，他是某個產業工會的頭，負責在國會山莊進行遊說工作。我每次打電話給史提夫，都像在玩樂透一樣，因爲他的助理有十幾個，每次接電話的都不知道會是哪一個。不過不論接電話的是哪一個，我都可以得到同樣溫暖的微笑。

助理先生或小姐接起電話，會先說：「纜線通訊產業公會，我是某某某，您需要轉接給哪一位？」他們完全不會假笑，不會假客氣，更不會在電話前面放一面鏡子。

等到我說了：「我找艾佛洛斯先生，我是萊拉．朗德絲。」接電話的助理先生或小姐才會把壓箱寶拿出來，對我說多客氣就有多客氣。「喔，是的，朗德絲小姐，」他（她）的口氣好極了。「沒問題，馬上幫您轉。」

哇嗚，那種像是VIP的感覺眞的是好的沒話說！等待史提夫接電話的空檔，我幻想著他稍早曾坐在紅木會議桌的主位上，正準備要主持一週的幹部會議，這時他想到要交代助理們說：「待會我開會的時候，不接電話，除非是董事長或是白宮有重要的電話打來，那就直接轉過來。喔，對了，有位女士叫萊拉．朗德絲的，也是VIP，她打來也直接轉給我。」

去年去華盛頓走了一趟，順便跟史提夫約吃午餐。席間我忍不住跟他分享了打電話去找他的經驗，我說那是個很棒的經驗，還誇了他的助理群。他能讓助理們都熟記我的姓名，還交代了我可能偶爾會打去找他，這一點我也順便謝過他。只是坐在餐桌對面的他聽我這樣說，卻看了看我，眨了眨眼。後來開了口，他說的是：「萊拉，你也教過電話禮儀，還不懂嗎？」

「蛤？」是我的反應。

「如果話說的太直接，我道歉，」史提夫說，「但我們給助理的要求與訓練就是那樣，並不是對你特別禮遇。」

「喔！」

討厭鬼打來怎麼辦

「不過史提夫，」惱羞的我不服氣地想要反擊，「萬一打來的是陌生人呢？你總不能叫助理們假裝認識他們吧？」

「當然，萊拉，如果是遇到你說的這種狀況，我要求助理把重點放在他們打來有何貴幹。打來的人如果是第四台業者想要加入公會，他聽到的會是我的某位助理笑著說：『是的，史密斯先生，我馬上爲您轉接。』」

「好吧，這我相信，但如果打來的是賣辦公室傢俱的呢？」我另開戰線。

「嗯，這不影響，」史提夫說，「即便擺明了是推銷員，我們也是會好言以待。我的助理們會口氣很好，聲音很宏亮地讓我聽到說：『喔，辦公室傢俱！』，這樣對方也不會覺得受到冷落，我也會先有心理準備該怎麼應對。」

我服了。我告訴他：「ＯＫ，史提夫，從明天開始，我也要學你在電話裡讓人覺得『喔，哇，我眞高興你爲了某某事打電話來』。」

隔天早上，第一個打電話來給我的是牙醫診所。「朗德絲小姐，提醒您半年的定期檢查時間到囉。」

「喔，對喔，你們好仔細喔，」我輕聲細語地說著，「還好你們打電話來提醒我，不然我眞的忘得一乾二淨。」我這麼熱情的回應好像把打電話來的小姐著實給嚇了一跳。「我現在沒辦法馬上跟醫生約時間，」我接著說，「但一有空檔我會馬上跟診所聯絡。」聽我都這麼說了，護士小姐便把嘴邊的「嗯，那你什麼時候有空呢？」給呑了回去。掛上電話的時候，感覺上護士小姐還蠻滿意的，並沒有不開心，而我也落得清靜，未來的六個月我不會再聽到同一位護士小姐的聲音。

第二通電話打來，是一位男士，事實上他是我演講CD的消費者，而他打電話來，是要投訴有一片CD是壞的。「喔，天啊，眞不好意思，還好您有打電話來跟我們講，」我的口氣不像是被指責的人，反倒有點像是大樂透頭獎的得主。又一次，我講的話嚇到了對方，而且又一次，被嚇到的人還滿開心的。「當然，我會寄一套新的給您，希望你接受我誠摯的道歉。」這位男士掛上電話，應該也不氣了。而我也挽回了商譽跟好口碑，沒有無辜地遭到CD廠商的拖累。

第三通電話棘手一點。打電話來的是我的廠商，精確一點說是我忘了付貨款的廠商。「喔，還好您打電話來了，我一直想著要匯錢給您。」這當然是鬼扯。但有一就有二，無三不成理，我再度成功讓對方嘴角帶著不解的笑意講完電話，因爲我應該是史上第一個這麼歡迎債主打來的人吧。「我就記得我有筆錢還沒付給您，我現在邊跟您說話邊在寫支票。」我記得我是這麼說的，這當然也是鬼話。

鬼話連篇發揮了作用，債主說：「這樣吧，那個遲付的二%月息就算了。只要你這週內把支票軋進去，這件事就算了。」話畢她掛上電話，而我也省下了利息錢。

那天，那星期，還有那之後的每通電話下來，讓我養成了好習慣，而你也應該試試看。你會發現伸手確實不打笑臉人，你帶著笑意講電話是有好處的，但重點是在笑之前，你要先搞清楚打電話來的是誰，想幹嘛，然後再使出「喔，哇，是你喔！」的殺手鐗。

技巧62：喔，哇，是你喔！

不要一接起電話，就迫不及待擺出一副「我一直都超開心」的花癡樣。第一句話只要遵守「溫暖、簡潔、專業」的原則就行了，重點是要先弄清楚對方的來歷或企圖，再讓燦爛的笑容呈現在臉上與聲音裡，這樣對方才會覺得你是因為他而笑，進而產生一種VIP的錯覺。

第六十三章
如何面對攔路虎，順利闖關

「不，不，啊……，不要用『篩子』對付我！」假設有位瘋狂的科學家發明了一種想像的刑具叫做「篩子」，這科學家會笑著目送「受刑人」被推進這台屬於重金屬材質，名叫篩子的超大型絞肉機，然後被切割成爲數以億萬計的分子。在篩子的另外一頭，受刑人的身體會獲得重組。這樣的過程，比喻的就是你打電話去某人辦公室時的感受，兩種過程屬於同一種酷刑。

我說的是有時候你不得不勉爲其難，打電話到某人上班的地方。「請問瓊斯先生在嗎？」你盡可能和善地問。

「您哪位？」對方擺出高姿態來回答。顯然，你的名字不足以讓這位「人肉篩子」放你過關，見到你想要見的那位瓊斯，那是上等人才能有的特權。

但別急，篩子女士的冷血訊問才剛開始。聽她問到：「你是哪家公司的？」，你一邊立刻奉上自己服務公司的名字，一邊暗暗祈禱自家公司是攔路虎女士的菜。同時作為最後的高潮，她還會百無禁忌地問你：「你想跟瓊斯先生談什麼？」啊……，饒了我吧！

跟史提夫的午餐約會數週之後，我再次打電話去找他。「史提夫．艾佛洛斯先生在嗎？我是萊拉．朗德絲。」

「喔，是的，朗德絲小姐，沒問題，我馬上幫您轉接。」於是我開始哼著歌，悠閒地等待史提夫來接電話。

沒一會兒再出聲的還是同一位助理小姐，這次她姿態放得很低，似乎很不好意思地對我說：「很抱歉，朗德絲小姐，史提夫先生剛出去吃午餐了，不然他一定會接您電話的。」這期間我始終保持著笑容。我會懷疑史提夫並沒有「剛去吃午餐」嗎？我會懷疑他其實人就坐在旁邊嗎？我曾經失心瘋，懷疑他只是單純不想接我電話嗎？我會覺得被「篩」掉了嗎？一點也不。我還是像隻小白兔一樣開心地留下回撥電話，事實上我覺得我好像開始愛上「攔路虎」了。

技巧63：攔路虎的藝術

如果你是大人物，手下一堆助理，而且你忙到不得不過濾電話，請記得要你的助理們接起電話先說：「喔，好的，馬上幫您轉接，請問您的大名是？」如果對方劈頭已經報過自己的姓名，助理們可以說：「喔，沒問題，某某某先生，我馬上幫您轉接。」

即便祕書後來說：「某某某先生小姐對不起，我們家大少爺或大小姐在忙，沒辦法接您的電話」，去電的人也不會覺得對方看不起自己，或覺得有被「刷下來」的屈辱感受。他們甚至還會愛上這種尊榮的拒絕，至少我還滿愛的。

第六十四章 如何在跟大人物講電話的時候，打出漂亮的伸手牌

有位「大貓」手中有一家橫跨六國的國際連鎖飯店，而他有一個祕密在我手上。

他請來跟請走的人都可以千人計，給出跟抽回的合約都很大手筆，跟大銀行借錢不手軟，捐錢給慈善機構也不眨眼。這位大貓我們叫他艾德，他在業界算是有頭有臉，叫得出名字的一方之霸，而他的祕密就是：整個集團幕後的眞正首腦不是他，而是大貓夫人。

我跟大貓夫人（姑且稱她爲希薇亞）交上朋友，是因爲替她老公的公司提供一些顧問服務。希薇亞有次邀請我去她家喝下午茶，還很客氣地道歉說今天傭人請假，所以我們得喝「自助」茶，凡事都得自己來。正當我們開開心心端坐在她家的露台上，準備要吃餅乾配好茶的時候，電話響了。她道了聲歉，跑去接了電話。

我聽到大貓夫人說：「欸，不好意思耶，他現在人不在耶，請問您是哪位找他？……不知道耶，他也沒說打算什麼時候回來，你可以留姓名電話……不知道，我說過了，我不知道他什麼時候回來……嗯嗯，我會跟他說您有打來。」

希薇亞講完電話回到露台上，我看得出這通電話讓她有點不悅。總是在找有趣的電話故事的我於是試探性地看了看她，一副好奇寶寶的模樣。

冰雪聰明如希薇亞看出了我頭頂上的問號，開口說道：「剛剛那傻瓜以爲他可以跟艾德要到贊助，哈！」她邊笑邊做了個鬼臉。我聽她話說得這麼白，於是放膽再問了細節，原來來電的是募款人克雷頓先生，所屬一家艾德考慮贊助的大型慈善機構。夫人說艾德剛好不在的這兩個禮拜，克雷頓已經打了兩次。「兩次都沒跟我問好，打擾到我也沒一句對不起，真沒禮貌。」這讓大貓夫人不是很開心。

大貓夫人真的會爲這件事心情很受影響嗎？其實還好，但這大大衝擊到來電者要到錢的成功機率嗎？絕對會。在艾德與希薇亞的家裡，講話的眉角是很講究的。在晚餐的桌上，大貓夫人可以對老公說：「親愛的，有位克雷頓先生人很好，他今天打電話找你。」或者她也可以說：「有個傢伙很討人厭，姓克雷頓的樣子，他今天又打來找你。」這兩句話的感覺完全不同，克雷頓所屬的慈善機構也可能因此多出或少了幾百萬美金可用。而這都取決於克雷頓懂不懂得順著大貓夫人的毛摸。

打到人家家裡，記住：把夫人搞定；打到人家公司，記住：把祕書搞定。

技巧64：搞定夫人，才能搞定主人

打電話到別人家裡，記得要弄清楚接電話的是誰，然後要跟人家打招呼。如果你打電話到人家辦公室裡超過一次，記得要跟祕書交個朋友。有資格接電話的，一定跟大貓的距離很近，近到可以決定大貓怎麼看你。

能夠左右重大決定的夫人或祕書，比例出奇的高。不論是要請人，要砍人，要升

人，主管的太座都是一股不容小覷的左右力量。電話誰打得通，誰打不通，提案誰上得了執行長的辦公桌，誰上不了，誰約得到跟總經理吃午餐，誰約不到，有時候就操之於祕書爽不爽！

所有的老婆跟祕書都是人生父母養的，都有姓名；所有的老婆跟祕書的生活都不僅僅限於家庭與公司，她們都有自己的生活，所有的老婆與祕書都是人，都有感覺，都會高興與難過，弄不清這三點的人只有一種，就叫笨蛋。當然笨蛋也不知道老婆跟祕書對老公與老闆的決定，會有多大的影響力。

第六十五章
怎麼心想事成，要什麼來什麼——時機的掌控！

亞歷山大・葛拉姆・貝爾 (Alexander Graham Bell) 發明電話時，他跟他的研究夥伴還不知道有一天，人的語言裡會出現一個固定的用法叫做「嗨，你好嗎？」。但即便是電話剛草創時，貝爾跟他的助手們也絕不會電話拿起來就劈頭開始嘰哩呱啦。他們當時拿起話筒，拿來開頭的幾個字是「你能說話嗎？」，而他們的意思當然是「你能夠透過機器傳出聲音來嗎？」

他們沒有想到的是在一百多年後，人生勝利組會用上類似的說法來打招呼。在此時，當然，「你能說話嗎？」的意思是「你現在方便說話嗎？」這就好像很多人在開始講電話之前都會先問一句：「你現在方便嗎？」、「你在忙嗎？」、「我可以擔誤你幾分鐘嗎？」

每個人在腦中都有個大笨鐘，而他們要不要理你，關鍵也就是大笨鐘上面顯示的時間。不尊重別人的生理時鐘甚至心理時鐘，你就是在拿他們的注意力開玩笑。不論你的提案有多麼精采、多麼引人入勝，也不論你的聲音有多麼委婉、多麼誘人，他們都不會給你好臉色看。

但這不能全然怪你。因爲不論何時打電話到別人家，你都不可能知道人家的作息，搞不好人家就是特別早睡，也搞不好人家今天廚房剛好漏水在忙。同樣地不論你何時打電話到別人上班的地方，你都不可能知道人家現在是不是有個緊急的報告要寫，抑或人家是不是剛好在跟老闆爲了某件事情爭得面紅耳赤。

你能做的，就是**每次要打電話出去，記得一定要，一定要，一定要問自己現在打來**

方不方便。養成這個習慣，不可以有任何一次例外。就好像沒有問是一種重罪一樣，你一定要隨時把對方的方便與否放在最高位。

「嗨，喬，你現在方便講電話嗎？」

「哈囉，蘇珊，我可以耽誤你幾分鐘嗎？」

「嗨，卡爾，你現在會不會不方便講話？」

「山姆，我想跟你提一下上週六的會議結論，你現在有空聽嗎？」

你要怎麼字斟句酌都是你的自由，但重點是你要問到「現在的時機對不對？」

我朋友貝瑞是個廣播人，工作效率超高，他一天的工作量，可能比多數人一個禮拜還多。聰明如他想到了一個方法，可以確保自己不打亂別人的作息乃至於情緒。這方法他叫做「作息紅綠燈」。貝瑞會打電話去跟別人介紹他的這項作法，而一開頭他會先說自己很尊重別人的時間，然後他會在對方的同意之下，用一個問題來展開日後的每通電話，這個問題就是：「請問您現在是紅燈、黃燈，還是綠燈？」，這樣貝瑞打擾到別人的機會就會降到最低，因爲別人可以很大方，很簡潔地回答「紅燈」、「黃燈」或「綠燈」，一點誤會都不會產生。

✓紅燈，很顯然，意謂著「我現在很忙，沒空講話。」

✓黃燈，意謂著「我有點忙，但你有事嗎，長話短說我可以聽一下。」

✓綠燈，意謂著「我現在有空，你說。」

就像馬路上的信號一樣，紅燈停，黃燈急，綠燈行，就這麼好懂，就這麼容易。大忙人們很能認同貝瑞這樣的溝通機制，甚至把它當成一種遊戲覺得好玩。但他們最有共鳴的，還是這辦法背後的貼心，乃至於貝瑞對他們行程的尊重。事實上大部分打電話給貝瑞的人，也會投桃報李，跟他玩起同樣的遊戲：「嗨，貝瑞，你現在燈號是什麼顏色，綠燈嗎？」

業務員，不要猴急，一定要等綠燈才行

如果你是業務員，一言相勸。你去問潛在客戶有沒有時間講話，而他的回答是：「我現在有點忙，不過你有什麼事就講吧。」千萬不要上當！千萬不要在他明明是紅燈的時候賣東西。就算他有可能是黃燈，也不要冒險。**一定要等到確定對方是綠燈，非常綠的綠燈時，才好開始說自家的東西有多好、多值得買**。如果你明知是紅黃燈還要衝，也許這輩子就再也看不到同一個客戶的綠燈了。

技巧65：作息紅綠燈

不論你自認為有多急，打電話找人都一定要先問一下時機。玩心重一點的你可以用「作息紅綠燈」，沒那心思的，嫌麻煩的你可以直接問「你現在方便講話嗎？」先確認時機，你就不會一腳把別人的工作火花給踩熄，也不會冒冒失失地得罪人，甚至被終身定位為拒絕往來戶。

第六十六章 怎麼用語音留言留下漂亮的身影與印象

人如其言，也可以套用在語音留言上。你聽語音信箱裡的留話，就可以判斷出主人的很多特質。「哈囉，」語音留言說：「我人不在，但你應該也不是真的想找我吧！嗶。」你聽到這種留言，是不是也會跟我一樣，懷疑這人的自卑感是不是也太重了。

「哈囉，」她的語音信箱說了，「你現在聽到的聲音是我們家的『惡犬』萊西，牠叫聲很兇，咬人更兇。嗶聲後請留言，嗶。」你會不會跟我一樣，覺得這位女士很擔心有人闖空門。多數人不會把語音信箱的訊息留得這麼戲劇化、這麼誇張，但是仔細聽的話，我們還是可以得到很多線索，讓我們對信箱的主人有深一層的了解。

上個月，我臨時需要替我一個非常保守的客人找位平面設計師來合作，於是我打電話給馬克，一位作品讓我很欣賞的藝術家。他不在，於是答錄機開始運作，話筒中傳來震耳欲聾的搖滾樂，然後在電吉他的背景聲中，出現了馬克的留言：「嘿，帥哥美女，別耍酷，別耍冷，也別用說的，給我唱首歌吧。我想聽你輕輕吟唱滿耳的天籟，這世上最最最甜美的天籟，耶、耶、耶！聽到一聲槍響就開始唱吧，嗶。」聽完這一切，我立刻開始唱歌，喔不，是掛上電話。不趕緊掛回電話，我怕想到客人要是打電話給馬克而聽到這一段狂放的嘶吼，我晚上會睡不著覺。我並不是說馬克這種風格有什麼不對或不好，但是他這三十秒的「個人秀」眞的比較適合搖滾樂迷來欣賞。對於殷實的商人如我客戶，可能會有一點消化不良。你如果本身從商，我也建議你不要模仿，畢竟語音留言反映了你的專業與個人形象。**你如果人在商場，我還是覺得你應該把留言錄得穩重一點，友善、中性、最新是三個可以把握的原則。**

祕訣在於要讓人覺得你是業界的頂尖，你就要每天更新留言。研究顯示每次打來都

會聽到新的東西，可以讓人覺得你比較聰明，比較有效率。可以的話，**盡量讓打電話來的人知道你在哪裡，還有何時可以回電**。如果你有比較需要「按耐」的客人，這樣的作法對你會非常有利。

在公司電話的答錄機上，你可以試試看留言成這樣：「我是某某某，現在是五月七號星期四，我今天會開會到下午很晚，請留下訊息，我回來之後會盡快與您連絡。」這樣即便你下午四點之前都還沒回電，對方也不會氣呼呼地要找你算帳。

還有一點是寧短勿長。有些人確實會天天更新留言，但是留得太長了。我有個講者同事丹的聲音很好聽，但他會把每天許多非常個人的想法累積起來，強加在毫無防備的來電者身上，美其名爲分享。

去年我跟丹因爲合作一個案子的關係，所以我每天得打三通電話給他報告進度。每次我打電話給他，他的答錄機都是這樣說的：「嗨，我是丹，下面是我的每日一談。」他清了清喉嚨，準備高談闊論。「今天有人對你說了什麼不中聽的話嗎？不用理他！有毛病的是那個人，不是你。」說到這兒他停了一下作效果，然後繼續：「今天有人看你的眼神不禮貌嗎？不用理他，有毛病的是對方，不是你。」這時他又停了下來，彷彿是要讓聽的人消化吸收他的訊息一樣。「用正面思考，正面的力量，去代換那些由怒氣、煩悶與恨意所組成的念頭，冷靜下來，超脫在這些負面想法之上，專注在目標與成就上。再提醒您一次，我是丹。」聽到這，我還滿訝異他沒有提一下經紀人的電話，因爲他簡直就準備好要去巡迴演講了。「嗶聲後請留話，祝你今天完滿又平和。嗶。」

我第一次聽到丹這深具「啓發性」的留言，我只覺得長度稍稍有一點讓我受不了；第二次聽，我發現我得不停地深呼吸，才能聽完他那眞的有夠長的訊息；第三次聽，他那囈語般的留言眞是沒完沒了到了我的極限。我滿腦子都是他的憤世嫉俗，他的小鼻子小眼睛，都是他口口聲聲說要用正面態度去取代的由「怒氣、煩悶與恨意」所組成的念頭，諷刺的是他的留言正是禍首。我發現我「超脫在這些負面想法之上」，要「專注在目標與成就上」，根本不像他留言裡所說的那麼輕鬆寫意，我好想往他的鼻頭上一拳招呼過去。語音留言不是讓你大放厥詞、發表政見、傳福音，或自我吹捧的地方。

我另外一位朋友是個作家，她的語音留言也很誇張，我不得不在這兒把她給出賣一下。她的留言是這麼說的：

「哈囉，我是雪若．史密斯。雪若，就是我本人，這會兒正在全美巡迴打書，」這兒她還留了空檔讓聽者有時間讚嘆，「我會造訪美國十二大城，」又停了一下讓聽者有空哇嗚一聲。「雪若，就是我本人，會在十月七號回來，」謎之音：幹嘛一直自己叫自己雪若？「請在嗶聲之後留話給雪若，嗶。」

是的，雪若，我們都知道你是個成名作家，但你一直叫自己的名字，你自戀至極的聲音，還把巡迴城市有十二個這種細節都拿出來提，任何大貓看了都會暗暗笑你。

還有一點提醒：現在有種留言在從商的人裡頭很流行，但其實你該避免。這留言是：「我不在辦公桌前，就是在接另外一通電話。」這樣的留言該避免，是因爲這等於告訴別人：「我是個奴隸，被一條鐵鍊綁在桌子前，除非奇蹟出現，否則我一定在桌邊。」某晚我熬夜工作到凌晨，四點的時候我決定要留言在同事的公司電話裡，這樣她早上醒來就可以馬上聽到。「哈囉，」她的答錄機說了，「我是菲莉西亞，我不在辦公桌前，就是在接另外一通電話，嗶聲之後請留話。嗶。」菲莉西亞，你肯定不在辦公桌前吧，現在可是星期天凌晨四點耶！「在接另外一通電話？」這時候？最好是這樣啦。

你的留言會給人什麼樣的印象，不是你能預測或掌握的。你能做的就是保持中立、友善的態度，經常更換訊息、留言短潔有力、低調。不要自吹自擂，不要大放厥詞，不要語不驚人死不休。

技巧66：勤勞一點，讓留言日新又新

如果你想給人誠實可靠的感覺，語音留言就要短潔、要專業、要親切、要

跟人打招呼。不要唱歌，不要說笑，不要傳教，不要敲鑼打鼓，不要大呼小叫。一言以蔽之：日新又新。你的留言毋須完美，一聲咳嗽，一點結巴反而讓人聽著覺得可愛、覺得真切。

第六十七章 怎麼讓人回電給你

百老匯音樂劇的大咖製作人在試鏡會場，都是狠角色。一心想要嶄露頭角的小明星把一首歌翻來覆去練習了好幾個禮拜，上了台，開口唱還沒有幾個音，沒肺沒心的製作人就嚷嚷著：「謝謝你，下一位！」他的一聲嘶吼，帶著夢想的年輕人就只能哭著回家！

在商場上，我們的成功大夢也可能在「試鏡」開始十秒內毀於一旦，而這裡的「試鏡」就是我們留在別人電話或答錄機裡的留言。

理論上，我們給大客戶或重要供應商寫信或發函，決不會馬馬虎虎潦草地手寫在廉價不說還有汙漬看得到的廢紙上，我們知道這樣做，信寄出後必然石沉大海。我們知道任何人看到這樣的東西，都會往垃圾桶裡丟去。但如果寫信改成打電話，我們卻很容易會在大客戶或重要人物的電話與答錄機上留下一些「阿里不達」的話語，然後還抱著一絲僥倖覺得對方會回電。他們會以爲可以隨便，是因爲沒有人告訴他們大人物聽留言之仔細，就跟百老匯音樂劇的製作人一樣「機車」、一樣挑剔；所以你更要要求自己的聲音，你的留言愈中聽，成功的機會就愈大，反之你就會優先被「發卡」。

不論你是要賣東西，追女（男）生，選總統，或是任何狀況下有求於人，留話的原則都是簡潔、易懂、正面，這樣對方才容易回電。很多人懷才不遇或得不到貴人的回應，常常都是因爲留話的聲音難聽、沒力氣、沒條理。現在流行三「C」電器，**別忘了留話也有三「要」：要自信、要清晰、要可信。行有餘力的話，再想辦法要讓你的留言有吸引力，有娛樂性，聽來有趣**。平淡的一句「我是喬治，回電」只會讓大貓們很沒力。

別轉台，馬上回來……

廣播ＤＪ會使出各種技巧讓聽眾不轉台，頂尖的業務員則有本事讓客人打電話來，這兩者類似的祕訣就在於懸疑。遇到廣告，要確保聽眾不會轉台，廣播節目主持人會在進廣告前丟出一個小謎團：「廣告回來，我們要抽出得獎號碼，別走開，大獎可能就是你的！」**你在電話留言的時候，也可以效法廣播ＤＪ留下這樣的伏筆與懸疑：「嗨！哈利，我是安德魯，你上個禮拜問我的問題，我有答案了。」或是「嗨！黛安，我是貝琪。我們上次討論的那個案子，有重大進展喔。」**這麼一說，你叫哈利跟黛安要怎麼不回電給安德魯或貝琪。我不相信他們忍得住。

留言還得有個性。**想像一下留言的對象，說些能激發他們好奇心或戳到他們笑點的東西。**你的留言就是一場十秒鐘結束的試鏡，好好表現！

技巧67：十秒鐘的試鏡

電話在接通的一點點時間，也不要浪費，你可以用來清清你的喉嚨。如果啓動的是答錄機，立刻想像自己是在百老匯大牌製作人的面前試鏡，而嗶聲就是說給你前一位試鏡者聽的「下一位！」換你上場後，你有十秒鐘去證明自己的實力，表現好壞會決定對方打不打回來。

萬一好死不死，對方的語音信箱或答錄機啟動了，但你沒有準備，這時候你要趕快掛掉，而且要趕在嗶聲之前掛掉，這樣才不會留下你曾經打通又掛掉的證據。掛完之後冷靜一下，想想該怎麼講話，演練一下，把前面說的自信、清晰、可信、魅力、娛樂性、趣味性等元素通通加進去，然後再重新撥電話過去。

有趣的是第二次打去，你反而會很怕對方人在，你想聽到的是答錄機。

第六十八章 如何讓把關者覺得你跟老闆已經是麻吉了

這一章要介紹的電話技巧，靈感來自於我跟曼哈頓公廁的交手經驗，嗯，這的確是有點跳 tone，但紐約市雖然是舉世皆知的大蘋果，人文薈萃的種族大熔爐，是美國文化的標竿，但這樣一個偉大的城市，卻有一點甚至比不過某些二流、三流，甚至不入流的歐洲城市，那就是曼哈頓的公廁少之又少，不要說鋼筋水泥的那種，就連路邊簡易搭建但又不失歐風、美觀，而且造福眾生的臨時廁所，都是一種奢求。

這一點在當年我還是個業務員，得每天在繁忙的紐約市內到處拜訪客戶的時候，確實造成了點問題。一天下來往往好幾回，我都得低頭去求星巴克的店員，拜託他們讓我使用他們神聖的洗手間。有些店家甚至會語帶威脅地在玻璃大門上拿海報貼著，上面寫的是：「非顧客不得使用廁所」。

我發現我如果有話直說，跑到收銀台那兒直接問說可不可以借廁所，幾乎都會被打槍。於是我改用一個技巧是我會無視於收銀台的店員，煞有介事，信心滿滿地踏進咖啡店，然後從擔任「廁所保鑣」的員工面前大大方方走過，眼神隨便找個包廂盯著，這樣她就會以爲我是要來用餐或只是忘了東西要回來拿。只要晃過了廁所的「守門員」，我下一步就是發揮耐心，等她得去招呼別的客人。只要這樣的機會一出現，我就會抓準時機，像林書豪閃身切入一樣溜進洗手間。

我把這樣的假動作叫做是「隱形斗篷」，因爲這項技巧的成功關鍵就在於讓你眞正的意圖隱形，讓旁人以爲一切正常，沒有異狀。讓咖啡廳的員工以爲我是常客，以爲我天天來報到，就是這件斗篷的功效。

這樣的技巧我屢試不爽，而我們也可以將之應用在電話對談之上。電話裡我們遇到把關的祕書，就可以用這個方法來閃避其冷血無情的過濾。與其一接通就掀開底牌，直接說出你要找的對象姓名，你可以故作熟悉地問說：「他（她）在嗎？」。用他（她）來稱呼對方是有用意的，這是要讓祕書覺得你跟老闆很熟，說不定還天天打來，這樣你就可以趁機閃過他（她）的眼線。

技巧68：隱形斗篷

與其說出目標對象的名諱，你可以隨口說出第三人稱的代名詞「他」（或「她」）來指稱你要找的對象。不要拘謹地說：「嗯，請問某某某大人物先生女士在嗎，我可以跟他（她）說話嗎？」，這絕對是下下策。聰明的話，你應該不怎麼當回事地說：「嗨，我是包柏，她在嗎？」聽到你不叫名字，直接叫「她」，**祕書或特助會以為你跟老闆很熟，以為你們是麻吉，然後就這樣放你過去。**

第六十九章 如何讓人肯定你的貼心

跟人講電話，你聽進耳裡的不只是他們的聲音，人聲，只不過是一小部分而已。從背景裡你或許可以聽到狗吠，聽到寶寶哭，甚至於聽到嗶嗶剝剝的聲音。誰知道呢？也許是狗狗的尾巴被冰箱門夾到了，也許是寶寶餓了，甚至有可能是房子燒起來了。這時候你如果有心問一聲對方需不需要先去處理一下，對方一定會感到很窩心。

上班的時候跟人講電話，你一定常常聽到另外一通電話響。這時候你可以立刻說：「你好像有另外一通電話響了，你要不要先去接？」就算對方說沒關係，不用，你的體貼還是會得分。但如果另外一通電話果然很重要，那反正你接下來不管說什麼，對方也都沒有心情聽，他們只會滿腦子想著：「我要怎麼甩掉這個講個不停的傢伙？我也不想得罪他，但我實在得去接另外一通電話啊！」這樣下去對方會變成你的人質，他會急得像熱鍋上的螞蟻，被另外一通電話的鈴聲一聲一聲地凌遲。

要避免上述的尷尬場景，耳朵豎起來然後適時地問一聲，絕對是一個保證有效的技巧。

當然，這麼做的前提是你必須要聽得到對方的環境。要是對方是遠距或人在國外，你有另外一個做法可以展現溝通的誠意與配合的用心，那就是考慮到對方與自己時區的差距。你遇到跨國留言的時候，可以直接說：「你要回電的話，你那邊時間三到五點我會在。」

技巧69：「你要不要先接另一通電話？」

聽到電話另一邊的背景有動靜，不論你正講到哪兒，你都應該緊急煞車，體貼地問聲：「我好像聽到你有另外一通電話響了」或「你的狗好像在叫」或「你的小孩好像在哭」或「你太太好像在叫你」，然後再問他需不需要先去處理一下。不論你到底問得對不對，對方都能感受到你的體貼。

然後別忘了還有各國的節慶。去年七月一號，我跟一個在澳洲的客戶通電話。這位客戶讓我感到很貼心的是她竟然知道要祝我：「獨立紀念日週末愉快」。我感動到想要禮尚往來，投桃報李，於是我去找來了國際節慶專書來看，然後在我的行事曆上把一月二十六日給標了起來，那天是「澳洲日」，也就是澳洲的國慶，那天我要記得跟她致意。

如果你做生意的客層是個聯合國，各國的人都有，那你一定要把上面這一點做到滴水不漏，畢竟沒有人希望自己的國慶或大日子被忽略。但如果是你自己國家的節慶，你就要大方一點兼小心一點，我想說的是如果這個節慶不像聖誕節那樣已經是世界性的日子，那你就可以不用主動提了。我去年就犯了這樣的錯誤，結果懊悔至今。那是去年十一月的事情，我跟一位加拿大客戶還有在場他的七名業務員在進行電話會議，結果我對他們說了一句：「感恩節快樂！」雖然我看不到他們的樣子，但我想八個人臉上都是三條線吧！

第七十章 電話裡如何聽出話中有話

第一次看《綠野仙蹤》(*The Wizard of Oz*)，我迷上了這個故事；第二次看《綠野仙蹤》，我迷上了電影裡的特效；第三次看《綠野仙蹤》，我煞到了攝影的角度。你有沒有一部電影看到第二遍、第三遍的經驗呢？你會看到第一次看沒注意到的字幕，會聽到第一次沒聽到的聲音。

講電話的時候也是一樣，聽第二次一定會比較清楚，一定會比第一次得到更多訊息。工作上的電話自然比電影重要得多，所以你應該至少要聽個兩次，甚至三次。很多時候我們得聽到第二次，才會聽出裡頭重要的玄機。多看幾次《綠野仙蹤》，你會查覺到除了桃樂蒂愛狗「托托」的狗鏈顏色之外，還有別的色調值得留意，你會發現除了「沒腦的」不只是稻草人！

如果是重要的工作電話或對談，你要怎麼樣可以再聽一次呢？很簡單，你可以在有品而且合法的前提下錄音。這技巧我稱之為「原音重現」，也就是要把對話內容錄起來，然後事後細細去分析當中的微妙之處。

我有個朋友叫做蘿拉，像她就很需要在電話上裝上錄音功能，要是有利用這樣的功能的話，今天她的發展或許遠遠不只於此。說到蘿拉，她是個營養師，她曾經研發出一種很棒的健康飲品，我個人認爲有暢銷全美的潛力。

有天我人在蘿拉的辦公室跟她討論看怎麼樣可以推廣這種飲品。我說：「蘿拉，我有條線應該可以幫上你的忙。」我口中的「線」或人脈，是幾個月前認識的連鎖超市老闆佛列德。佛列德欠我一個人情，因為在他的拜託之下，我替他所屬的社團免費講了一場演講。佛列德在超級市場這一塊裡面算是大老級的，只要他點一下頭，蘿拉的心血就可以上架問市，現身美國的各個角落。

我打了電話，結果老天賞臉，佛列德人在。接著老天爺更賞臉的是佛列德似乎對蘿拉的飲品非常有興趣。

「讓她跟我說。」佛列德這麼要求。

帶著一絲絲的與有榮焉，我把電話交給了蘿拉，而蘿拉一開始好像也表現得很好。「喔，沒問題，我會先寄樣品給您，」蘿拉說，「您那邊的地址是？」接下來我聽到蘿拉說：「喔，等一下，我拿一下紙筆。」（我立刻丟了一支筆跟一本筆記本到她的面前。）「喔，您再說一次好嗎？你剛剛是說四二〇一還是四一〇二？（我內心開始在痛苦呻吟了。）您住址的路名怎麼拼？（我已經呻吟出聲音了，）哇咧，筆沒水了。萊拉，妳看我桌上還有別支筆嗎？（我找到另一支筆，但這次我想拿筆丟她。）對不起，您再說一次好嗎？」

這時候我已經有點聽不下去，很想把電話從蘿拉的手中給搶過來。**對佛列德這樣一位大忙人來說，她實在不應該拿這些小細節來煩他，還要人家大老闆不斷地重複地址給**

你聽。最起碼她應該想到可以之後再跟佛列德的祕書連絡來確認地址，但其實她如果有把整段對話錄起來的話，祕書小姐也可以不用被她煩。蘿拉只要一開始表示她有在錄音（大人物一般都知道妳的用意而不會介意），把對話錄下來，之後她想要確認多少次都不成問題。

佛列德那天對蘿拉很有耐性，但蘿拉後來卻完全沒有再聽到他傳來的消息。直到今日，蘿拉都還在納悶哪裡出了問題。她完全沒意會到是那通電話讓她失去了機會。

你可能會問，蘿拉只不過是講電話沒那麼俐落，佛列德會不會對人太嚴苛了呢？我認爲佛列德完全沒錯。畢竟這是一筆潛在的投資，佛列德很自然地會想：「如果才第一次接觸，這位小姐就沒能意會到我時間的寶貴，就這麼天兵，那以後還得了啊？」雖然蘿拉還是我的朋友，但我必須說佛列德的眼光是對的。我還是很喜歡蘿拉，她是個很可愛的人，但我日後還敢幫她牽線嗎？我實在不敢想。

原音重現如何「設定」

原音重現難度低，成本也低。你只要去電器行買一組電話用的錄音設備，裝在話筒上，剩下的就是遇到重要電話時記得打開開關。只要救到你一次，這項小小的投資就會非常非常划算。在美國有些州，法律規定你要告知對方你在錄音，所以你一定要弄清楚你所在的州政府是怎麼規定的，才不會有違法之虞。如果該州沒有這樣的規定，你就可以放心這麼做，只要你不拿這錄音去從事任何不法的勾當，單純只是供自己在家重聽的話，就不會有太大的問題。我想各位讀者都是守法又有良心的好公民，一定不會亂來的，但爲了確保安全，我們還是要善盡錄音的保存義務，不要到處亂丟，最好是能重複用同一卷錄音帶，重要的訊息確認之後就可以洗掉。

有了錄音功能，再困難的變化球你也不會漏接。你的老闆在電話裡連說了某家法律事務所裡的四五個人名要你寫信去聯絡，還有地址，還有九碼的郵遞區號。他也知道自己瞬間的資訊密度很高，還問你：「要我再說一次嗎？」「沒關係，我都記下來了。」你豪氣干雲地說，你沒說的是你有錄音機的幫忙。總之老闆開心就是王道。

原音重現還有另外一項好處，那就是你可以藉此掩飾自己的無知。最近我在電話上跟一位攝影師交涉拍攝講師介紹片的價格。所幸我有錄音，不然他一會兒 Hi-8、一會兒 VHS、Super VHS，還有什麼 Beta SP、四分之三吋 U-matic 的規格傾巢而出，我根本毫無概念。之後我重聽錄音下來的東西，抄下了所有的術語，然後跑去問專家朋友。這讓我之後回電的時候可以說出：「我想要兩組攝影機，用 Beta SP 的規格拍攝。然後你可以給我 VHS 的翻拍，好讓我可以離線做一些編輯嗎？」你覺得這麼說，比起我說：「老兄，Beta SP是什麼意思啊？」，哪一個我可以拿到比較好的價錢呢？

技巧70：原音重現

把所有的商場對話錄下來，事後重聽，聽到第二或第三次，你一定可以掌握到很多光聽一次很容易錯失的細節。這就像運動比賽裡的機器輔助判決一樣，很多時候裁判就是要看錄影重播，才會知道某個高飛球究竟是界外球還是全壘打。

「得意忘形」

原音重現還可以幫助你去深入文字底層的訊息，讓你有餘裕去分析對方真正的態度，不會受到言談表面的蒙蔽，換句話說，重聽可以幫助你面對訊息時「忘其形，得其意」。

我們一旦有東西想要，就會有得失心，而一旦有得失心，我們的想法就會變成一種阻礙，讓我們沒有辦法客觀去判斷事情。太希望得到對方的同意，我們會只聽到自己想聽的東西，但「好」有很多種，有的「好」語氣堅定，有的「好」有氣無力，這兩種「好」絕對不能混為一談，如果前面那種「好」是天堂，那後面那種就是地獄。上個月跟一位請我去演講的女士聯絡，我問說她的辦公室可不可以幫忙影印我一份十頁的講義，而她給我的答案是我想要的，那是個「好」字，但我重聽過彼此的交談之後，我發現她說的是「嗯，嗯，好吧，好的」，感覺非常不確定。於是我立刻再打了通電話過去，這次我斬釘截鐵地對她說：「關於講義的事情，我自己會處理，就不給您添麻煩了。」

「你這樣說我真的是鬆了一口氣！」她一派輕鬆地說，「說真的我們公司沒有這樣的預算。」我多花了一點點影印裝訂的費用，卻賺到了客人的肯定與口碑。

現在再讓我們回到你個人的臨場表現上。我們要討論的除了你要怎麼樣在社交場合中一炮而紅之外，還包括你如何能贏得所有你想贏得的心，換句話說，我要教你怎麼當個政客。

第八部

如何縱橫會場，就像政客左右逢源

政客參加社交場合的六個焦點

受邀參加派對，我們多數人會胡思亂想很多。比較常見的心路歷程是：「嗯，應該會很好玩吧……不知道會不會有吃的……有的話希望能好吃一點……現場應該會有一些有趣的人吧……不知道我朋友某某某會不會去……天啊，我要穿什麼去呢……？」

說到派對，政客想的就不會是這些東西。政客、人脈獵人、社交高手、人生勝利組，這些人看到宴會的邀請函，腦中第一個調出來的檔案夾內容不是一般人所想的那些。**在回覆要不要參加之前，這些狠角色的大腦會進入記者模式，喚醒標題所講到的六個重點：何人？何時？何物？為何？何處？如何？**

讓我們一個一個看下去。

何人：誰會出席？

說得更精確一點，**強者會考慮的是在這個場合裡，有誰是我必須去認識一下的？**認眞要建立人脈的話，他們會思考：「哪些潛在的生意夥伴我得搭上線？哪些政壇或社會上有頭有臉的人物我得認識？」甚至如果還單身的話，他們會想說：「哪些帥哥美女值得我愛，我得去試試水溫？」

如果不知道誰會參加，他們會問。政客的字典裡沒有不好意思，他們會直接去電男女主人問誰會來。而且主人可能只是隨口說幾個名字，他們卻會煞有介事地把名單抄下來，畢竟只要是能稍微引起他們興趣的對象，政客們決不會輕易放過。

何時：我該早到還是晚到？

對政客來說，何時到是規劃好的。他們不會像一般人一樣打扮好了出發，幾點到就幾點到。他們會在心中盤算著：「嗯，我能不能來個很『潮』的遲到呢？」他們會小心翼翼地評估好自己要幾點幾分到，幾點幾分閃。

如果在場的人脈像金礦一樣閃閃發光，強者們會盡早到好大快朵頤。大人物們會學早起的鳥兒，盡早去到會場開始射擊。他們往往會趁那些想東想西，深怕「太早到感覺沒身價」的普通人到達之前，就把所有該辦的事情都辦完。他們知道早到沒什麼丟臉的，反正能看到的也只有跟他們一樣早到的人，何況這些人也常常都是跟他們同等級的強者。

至於何時該走，政客們也不會墨守成規，非得時間到了才依依不捨。強者做事是有計畫的，只要是計畫完成了，他們就會把握時間去嘗試別的工作。當然如果某天並沒有誰非認識不可，只是單純現場的氣氛很好，他們也會選擇看狀況多待一會兒，甚至參加續攤。這樣的好處是萬一遇到談得來的新朋友，他們可以多跟對方相處，甚至有彈性可以送她回家，或讓他送回家，還是一起去哪裡喝杯咖啡，聊聊是非。

何物：我該帶什麼去？

說到要帶什麼東西，政客想的不是：「我看看喔，梳子、古龍水、香奈兒、Airwaves……。」他們的西裝口袋或名牌包包裡所裝的，是更能派上用場的社交工具。

強者如果決定要去派對上逛逛，他們會帶一口袋的名片。但如果那場合的銅臭味淡些，大家夥功成名就並不太需要尋覓貴人，聚在一起只想耍老派的氣質與風流的話，那麼他們會帶眞正的「名片」出門，上面印著的只有名字，頂多加上地址跟電話號碼，這是因爲有些人覺得在純粹交朋友的場合裡拿出公司頭銜一堆的名片，是一件很煞風景的事情。另外還要記得帶紙筆，就像空白名片一樣，這兩樣工具提供了強者與對方最大的彈性與可能性。

這場派對是什麼場合？

政客永恆的信念是「看事情要深入」。我知道這句話很費解，其實它就是在說「事情往往不是像笨蛋所想的那樣」。政客要參加活動，會先弄清楚這場派對表面上的用意爲何，是企業大老給寶貝女兒慶祝拿到學位？是剛恢復單身的集團總裁給自己慶生？還是搖搖欲墜的公司慶祝自己撐到第十年？

「很好，」政客會想，「那是表面上的理由，但這背後會不會有別的意圖呢？」或許這位大老辦這場派對，是要替女兒找工作，不然爲什麼現場請了那麼多用得上她女兒所學的老闆呢？恢復單身的壽星會想辦生日趴，恐怕是想探尋第二春，否則賓客名單上怎麼會那麼多幹練的美女？撐了十年的企業會想砸錢辦這樣的活動做公關，招待了那麼多媒體記者跟地方上有頭有臉的人物，難道不是因爲他們希望能再撐十年？**政客的本事就是能透視檯面下說不得的目的**。他們當然不會白目到在宴會場中把事情說破，但對宴會的本質心知肚明，可以提升政客到與在場強者同樣的高度，讓政客能夠以內行人的身分跟其他人在現場高來高去。

對派對的主人來說，知道內幕但祕而不宣的政客也有其利用的價値。聰明的政客會很識相地替待業中的大老千金介紹在場的企業主，或是替在找女主人的單身漢壽星撮合在場的正妹，反正不開口則已，一開口一定都是千金跟壽星的好話。跟記者聊天，政客會把面子做給那家要倒要倒卻始終沒倒的企業，讓派對發揮其不能明說的公關效果。**總之你能掌握派對場合真正的脈絡，能知道這派對到底開來是幹什麼的，你就能得到主人的歡心，下次要幹嘛就一定會再邀請你。**

何處：主流想法在哪兒？

通常在一場派對上，受邀者會以某個行業或某個利益團體的成員爲主軸。**政客不參加活動則已，要參加就一定會自問一句：「這場派對會有哪些人出席？他們在想什麼？」**在場的主角若是一群醫生，政客會上網去查近期媒體上的醫藥新聞與頭條，順便複習一下怎麼跟醫生講話。如果在場的主力是崇尚心靈修養的「新世紀」選民，政客會在事前就心電感應、瑜伽、性命雙修、出神舞蹈等課題惡補一下。政客可以可惡，但不能無知，可以不要臉，但不能笨。

派對的後續要如何追蹤掌握？

派對的收尾不能等閒視之，得以我說的「人脈三秒膠」來確保戰果。是的，不論你在派對上如何戰功彪炳，戰果不能確保那你還是一樣會前功盡棄。遇見新朋友，交換過名片後，幾乎所有人都會來上這麼一句：「很高興認識你，有空多聯絡。」

這樣的善意固然可貴，但彼此關係要開花結果一定得刻意，而且不是普通的刻意，要非常非常刻意。如果你以為光靠好感就可以保持關係，那我只能說你天真又美麗。政客之所以能成為政客，就是因為他們把這一點了解得很透徹，執行地更透徹。

事實上，他們已經發展出一套科學來維持與選民與人脈的關係。派對後，政客坐在自己的戰情室裡，**他們會像在玩拼圖一樣把今天所有蒐集到的名片展開在桌上。接著用後面會介紹到的「名片五斗櫃」這招，他們會評估要不要再與每張名片的主人再續前緣。**如果要，又該在什麼場合下用什麼方式為之。他們會思考是不是要打電話給A，還是應不應該寫張便條給 B，最後再琢磨琢磨要不要給 C 寄封電子郵件。

掌握參加派對的這六點關鍵——何人？何時？何物？爲何？何處？如何？你便可以擬訂好戰略，至於戰術面的細節，是我們下面要討論的重點。

第七十一章
如何避免在派對上搞烏龍

一般人去參加派對，比如說有個男生叫查理好了，他會一進門就直衝食物區，拿一堆吃的跟飲料。然後他會找幾個認識的人開始大聊特聊。

一邊大快朵頤，大聊八卦，查理偶爾會掃視一下房間裡有沒有其他有趣的新人可以認識。他會希望會場裡那幾個風趣的帥哥美女會注意到他，最好能過來跟他說說話。

你可能會問：查理這樣做有什麼不對？我想你應該問的是：查理這樣做有哪裡對？**如果查理希望今天能不虛此行，我想他應該先避免大部分人會有的錯誤，那就是一進門就開始吃吃喝喝**。

在社交場合裡，每個人都有自己的成見，也都會在不知不覺中用自己的成見去給別人貼標籤。根據這些標籤，我們會決定要跟誰講話，不跟誰講話。你住過鄉下嗎？養過貓貓狗狗嗎？有的話你就應該知道動物們在吃東西的時候，絕對不要去吵他們。而人也是動物，**所以你在吃東西的時候，別人也會比較不敢靠近你。別人掃視的時候看**

到你的兩個腮幫子鼓鼓的，自動會把你跳過。潛意識他們會告訴自己：「這傢伙餓成這樣，讓他吃飽再說好了，等下再看看要不要跟他說話。」但這等一下就是永恆了，因爲他們會遇到別的人可以聊天，畢竟別人的嘴巴可能有空做吃以外的事情。

政客參加活動一定會先吃飽，因爲他們知道自己會需要八面玲瓏，會需要把端食物的手空出來握手或與人交換名片；想要跟人互動又要吃吃喝喝，除非你有三頭六臂或者是太陽馬戲團。

技巧71：蛋糕與社交不可兼得

政客會希望跟選民之間沒有距離，看著對方，只有眼鏡不得不戴，與人站面對面，只有肚皮上的脂肪不能不隨身攜帶。但深諳距離與空間藝術的贏家會知道除了衣服與皮帶是必要之物，其他東西都只會形塑你與談話對象間的一堵高牆。所以聰明人走在派對裡，絕不左手一杯飲料，右手一盤好料。

魚與熊掌不可兼得，蛋糕與社交也是一樣。學學政客，吃了再上。

第七十二章
怎麼進場進得像在走星光大道

美國老牌女星蘿瑞塔．楊（Loretta Young）之所以在電視史上留名，是因爲她從超大樓梯頂端探出頭來，觀察全場，然後衝下來給節目開場。

教宗走上梵諦岡居所的陽台俯瞰羅馬的聖彼得廣場，檢視下方的群眾，接著開始用聖言風靡教徒。

貝蒂．戴維斯（Bette Davis）在電影《越過森林》（*Beyond the Forest*）裡推門張望屋內，然後咕噥一聲：「這簡直是垃圾堆！」

還有現在所有深夜脫口秀的始祖強尼．卡森。他總是一聲招牌的「強——尼來囉！」，然後在掌聲中走到台中央環視所有觀眾，把他臉上的神祕笑意化成雋語。

從這些風靡全場的表演裡，你看出什麼了嗎？是的，**他們都會暫停一下，亮個相，用電眼掃射一下四周，然後才俐落地如天神降臨，開始演出。**

電影最愛的就是「門口」的鏡頭。導演會讓攝影機待命跟著，讓背景音樂慢慢醞釀，然後所有觀眾的視線就會聚焦在畫面邊緣等著鍾愛的明星入鏡。觀眾會想：主角會如驚恐的小貓一樣，躡手躡腳地進到新主人的家嗎？或是跟我們很多人去參加宴會一樣，他會像被黑洞吸引一樣朝著任何一張熟悉的臉孔奔去，唯恐有人誤以為他誰都不認識？結果兩個都不是。導演最終安排明星在門廊上停住，然後用畫面將他「框住」，而這，是為了要投射明星的存在感，讓所有人都感受到他在螢幕上的份量。

懂得投射自身存在感的人，會讓一心想紅的小明星羨慕死，因為前者有所謂的「舞台風範」。很多人一直紅不起來，會認命地以為這樣的風範乃是與生俱來，想學都學不來。但請再仔細想想，各位演員，這風範其實是培養出來的。像政客，就不會自甘於安安靜靜地走進室內擁擠的人群。

政客一定會讓所有人知道：我來了！

別羨慕，只要一個很簡單的技巧，你也能讓所有人知道：我來了！這技巧我稱之為「看了再上」。**進門前，刻意在門口停下腳步，利用這時間好好地把會場的狀況掃視一下**。重點是你站在門口時，腦袋裡不要想著「看我，看我，大家快點看我」，因為你環顧四周的用意不在於炫耀，不在於自我感覺良好，**而在於你能準確評估場內的狀況，這包括會場的燈光、吧檯的位置、還有最重要的現場來賓的面容**。聽聽現場放著的是什麼音樂，感受一下在場的人聲鼎沸，杯觥交錯，也看看誰在跟誰講話。掃描之際，記得配合使用下一章要介紹的「寧爲刀俎，不爲魚肉」這招，這樣你便能順便選出你今天搭訕的第一、第二，與第三個目標。準備好了，你就可以像森林之王一樣準備出手，大殺四方，這宴會就是你的獵場。

技巧72：看了再上

到達宴會會場，刻意在門口停一下，不急，利用這段時間環視一下場內的狀況。讓你的視線走一遍室內，就像準備攻堅的特勤隊員一樣。

搭配「看了再上」服用，效果奇佳的是下一個技巧。

第七十三章 如何想認識誰，就認識誰

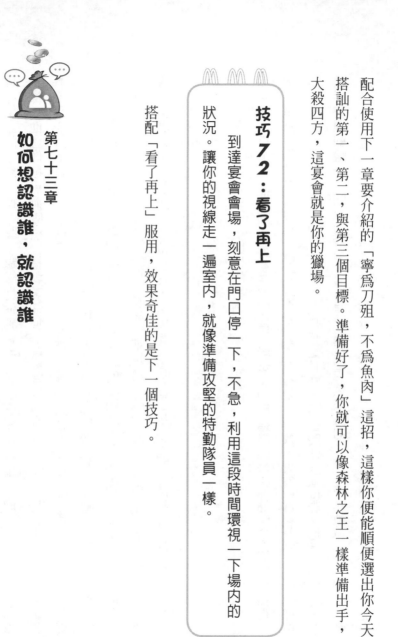

政客不會被動等人來認識他。如果宴會主人或總管沒提供VIP的名單，政客不會束手無策，他們會趁掃視室內之際在腦中弄一張自選清單。看著場內的組成份子，政客自問的是：「跟誰聊天最有趣？認識誰最能爲我所用？誰最有料，最有東西讓我偷學？」

這些問題本身沒什麼，問題是答案要從哪兒來？政客看人，就像書一開始我那位諷刺漫畫家朋友勞勃看人的方法一樣。**盯著人看，你便可以掌握到很多這個人的資訊。**眼裡的每抹靈光，眼角的每條紋線，都訴說著一個故事，故事裡每個人都是自身電影的主角。不知是誰說過：「三十歲的面貌，自己決定。」大抵說的是相由心生，但我們很少有人會看進陌生人的眼裡，很少會想到看眼睛去了解別人。好不容易人到了你面前，你卻不好意思讓眼神有所交流，那不是太笨，太可惜了嗎？

在主講的人脈建立課程裡，我會讓學員練習，讓他們習慣用炙熱的眼神看人。我會讓所有人圍成一個大圈，繞著房裡走，然後默默地互相凝視。「看進彼此的眼裡，」我會下令，「好好觀察彼此的動作。」

學生一邊走著，我會邊說：「你這輩子最照顧你的客戶，最麻吉的知己，最摯愛的情人，基本上不在這間房裡，但在不久的將來，你們一定會在某間房裡看到能夠改變你一生的客人、友人或愛人。我不希望你到了那個時候，才驚覺自己不知如何是好。

我希望你到了那個時候，能夠有勇氣走向前去，而不會傻在那裡，等待著對方會注意到你，主動過來找你。」學員繼續走著看著，最終我會給他們一個作業：在心理選出四個待會休息的時候，你想要去認識的四位同學。

「出線的永遠都是帥哥跟正妹」

接到這個既陌生又尷尬的作業，學員們都以為其他人會搶著去找帥哥美女。其實不然。經過仔細的觀察與互望之後，神奇的事情發生了。所謂美是很主觀的事情，**強烈的眼神交流可以讓人看到平常看不到的美**，於是很多很個人、很不可思議的組合就這樣配對成功了。

奇普是我生命中最親愛的朋友，但他看起來真的不太起眼。他身高連一百六十公分都不到。另外奇普有著大鼻子、小眼睛，搭配一副超厚的眼鏡，整體外表只能用令人莞爾來形容。社交場合中要是沒有過人的眼光，我想我應該不會注意到他。所幸認識那天，他的演講吸引了我的注意。當我用力看著他的雙眼，看著他雙唇滔滔不絕，我突然覺得他好帥喔！可能只有我這麼覺得吧，可能我哪根筋不對了吧，但他就這樣成了我十二年的摯友，直到一場怪病奪走了他的生命。但直到他人生的終點，我都還是覺得他很順眼，因爲不論他的身體如何受到病魔的摧殘，他的內在美都還是可以從裡面透出來。

經過一段時間彼此探索著臉孔與肢體動作，學員們也都慢慢看到同學們不論外表還是內在，不仔細看看不到的美好。沒人知道爲什麼某人會選某四個人，但幾乎每個人休息之後回來，生活中都多了一兩個新朋友，話說我教學這麼多年，還沒遇到有人完全沒被選到的。

只要你願意，把某人看個仔細，你一定能看到值得欣賞的地方。如果你希望每次出門社交都能有所收穫，那就**記得要多花點時間跟自己所選的人相處，而不要只是跟選了你的人在一起**。多主動精挑細選，不要被動給人選，「寧爲刀俎，莫爲魚肉」。

技巧73：寧為刀俎，莫為魚肉

一生的朋友，一世的摯愛，長年的主顧，都可以改變你的人生道路。他們不見得人在今天的宴會上，但未來的某一天，他一定會出現在某個場合，在那之前，你出席每個活動都要好好表現，當作演練。

不要等著特別的人過來找你，你要主動去探索在場的每張臉孔，然後想辦法點燃火花，推倒互動的第一張骨牌。不要再讓「千帆過盡皆不是」，你要把握生命中的每一份緣、每一張臉。

「是啊，教室裡做都很容易，但在眞實世界裡呢？」

有時候在下課休息完回來後，某個學員會說：「今天在課堂上，是老師要我們去跟喜歡的人講話，理由很正當，做起來當然理直氣壯，但要是在眞正的派對上呢？」最近問這問題的一個學生叫做陶德，旁邊還有一堆同學在聽。

我問：「陶德，你這次是怎麼樣跟喜歡的人搭訕的？」

「嗯，我就直接走過去說：『嗨，我叫陶德，我剛剛一直想跟你聊聊天。』」

「所以呢？」我給了他提示。

他懂了，原來他可以用這樣的開場去認識任何他想認識的人，也不用管是什麼樣的派對。**當然這句話一說完，小小的尷尬一定會湧上來，這時候你就要趕緊補上一個無害的問題像是：「你是怎麼認識女主人的啊？」或「你住在這附近嗎？」這之後你就自由了，跟有主人介紹過你沒啥兩樣，你講什麼都可以。**

當然其他「掠食者」也會在人群中、派對裡尋找獵物。他們當中有些也會打量你，然後決定上來試試你的斤兩。遇到這種狀況，接下來的技巧可以幫助你證明他們的選擇沒錯。

第七十四章 派對上，如何讓人不知不覺被你吸引過來

你有沒有注意過自己走進某些房間總是特別輕鬆愉快？也許是桌椅的排列特別對你的胃口，就好像這些傢俱們在對你說：「快來快來坐我，快來快來坐我。」當然也有些時候我們會覺得某些房間好像有負面的磁場，一直要把我們給推出去，進去了也像在走迷宮，很費勁才能找到個地方坐。

如果我們把身體比喻成房間，那你怎麼安排裡面的傢俱也就同樣變成一門學問。你的手腳要怎麼放，才能讓人覺得你在說：「嘿，過來過來，過來跟我說說話。」而別人的身體則怒吼著：「滾遠點！過來被颱風尾掃到，可別怪我。」有些人很害羞，雙手環抱在胸前，就像身體上掛了個招牌說：「不要過來，我怕。」他們流露出的不安全感，還可以從死抱包包、緊握飲料，或菸抽個不停等舉動看得出來。

安排了控制組與對照組的研究顯示在派對上，**站姿開放的，手不抱胸，放在身體兩側的，雙腿微開的，臉上掛著一抹微笑的人，比較容易有人過來搭訕**。你跟人群之間不論有任何物體，都會產生阻隔的效果，即便這物體只是一個小小的名牌包。相對於在身體前面緊握著一個包包的人，把包包背在肩上的女子就會比較容易獲得攀談。肩背包在女子身體的後面，就不會阻擋到別人想要一親芳澤的路徑，不會破壞到正妹想要得人疼的風水。

人體紅綠燈：手腕與掌心

話說回來，要是你想說不呢？很簡單，除了臭臉之外，人身上還有另一個與生俱來的工具，可以幫助你拒人於千里之外，那就是你的手腕與手掌。人體這兩樣連在一起的地方可以充分地表達你的內心，別人可以看得非常清楚。

教宗慈祥地召喚說「我的兄弟，到我身邊」的時候，手腕跟手掌一定是向上的；

慣竊說「我投降了，不要開槍」的時候，手腕與手掌一定是向上的；清清白白的人說「我不知道誰拿了那筆錢」，手腕與手掌一定是向上的。**示弱、張開的手掌，代表的是：「我沒有什麼事情隱瞞」**。

手掌向上張開也意謂著「接納」。聽著同事講話，你如果想要表達出接納之意，記得手腕與手掌一定要向上。你想把頭放在桌面上，用下巴撐著，你高興就好，但記得手腕一定要向前、向上。不論你任何時候跟任何人交談，手怎麼擺一定是你要注意的重點，指節尤其千萬不能對人。**要給人感覺好，就要把有肉的手掌與光滑的手腕幫你說出「過來啊」，而指節那兒高喊著「走開啦」的皺皺硬皮要盡量想辦法藏好**。

想交男朋友？各位女性同胞，讓你的手爲你開路，替你張羅。面對心儀的異性，女性本能地會把手腕與手掌翻上。事實上，你翻開纖纖玉手的動作，對男性而言是極大的挑逗。

爲欣賞你的人開一條康莊大道

在野外，驚魂未甫的小山貓蜷曲在石頭後方，好讓大型動物看不到牠們。在社交獵場上，害羞的人就是那隻小山貓。害羞的人會本能地躲在角落坐著，希望沒人看見。

技巧74：雙手萬能

想辦法當個人體磁鐵，讓人想靠過來，而不要像人體避震器，把周遭的人給彈出去。在聚會上，姿勢是很關鍵的，尤其是手臂與雙手擺得對與不對，會決定你能不能吸引人過來。是人，都會本能地朝著張開的手掌與手腕偏過去，就像他們的主人在招喚著你。拿指節對外，就像在說「滾遠點，免得我想揍人！」，這樣旁人自然會被你拒於千里之外。多用張開的手腕與手掌，讓別人知道「我這人坦蕩蕩」、「你的人跟你所說，我都可以接納」、還有最重要的「我覺得你是我的菜」。

就像沒有天敵的老虎與獅子能大大方方走在森林裡的空地上，人群中的大貓也會毫不遮掩地讓自己暴露在聚光燈下，那是一種自信的展現，一種願意讓人欣賞的無畏精神。學習政客在門口紮營，這樣每個人至少都要經過你一次。

接下來我們要探討的是所有政客一致認同的技巧。事實上，許多政壇明星與長青樹都直指是這項技巧，造就了我們今天熟知的甘迺迪與柯林頓兩位美國總統，這項了不得的技巧就叫作「追星」。

第七十五章 如何讓人覺得自己像是個電影明星

早在一九四〇年代，電影跟現在的百家爭鳴是兩碼子事。當時還沒有什麼新電影、藝術電影、實驗性電影，我想說的是，當時所有的電影都有一個故事，一個有頭有尾，不會讓觀眾看了覺得沒頭沒腦的故事。美國民眾會跳上他們的別克大轎車，廣播天線上綁著條狐狸尾巴，後照鏡上掛著雙迷你靴，瀟灑地一路開往戲院。他們一心想的，是讓故事在他們眼前開展。

到了戲院，幾無例外的是故事裡，銀幕上的男女主角，都會在茫茫人海中邂逅，墜入情網，克服萬難，結婚生子，然後一家子快樂幸福地過一輩子。嗯，個別的故事當然在設定上會有若干差異，但基本上還是大同小異。故事裡面一定會有男女主角各一，然後小倆口一定得一同面對這個冷酷的世界。配角們是死是活總是輕如鴻毛，但主角即便打個噴嚏也是天大的事情。

嗯，怎麼說呢，電影這些年來變了很多，但人性是不會變的。我們每個人都像是活在一九四〇年代的電影裡面，都把自己生活中瑣碎的小事看成大事。我們內心的獨白是：「主角是我，這世界不過是我的舞台與背景。」

誰早餐吃了什麼，誰穿了哪種鞋，誰有沒有用牙線，對當事人來說都是劇情的主線，至於北韓要不要開放，中國經濟能不能軟著陸，下任美國總統會是誰，歐債危機要鬧多久，都跟本大爺本大小姐無關。

夫妻之間偶爾會分享彼此的大小事：

「你早餐吃了什麼，寶貝？」

「你不會要穿這雙鞋吧，老公？」

「你有記得用牙線嗎？老婆。」

爲了創造情趣，拉近距離，強者會設法記住特定目標對象的生活細節。強者自然不會勉強自己去對對方的早餐或牙線產生興趣，但**為了讓對方有身為巨星的感覺，強者會把目標對象提過的事情記在腦裡，鉅細靡遺**。

這做法你應該效法。如果某位準客戶說過他早餐吃的是草莓土司，你可以找機會拿這一點找他聊。如果某天開完會的空檔，你的主管告訴你她某天穿某牌的鞋子很不舒服，找機會跟她拿這點聊聊。如果你的生意夥伴表示他牙線用得很有毅力，下次記得找機會誇獎他的恆心，他會覺得你記得他，會覺得在你的社交圈裡，自己是一顆閃耀的明星。這，就是所謂的「追星」。就像是你對喜歡明星的一切大小事都能如數家珍，你對特定人的生活點滴也要能信手拈來。這樣做，是要讓他們覺得自己的小事是你的大事，讓他們感覺像是四零年代電影的巨星。

絕不聽天由命

對政客來說，「追蹤」是一門科學。政客會在辦公桌上，在電腦硬碟裡，或是在腦袋瓜內放一個小黑盒，用來存放最近跟人討論分享過的酸甜苦辣。這盒子裡可以查到某人最近去了哪兒、說了啥，上次見面以來都忙了些什麼。然後下一次要跟同一個人通電話或見面的時候，這盒子裡的東西就可以派上用場：

「哈囉，喬治。牙買加好玩嗎？」

「嘿，山姆。你孩子有選上棒球校隊嗎？」

「嗨，莎莉。上次那個客戶給你回覆了嗎？」

「好久不見，包柏，所以你上次說要去的川菜餐廳沒把你辣死喔，開玩笑的啦。」

你把上次講到的大小事拿出來複習，對對方來說是正中下懷。他們會覺得自己想的

果然沒錯，自己果然是世界上最重要的人。

「追星」的最高境界之一是記住對方的大日子。你知道老闆變成你的老闆，就是在去年的今天嗎？你知道你的客戶或供應商是哪一天成爲上市公司的嗎？這些日子要是能收到你的賀函，雙方的關係會有多大的突破啊！

記住別人私下的興趣也是段數很高的做法。幾年前我曾經固定替一本雜誌撰稿。我那時候合作的編輯叫作凱莉，凱莉非常迷她新養的小貓「餅乾」。最近我在一場作家會議上又遇到凱莉，我馬上把握機會問她：「餅乾應該已經是成貓了吧？她好嗎？」

凱莉又驚又喜的表情，無價。

「萊拉，」她驚呼，「你還記得餅乾喔，眞是難爲你了。嗯，她很好，……。」凱莉接著又講了十分鐘餅乾「長大成貓」之後如何出落得四腳跑來跑去。

技巧75：追星

就像機場塔台的控制員，任何一丁點細節都不容許錯失，你就是要用這樣的精神去追蹤談話對象的生活點滴。準備周全後就找機會把蒐集到的所有資料用出來，就像你是記者在報導事情一樣，旁徵博引，這會讓對方覺得很貼心、很榮幸。

你能丟出上次對方提過的大小事情，就印證了你把對方當回事情。對方會深信自己是宇宙的中心，或至少是人類的救星、電影明星，或至少有你會關心。而你的關心，他們一定會銘感於內心。

一週後我接到凱莉打來的電話，她問我想不想替他們家雜誌做一個大型的專題。她會想到我，是因爲我用了追星的技巧，因爲我記得她的愛貓餅乾嗎？很難說，但是我確實這麼堅信。我看過太多成功的例子了，要我相信這一切只是偶然，我實在沒辦法接受。

政客如何記得這麼多人的這麼多事？他們的祕密在下一章。

第七十六章 怎麼用你記得的事情讓對方大吃一驚

幾年前我在美國中西部參加了一個政壇的募款活動，現場有位來賓讓我眼睛爲之一亮。一會兒我看到他熱烈地跟幾個人天南地北地聊，一會兒他又隻身在手上一張名片上不知寫些什麼。幾分鐘後我再看，他又在聊，再隔幾分鐘，又換成寫。這樣的循環他重複了一個多小時，弄得我好好奇，這傢伙到底是誰，到底在變什麼把戲？

那晚有一段時間我一個人站在食物桌邊，就在這時他帶著大大的笑容朝我走了過來。他溫暖地握了我的手，自我介紹說：「嗨，我是喬治．史密斯。」他問我在喝什麼，我說白酒，然後我們開始分享彼此對酒有哪些好惡，我還無意間提到我最喜歡的白酒是松塞爾 (Sancerre)。但是聊歸聊，我心中最渴望知道的還是他瘋狂記著的筆記內容爲何，我想知道到都快咬舌自盡了。

幾分鐘後，我注意到房間另一端有位認識的朋友，於是我說了聲對不起準備轉檯。就在我要走前，他開口跟我要了名片。我走到一半回頭看了看，果不其然，他在那兒又寫了起來。這時候我的機會來了，我立刻轉身，裝作是在說笑，輕描淡寫地問他說：「嘿，我沒有告訴你我的三圍吧，你在寫什麼啊？」

可能是沒想到我的尺度會這麼大、會這麼直接吧，他大方地笑了笑：「被你逮到了！」他翻開手中我的名片，我看到上面寫了個字是「松塞爾」。然後爲了證明他不是變態，他把口袋裡所有人的名片都倒了出來，跟我分享上面所記載的東西。那時我想說這只是他用來記人的一個小方法而已，直到幾個月後，我才發現他對這件事有多認真、多瘋狂。

一天早上起身拿信，我發現裡頭有張明信片是喬治寄來的，上面說他要競選州參議員，然後在明信片的下方他寫著的是：「最近有喝到什麼好的松塞爾酒嗎？」我輸了，可惜我跟他沒住同一州，不然這麼用心的參議員怎麼能不投給他？

技巧76：名片檔

在社交場合跟人聊過後，養成習慣立刻拿出筆來在名片的後面寫下你們對談或閒聊的重點：他最喜歡的餐廳、運動、電影或飲料是什麼？她的偶像是誰？在哪裡長大？高中成績如何？說過什麼冷笑話？

這些東西如果下次還有機會見面或講話，記得丟出來嚇對方一下，你很有機會勾出對方會心一笑。

他們或許不會跳上跳下地問說：「你怎麼會記得這麼多？」但他們會記得你，不論他的身分地位多麼崇高，對方都會覺得跟你特別有緣，畢竟你記得他們私底下的另外一面。

政客無時無刻不在推銷自己。如果你想過美國爲什麼會被叫做「應許之地」，選舉年時你一定要豎起耳朵聽聽，承諾滿天飛是一點都沒亂講。但當然要知道該選擇什麼事情答應，政客用的是下面這個超強的技巧，叫做是「眼球行銷」。

第七十七章
如何用眼球把東西賣掉

吉米，我的一個好朋友，有著令人難以置信的推銷成功率，就連他的上司都佩服不已但丈二金剛摸不著頭緒。連他主管都不知道的祕密，我怎麼會知道？很簡單，他告訴我的。

吉米說經過這麼些年，他也累積了不少的行銷招數——威脅利誘、稱兄道弟、因材施教、物超所值、欲擒故縱、添油加醋，但這些招數沒有一個比得上「眼球行銷」，應該說連邊都搆不上。

眼球行銷不同於要你強記數十種結案絕招，也不是要你耍嘴皮子弭平客人所有的疑慮。照吉米所說，眼球行銷很簡單，眼球行銷就是要張大眼睛，看著客人的反應，然後按照客人的肢體語言來調整銷售的話術與招數。

在對客人介紹產品時，吉米會注意客人針對他所說的任何話，身體有沒有任何小小的侷促、抽動、不安之舉。他會留意客人的頭部是否不由自主地動呀動著，他會研究對方每個手勢、每次轉身、每個臉部表情，甚至是客人的眼睛閃爍。吉米說客人不會多說什麼，甚至連表情都給的很吝嗇，但完全不溝通是不可能的。她或許不會明說自己對產品的意見，但其實從其他的地方她已經說了，差別在你有沒有本事讀出來罷了。**吉米說能不能隨時掌握客人現在的心情在幾檔，是銷售成敗的重要關鍵**。

怎麼知道誰說了算

吉米賣的是高檔的燈具，產品展示一做往往就得面對十個、二十個甚至更多的客戶。他說：「眼球行銷的首要挑戰在於知道誰說了算。」

面對這項挑戰，吉米的作法比較另類，大家在家不見得建議嘗試。**在「午安，各位**

女士，各位先生」的例行開場之後，吉米接下來會故意說句讓許多人傻眼的話。所謂傻眼，意思是在場所有人會不知該如何反應，於是他們的大頭會像颱風天的風向雞一樣，開始轉來轉去。最後所有的眼光停下來聚焦的地方，就是「那個人」，就是真正可以拍板的人，不論這人是男生還是女生。掌握了誰是幕後的掌權者，吉米就不會浪費任何一瓦雙眼的電力。

見機行事

「有些訊號非常明顯，」吉米說。「很多人滿不在乎的時候會聳肩，不耐煩時會敲桌，不舒服時會解開領帶。但比較起我天線可以接收到的數百種訊號，這些都只是小兒科而已。」

「隨便舉個例，客人的頭偏個幾度，都有不同的意義。如果對方完全面向我，或許再帶著一點點俏皮的仰角，那就表示他上鉤了。遇到這樣的狀況，我就會乘勝追擊。但如果對方的頭有點偏掉，不怎麼看我，那事情就大條了，而且通常是不好的那一種大條。看到這樣，我會想辦法轉移話題，或者提一下產品還有什麼不為人所知的用法。」

吉米不僅會被動地見機行事，還會積極改變對方的身體姿勢，希望自己所說對方能

更聽得進去。「心要開，身體就得先打開。」吉米是這麼說的。舉例來說，「如果客戶的雙手抱胸，成防衛狀態，你可以隨便給他樣東西讀，讓他不得不打開雙臂接受你。」吉米去哪兒總是會帶著他的公事包，裡頭都是可以用來打破藩籬的道具。他有自己老婆小孩的合照，可以拿給結了婚的客戶看；他有家裡狗狗的相片，可以跟喜歡狗的客戶分享；他有古董錶，可以跟身兼收藏家的客人一同細細品味；他有口袋型電腦可以跟3C迷探討。吉米說：「只要我可以讓他們伸出手來拿東西，我就有機會撬開他們的心靈。」

介紹產品時，吉米會根據客人不經意的反應來速配。如果客人伸手拿起東西，吉米就知道速度要放慢一點，甚至暫時休息一下。因爲不論是拿起迴紋針，還是把玩起桌上的文件夾，都是「我在思考」的意思。

當然，吉米會不斷觀察有沒有成交的徵兆，這包括拿起合約書，轉筆，手掌翻上。只要事情到了這個份兒上，他就會當機立斷，出手搞定生意。

判斷客戶已經準備好要「簽下去」，還有另外一種可以觀察的行跡，那就是客戶的頭開始上下晃來晃去，活像隻大頭娃娃。做出這個動作，他們等於在無聲地大喊著：「好唄，我買了！」業務員有沒有經驗就差在這裡。強者看到客人要買了，後話就都可以省起來了，一方面也是怕夜長夢多，趕快把合約簽一簽才是王道，而菜鳥就會呆呆地非把所有的話術都用完才行，結果烤熟的鴨子就這樣給飛了。相反地，**如果客戶的頭是左右在搖，那事情大概就凶多吉少了，至於他們嘴巴上是怎麼說的，參考價值不大。**

觀察的功夫，不只能用來賣東西

你的親朋好友一樣是一個字也沒說，卻渾身散發著種種訊息與想望，重點是你讀不讀得出來。我朋友黛博拉跟東尼訂婚時，幾乎所有人都看出來他們不適合，而我說幾乎所有人，是因爲黛博拉沒看出來。等到婚期只剩下幾個月時我實在是受不了了，我跑去跟黛博拉說：「小黛，你眞的覺得東尼適合你嗎？」

「喔，既然你提起來了，」她說，頭一會兒左右，一會兒上下地搖著，「我是很愛他啦。」雖然黛博拉嘴上說愛東尼，但他們後來沒有結成婚。她也許沒有意識到自己眞正的好惡，但她的身體已經非常誠實了。

像個政客，把你跟人交流的對話想像成是在賣東西。就算沒有東西要賣，你還是可以試著行銷你的點子或想法或你自己。如果你的聽者轉過頭去，不想聽你要講什麼，先不要急著在心裡責怪他的無禮。你可以轉換成業務員的心境，問問自己：「我要如何改變話題，才能引起他的興趣？」萬一他們開始蠢蠢欲動想要逃跑，你可以趕緊問些切身的問題，這是最保險的做法。你可以問他們最有興趣的東西，你可以說：「喬治，你上次說你上禮拜釣到的那條石斑有多重？」或者你可以呼喚他們的名字來問些私人的問題，這通常都能夠奏效。「阿基師，你上次說你高中美式足球隊的吉祥物是一隻豬，是嗎？」

我們在這只能談少數幾個例子，但人的身體語言太多了，可以寫成百科全書都不爲過，事實上，你還眞的找得到很多這方面主題的著作，我在這裡也有幾本可以推薦（註 21-26）。你可以參考看看，閱讀看看，然後試試看用學到的東西去行銷東西、爭取人心、毛遂自薦、追求美婿美女。

技巧77：眼球行銷

人體就像是個二十四小時營業的廣播電台，全年無休地放送著「你好棒」、「你好無聊」、「我就是喜歡你們家的產品這一點」、「你要這樣說，我也沒話說了」，還有無數種五花八門的節目內容。

讓安裝在你雙眼裡的針孔攝影機發揮作用，讓客人或朋友任何一個有意義的動作都無所遁形。然後根據這些得到的資料，你便可以一步一步走下去，該說什麼就說，該做什麼就做。

如果不論我們說什麼，讓別人能點頭接受的成功率都能像吉米那麼高，不是很好嗎？這一點其實不難，只要我們把雙眼打開。

重點整理

所以這部分大概就是這樣了。你要記得去參加活動前一定要先墊墊肚子，要蛋糕就好好吃蛋糕，要社交就專心去社交。到了活動現場，在門口先晃一晃順便四處張望，主要是做一下場地與人物的勘查。在勘查的過程中，順便扮演海選評審的角色，記住「寧爲刀俎，莫爲魚肉」，好好選出你今晚要互動的目標對象。獨自站著時，你要放輕鬆，不要用口，而要用姿勢與手勢叫所有人「靠過來」。

你當然不可以忘記的，是善用本書前面所傳授給你的應對技巧。看到心儀的獵物，找找他們身上有沒有什麼「這是什麼啊」的東西是你可以裝傻裝無辜的。實在找不到，你就去問宴會主人：「那是誰啊？」要是一時間看不到主人的影子，你還可以慢慢到目標對象的身邊卡位「旁聽」。

如果是遇到「考古題」，也就是你見過的人，你的百寶袋裡可以拿出「追星」的技巧。普通人被當成明星一樣追趕，叫他們想不感動，想不投你，想不跟你交往都難。

另外第二部所提到的一堆技巧，你都可以使出來讓對方覺得跟你講話是一件很有趣的事情。最後，你可以用「眼球行銷」，也就是觀察的功夫去確保自己沒有亂槍打鳥，對方是真的有在聽你講話，也想聽你講話。最後的最後，說完再見，記得在你要到的名片上記些筆記，作為下次見面的談話基礎。記錄做好後，記得放進名片櫃歸檔。

上面的流程如果跑得很順，你會覺得心情很好。乘勝追擊，像個政客一樣把會場當成你的秀場，這樣你就再也不會辜負任何活動，任何活動也都不會再辜負你。只要照本書所說去做，任何人都不會再小看你。

接下來我們要進入到本書的「研究所」課程了。在進階的探討當中，有些技巧可能會讓你丈二金剛摸不著頭腦，但愈是費解的技巧你愈要注意，因為這些技巧你現在不搞懂，未來付出的代價就愈大，這代價可能包括遇到女性在職場上「獨享」的玻璃天花板，也就是到了一個階段就再也升不上去，或者是在客戶關係、人際關係、感情關係上遇到瓶頸。書到用時方恨少，溝通技巧也是愈多愈好，愈熟愈好，畢竟沒人能保證你用不到。

第九部 如何打破最難打破的玻璃天花板

人跟老虎，有時候很像

小時候每個禮拜，我媽媽都會帶我去國家地理協會(National Geographic Society)看電影。事隔多年，介紹老虎的影片仍讓我在午夜夢迴時冷汗連連。坐在幾乎全暗的戲院裡，我看著「虎媽」生產出三隻小老虎的過程，其中一隻的腿是天生畸形。我看著另外兩隻小老虎才一出生，就本能地加入其他兄弟姐妹，開始排斥自家殘障的手足。結果就在專業的鏡頭前面，新生帶有缺陷的小老虎就這樣被自家人凌虐至死。記得我在座位上，淚眼汪汪地想到那些健康的小老虎，不就跟學校裡的小惡魔、小惡霸一樣。人跟老虎，有時候很像。

小學時我最要好的朋友是史黛拉，她很美，裡外都是。不幸的是，她有語言上的缺陷，精確一點地說是她有唇顎裂，於是同班很多小朋友會在背後笑她，也不跟她玩。

不過時代怎麼變，科技與知識如何進步，小朋友都是一樣的。我經常到大專院校或年輕人所組成的團體演講，話題最終都會變成在討論怎麼樣能更受歡迎，怎麼樣可以讓人緣更好。沒有人，不希望受到愛戴。三不五時會有學員告訴我自己認識外表有缺陷的女生，也許是鬥雞眼，也可能是顏面神經失調，學生說這些女生會被笑，會成為被捉弄的對象。男生也不會比較好，我聽到很多小男生只是腳不方便，就沒辦法參與學校裡的體育活動，因為體育課要打棒球，不會有同學願意選他一隊。即便他眞的跑起來的速度不見得會比同年的小朋友慢，「跛子」的污名卻怎麼甩也甩不掉。有這樣的污名在身上，他就永遠不會得到同儕的認同。

不要以為有天這些孩子慢慢長大成人，情況就會變好。好消息是大人對於他人身體的殘缺，態度上會比較成熟，這一點是確實的，但他們對人其他方面的缺憾，無形的缺憾，卻會格外地冷酷。說得白話一點，就是成年人比較現實、比較功利，這就是為什麼我們要想辦法去避免自己出現這些缺憾。這些缺憾的殺傷力很大，而且常常為我們自身所忽略，至少不如我們對別人做錯事、說錯話來得敏銳。

你的同事說錯話，要白目，已經有多少次了？多少次因為別人走錯了一步，你就暗暗決定不再理某個人？你覺得被你「劃掉」的人，知道自己做錯了什麼嗎？你不說他當然不知道，他不會知道自己犯到了你，不知道自己踩到了你的痛腳。除非他能看到這本書，看完這本書的最後一個部分，否則他錯得再嚴重、再離譜、再不可思議，也不會有人好心跟他分享人的互動中，有那麼多難以言喻、難以分析的奧妙與精巧。

我們都聽過公司裡會有所謂的玻璃天花板，讓女性或少數族群的員工升不上去。但我們在這裡要討論的是另外一種比較鮮爲人知，但更難突破的玻璃天花板。這種玻璃天花板之所以難對付，是因爲沒有法律可以杜絕這樣的歧視，甚至只有最高段的溝通者，才會注意到有這樣的問題。但這樣的天花板確實存在，而且屹立不搖，很多冰雪聰明的才子才女都是在向上爬的過程中一頭撞上，才發現自己不得其門而入，沒辦法加入企業高層的行列。但總是有人上得去嘛，他們是怎麼上去的呢？很簡單，他們懂得下面要介紹的規則，而且執行得很澈底。

思索一下接下來要介紹的每項技巧。如果有哪一樣你覺得太簡單，鼓勵自己一下，那表示你在某方面已經有「大聯盟」的水準。至於那些你覺得「甚麼？不會吧，眞的嗎？那樣做不行？」的溝通奧義，你就要多留意了，這些地方可能就是你潛在的罩門。

提醒你要留意，是因爲不知道哪一天，在哪裡，你會犯下同樣的錯誤。等到大貓對你的提案置若罔聞，對你的去電充耳不聞，讓你的升遷一擱三年，對你的活動出席極力避免，對你的邀約當沒聽見，那就太晚了，何況到時候你或許還是不知道自己是怎麼死的。下面每項技巧請你好好吸收，以便你有一天走在人際關係的薄冰上，也不至於會落水凍死，即便得在人際關係的草原上面對掠食者的虎視眈眈，也可以一片指甲不少地活下來，而且還活得很好。

第七十八章
如何睜一隻眼，閉一隻眼，讓人感受你的體貼

我能深刻體驗到強者與弱者，大貓與小貓之間的差別，還上過一課，是一個非常特別的反應。那次我眞的是開了眼。幾年前我承攬了一家企業客戶交託的專案，而這家公司裡頭四位最大的大頭很好心地帶我去吃午餐，主要是他們希望藉此跟我熟稔熟稔，順便跟我溝通一下他們公司內部目前存在哪些「內部溝通」上的問題。

「長官們」選的是中城區裡一家門庭若市的餐廳，訂的是午餐熱門時段的位子。進到裡面，可以看到桌桌客滿，而且桌桌都是「企業戰士」，各種名牌，各種價位的西裝或套裝在其中端坐暢談，好不熱鬧。裡頭許多桌看來是中高階的主管，當然穿著藍色襯衫的小職員與短裙辣妹祕書，也是這個生態系裡不可或缺的雜魚，大家各安其位，沒有問題。

主菜上來時，我們正深談著企業面臨的挑戰，客戶的財務長威爾森先生正說到業界的財務展望，而就在這個時候，「砰！」的一聲不到兩公尺外，一個服務生手沒拿

穩，整盤的食物就這樣摔在大理石地板上，酒杯破了，高檔的餐具散落四處。一塊熱呼呼的馬鈴薯則滾到了我們的餐桌底下，方向正朝著威爾森先生而去。

餐廳裡幾乎所有人都轉頭過來，窘到極點的服務生成了眾所矚目的焦點。現場可以聽到此起彼落、抑揚頓挫的「喔喔」、「奶油手喔！」、「哇咧，怎麼這麼不小心！」、「乖乖！晚餐可能就看不到他了！」等種種極盡刻薄之能事的訕笑與諷刺。

但身處暴風中心的威爾森卻不動如山，依舊平穩地發表著他的產業高論。事實上，我們這一桌的人都沒有動靜，甚至連眼睛都沒有眨一下，就好像什麼事都沒有發生過一樣。餐廳慢慢地恢復平靜，我們也持續討論著原本的話題。直到幾分鐘後我才目睹一顆應該沒長腳的烤馬鈴薯從我們的桌子底下射出來。我第一個念頭是威爾森先生年輕的時候該不會踢過足球吧？

後來喝著咖啡，行銷總監道森女士跟我們分析著公司的業務拓展規劃。突然間她一個手勢大了點，打翻了桌上的咖啡。第一時間我一句「哇咧」剛要出口，又吞了回來。第二動作我原本要拿餐巾紙幫道森小姐擦擦，但還是被道森小姐自己搶先了一步，她一邊已經用紙在吸著桌上的咖啡，一邊仍完全沒脫拍地闡述著她的策略與理念。在場沒有一位她的同仁有太大的反應，就好像什麼都沒有打翻過一樣。

就在那個當下，我懂了。**我懂的是大人物眼裡沒有小失誤，耳朵也聽不見小失誤。**

他們不會造像「奶油手喔！」、「哇咧」、或甚至小到像「喔喔」這樣的口業；**他們會給同事空間，不會去雞蛋裡挑骨頭，不會因著一點小事就冷言冷語**。跟他們一起工作，你可以放心，不用去在意自己的一點點小差錯，打翻一點東西、摔了一小跤、輕微的口誤、一下下牛頭不對馬嘴，都可以在他們眼裡消弭無形。這一瞬間的領悟，「非禮勿視、非禮勿聽」的技巧就此誕生。

讓我自生自滅就好，你閉嘴行嗎？

我有個朋友，一聽見我打噴嚏就說：「你感冒囉？」每次我踩空一階樓梯，他就會說：「小心！」每次看我團團轉忙了一天，他就會說：「你累了嗎？」好吧，也許我稍微小心眼了一點，也許我太小題大作了些，也許他是眞的想要關心我。但拜託，感冒、踩空、疲累，都不是我希望被人看到的樣子，所以旁人可不可以行行好，閉上嘴，就讓我自生自滅，好嗎？

跟朋友吃飯，而她擺了個烏龍，你不妨就當作沒看到她打翻的酒杯，沒聽到她如雷的噴嚏、咳嗽，或打嗝。不論你的「你還好吧！」、「哇咧」，或是你的會心微笑是出於多大的善意，那都不是重點，沒有人希望自己的醜態或脆弱成爲矚目的焦點。

「好吧，」你會說，「小差錯我當然可以無視，但如果是很誇張的情況呢？」如果對方打翻了一整瓶兩千ＣＣ的可樂，深色的碳酸浪花像海嘯一樣朝你襲來，就快要形成瀑布落在你的膝蓋上了，難道你也要視而不見嗎？

可以的話，盡量手巧一點地用餐巾築起堤防，讓可樂浪停在你的面前，同時間該說的話繼續說，不要停下；可以的話，盡量連說話的節奏都不要放慢。**這時候你的朋友可能已經慌亂地連聲道歉了，但你的反應說明了一切。你不在意，也不怪她，你只想繼續跟她說話**。在這樣的過程中，你的無聲已經勝過有聲，你的貼心讓她的心從此貼了過來。

技巧78：非禮勿視，非禮勿聽

善於溝通者會讓朋友、同事、親人享有擺烏龍、手拙，甚至腦殘的豁免權。即便今天他們的同學、同事、同仁、同鄉、同志有任何的翻倒、跌倒、滑到、顛倒、弄倒情事，他們也不會產生任何的明顯反應。他們不會給互動對象貼標籤，不會打落水狗，不會像個正義魔人一樣貶低別人。他們身為強者，決不會因為別人的無心之過而大驚小怪。

就跟人不喜歡自己的醜態或缺點或尷尬成爲眾人的焦點一樣，大家一樣痛恨的是原本該屬於自己的風頭被突發狀況搶走。

厲害的溝通者會知道要用接下來的技巧，讓風采回到原本的主人身上。

第七十九章 如何解救對方於語塞之際，贏得對方的心

在古代日本，如果你救了某人的性命，異性要以身相許，同性要終身爲對方萬死不辭。到了今天，如果你解救某人於語塞之際，這種源自於遠古的衝動仍舊會在對方的血液中蠢蠢欲動。

這種狀況其實很常見。一群人裡有一個人正在說著故事，然後就在最後的高潮就要逼近之際，轟隆！故事被打斷了。這可能是因爲有人新加入這個團體，可能是剛好遇到上菜，也可能是因爲席間有寶寶開始大哭。總之突然間大家的注意力都跑到了新的人事物之上，但大家其實好像也沒有特別注意到這樣的轉折，徒留講者一人獨自惆悵，肚子裡還留著原本想說的點滿腹哀傷。

另外一種情形是大家夥坐在客廳，有個人正在說笑話。突然間就在笑點要來之前，小強尼把盤子打翻在地上或是電話突然響起，之後大家討論的變成是小強尼怎麼這麼笨手笨腳，或是那通電話所帶來的好壞消息，也許是親戚裡誰要結婚了，也許是誰要動大手術，總之大家都忘記了原本在期待著的笑點。有時候在餐廳裡邊說笑邊等服務生也是一樣，每次總是你說到笑話的重點時，服務生就來了，眞的讓人不禁想問他們是故意的，還是事情就眞的是這麼巧。

大多數的當事人，都會不好意思在事後說出：「嗯，我剛剛說到……」。事實上，他們大多會暗暗地吞下去，弄得一整晚心裡都不痛快。這時候其實你是可以做點什麼的。你可以拯救他們於水火之中，用的就是下面要介紹的技巧，叫作是「爲民喉舌」。

能夠幫人把故事拉回來，對方的感激不言可喻，同時在場的其他人也會感受到你是一個體貼的人。這時候運氣要是更好一點，你幫助的人搞不好還會是你的準老闆、伯樂、準客人，或其他生命中的貴人。強者都有過目不忘的本事，你的點滴之恩，即便你只是出一張嘴，對方日後也會湧泉以報。

技巧79：為民喉舌

遇到有人故事說到一半被打斷，你首先應該讓突發狀況走完。寶寶哭了，讓媽咪有時間去搞定小孩；服務生來了，就讓大家把菜點完；有人打破東西，就讓碎片清理好再說。

然後，等到大家重新各就各位後，你便可以把握時機對著故事被打斷的人說：「我們繼續聽剛剛的故事吧。」要是記得故事的脈絡的話，你甚至可以幫大家前情提要：「所以你跟她表明身分之後，她的反應是……。」

哈維．馬凱 (Harvey Mackay) 身爲世界級的人脈建立專家，從賣信封的業務一路爬到企業執行長的位置，現在更已經是全美最炙手可熱的商務與成長講座名嘴。按照他的說法，「互助」是推動世界前進的力量。這話，說得太對了！接下來的三項技巧要探討的是權力平衡這一門重要而精巧的藝術。

第八十章 怎麼讓人知道「這對我有什麼好處？」

聰明的生意人會知道人性的常數是自私，任何時候任何人說了什麼，每個人的第一個念頭都會是：「這對我有什麼好處？」對業務員來說，時時刻刻都得想到這一點，是一項常識，是專業的一部分。他們對於人的自私敏感到在賣東西的時候，他們首先提到的不會是產品有什麼特色，也不是自家的服務有多好，而是買我們家的東西對客人有什麼好處。

除非是在談判桌上有什麼特殊的考量，否則強者一定會把「這對我有什麼好處？」跟「這對你有什麼好處？」同時攤在陽光下。這方面的坦蕩蕩是很重要的，如果你妄想隱藏其中任何一點，就會被歸類爲不老實、格局小的輸家。

我曾經邀請過一位普通朋友去吃午餐。對方是一個行銷社團的負責人叫山姆，而我是想要請教他跟我的演講事業有關的事情。我跟他表明了我的意圖，並且笑笑地問他能否擔誤他一小時寶貴的時間，如蒙賜教，一頓好料就交由我來買單。我這麼說，等於是告訴他：「山姆，我知道抽空提供我資訊對你沒有什麼實際的好處，最多就是美食，加上我這你可能喜歡可能不喜歡的同伴陪你吃頓飯。」換句話說，我在告訴他「這對你有什麼好處」。爲了增加對他的吸引力，我還加碼說：「山姆，日期看你方便，地點也由你選，看哪家餐廳交通方便，又合你的胃口。」

山姆所選的日子到了，我爲了配合他得大費周章穿越市中心，花了四十五分鐘的車程才抵達他挑的餐廳。進了餐廳，我很驚訝地發現一群人圍著室內最大的一張桌子坐著，正中間的是山姆。這顯然跟我想的一對一討論是兩碼子事，我被坑了，但山姆已經看到我在脫大衣，所以我也逃不了了。

到了飯後咖啡的時候，我才知道原來山姆找這些不同專業領域的人來，是要聽每個人說說自己跟山姆的公司能有什麼合作機會。山姆這隻老狐狸沒跟我說，但這才是「他想要的好處」。

要是山姆老實一點、大器一點，他應該在電話告訴我：「萊拉，我要找一群人來談我公司的事情，大家各付各的，你如果有演說生涯方面的問題我當然也會知無不言，但到時候現場一共會有十個人，所以我沒辦法只照顧你。看你是想要一起來呢，還是我們另外約時間詳談？」

如果山姆有先打這麼個招呼，我會很樂意加入他們，也會跟其他受邀的人一樣無私且無償地貢獻我的專業意見與心得。但因爲他的不誠實，導致最後我跟他雙輸的局面。我浪費了大半天沒能問到我想問的東西，他喪失了我的免費專業意見。

給他們榮幸幫助你

要請人幫忙，強者會把牌攤開放在桌上。很多人人很好，好到他們會不好意思明說自己需要幫忙，而且是大忙。他們明明很需要這個忙，卻「餓鬼假細意」，讓人弄不清他們到底現在是什麼狀況。

我有個朋友史帝芬曾問我知不知道有不錯的樂團可以到他們公司的尾牙上表演，我說：「我不知道耶，對不起，這方面人脈我不熟。」但史蒂芬並沒有就此打住，他追問：「萊拉，你不是有在船上工作過，那船上的那些樂團呢？」

我說：「我在船上時是有認識一些樂團的人，但現在都沒連絡了。」我想這樣他應該就沒話說了，但史蒂芬比我想的還有韌性，他繼續拷問我，讓我開始有點不耐煩了。最後我說：「史蒂芬，你們公司應該有指派專人去找樂團吧，你幹嘛管這麼多？」

他這時才神神祕祕地說：「是有啦，只是那個人就是我。」

「乖乖隆地咚，史蒂芬，你怎麼不早講？好吧，我幫你調查一下，然後看有沒有什麼好的候選人給你。」我很樂意幫朋友的忙，但史蒂芬一副欲抱琵琶半遮面的樣子，吞吞吐吐的，差一點我就不想理他了。而且他這樣感覺不夠坦誠，以後朋友看到他也會有點隔閡。

要請人幫忙，就把話說清楚，你需要的是什麼性質，什麼程度的協助。有話直說不是示弱，反而會給人感覺你是個坦蕩蕩的君子，讓人覺得幫你忙是一件很愉快的事情，沒好處都沒關係。這個榮幸，你應該給他們。

技巧80：得到與付出，一次說清楚

任何時候你想約見面或請人幫忙，記得把話說清楚，你想要什麼，可以給對方什麼，都不要有所保留，即便你什麼東西也沒辦法給，也要讓對方知道。話不講清楚，到時候底牌掀開讓人傻眼，你只會給人留下不老實的印象，而這將不利於雙方日後的互信與互動。

要請人幫忙，或要幫人忙，都像是非常纖細的布料，需要用高度的敏感度與手腕才能織成。接下來讓我們來探究一下這塊布要怎麼織，才不容易破。

第八十一章 怎麼讓人想要幫你的忙

我一位客戶叫蘇珊・艾凡斯，她是一家地產公司的負責人。有一次我跟她一同在她的辦公室裡討論一個新案子，祕書突然打內線跟她說：「對不起，艾凡斯小姐，您的姊夫在線上。」

「喔，好，」她笑著說，「接過來。」蘇珊跟我道了歉，然後接起了電話。我離開了房間想給她一點隱私。

我回來的時候，蘇珊正好要掛電話，一邊還說著：「沒問題，請他打電話給我。」之後她告訴我電話是她姊夫打來的，主要是她姊夫現在在加油站打工的小表弟想進房地產這一行，請蘇珊幫忙。「那位年輕人會打給我，然後我再看看能怎樣幫他。」看起來她是挺樂意幫姊夫這個忙的，然後我們就恢復了原本的討論。

但我們恢復討論還不到四分鐘，蘇珊祕書的內線就又響了。「艾凡斯小姐，有位桑尼・雷克找你。他說他是你姊夫哈利的表弟，然後他約了要打給你。」蘇珊看來有點措手不及。我可以從表情看出她內心的獨白是：「老天，姊夫還眞急耶，一點時間都不浪費！」這時我跟蘇珊都想到了在這電光石火的四分鐘內，哈利這位姊夫做了什麼。他一定是馬不停蹄地立刻打了電話給表弟桑尼，告訴他這個好消息：艾凡斯願意見你！然後桑尼就迫不及待地打了電話過來。但這只是讓他給人一種很猴急、很空虛的感覺，好像他的人生有夠無聊，打電話過來是第一重大與緊急的事情。

不論這樣的聯想正不正確，**可以確定的是這位小表弟需要學會一條強者間不成文的規定：即便有人表明願意幫你，你也不要太過猴急。給那好心人一點空間與時間，讓他能在付出之前，細細品味樂於助人的快樂。**

在這個例子中，姊夫跟小表弟都讓艾凡斯有點傻眼，而原因都出在時間，或者更正確地說是時機。爲了確保小表弟不會太快打電話給他在地產業有頭有臉的小姨子，哈利正確的作法應該是先等個一天，再打電話跟表弟說這好消息。而年輕的表弟也應該問一下哈利艾凡斯阿姨的時間何時比較方便。劍及履及有時候是對的，但請人幫忙時例外。

技巧81：給人時間，細細品味助人之樂

有朋友答應要幫你忙，給他們時間好好品嚐當個好心人的快樂，而不要急著要他們兌現支票。

至於這時間要給多久呢？我會說至少二十四個小時吧。

有人可能會覺得艾凡斯只是因爲表弟沒給她時間品味助人之樂，就對表弟留下壞印象，是否太過嚴苛了些？我必須說事情並非如此單純。艾凡斯的潛意識思考大抵會像這樣：「如果這孩子連找工作的時候都不懂得考慮別人的時間方不方便，他以後要跟人斡旋房屋買賣這麼敏感的事情，又能夠細心到哪裡去？」房仲太過急著打電話給屋主，通常是賺不到那幾千美金的佣金的。

贏家能夠看到你的未來，能夠透視你的溝通能力缺陷。讓他們對你留下壞印象，絕對不利於你的職場發展。

在要求協助與提供協助的兩方之間，還有一條藕斷絲連的線是不容許切斷的，這條線斷了，關係通常也會跟著斷，接下來就讓我們來研究看看。

第八十二章
如何正確開口，得到你需要的協助

我有個朋友在洛杉磯一家高階就業仲介任職，交遊廣闊，有次我問她有沒有認識哪位名人可以跟我合作一個案子。這位朋友，塔妮亞，翻了翻她的通訊錄，給了我滿意的答覆，下一秒我們雙方的認知都是：我這個人情欠大了。

我一邊在電話裡拼命地謝她，塔妮亞說話了：「嗯，我相信你知道該怎麼報答我的。」

「嗯，這個嘛，我當然會，」我說，「你放一百個心好了。」但說完這句話其實我心裡不太舒服，因爲這句我應該不用講的。她把話挑的這麼明，就好像在提醒我她之所以幫我忙，並非因爲我們是朋友，也不可能白幫。

兩天後，塔妮亞來電說她幾個月後要來紐約，然後想問我能不能收留她。技術上我當然可以，但她這樣大剌剌地要求回報，感覺讓人不是挺痛快。別人施恩於你，你當然不可以忘掉，事實上，我們還應該主動想辦法去報答人家，至少我是這麼想的。

如果塔妮亞打電話來，即便中間隔了好幾年，我都還是會記得「她是我的恩人」。老實說，我還滿開心她這麼快就提出要求，因為這樣我就能跟她扯平了。不過儘管如此，我還是希望跟朋友之間不要那麼現實，朋友間最好還是能，或者說就是應該要慷慨一點、大方一點、少計較一點。總之凡走過必留下痕跡，說話一定要小心。

如果是你幫別人忙，別人會說「我欠你一次」，但你可不要急著兌現這人情債，至少也得等上幾個禮拜。否則你給人的感覺就會像在做生意，東西出了就急著要收貨款。給對方一點時間，讓他享受一下你是單純想幫他忙的錯覺。他們終究會醒過來，但在那之前，雙方都不應該把話說破，那樣很 low。

技巧82：不是不報，時候未到

你幫別人忙，別人欠了你，記得要等一段時間再去「請款」。這段時間讓對方享受一下你是出於朋友之義幫忙的感覺，不論這感覺正不正確，是否只是錯覺。總之對方不是不報，只是時候未到，不要急著跟對方要。

接下來的三個技巧也都跟時機有關係，但情境不是誰幫誰忙，而是彼此討論著重要的事項。

第八十三章
怎麼知道派對上什麼話不能說

古代警察追捕竊賊時，後者情急之下會躲進教堂。小偷知道若能躲到聖壇後面，警察就只能在外頭守株待兔，但不得其門而入。

森林裡的狼群追捕著野兔，倉皇逃命的兔子會瞄到樹洞，然後牠會知道只要藏身其中，狼就進不去，只能在洞外跟兔子比耐心。

同樣的道理，在人類的都會叢林中，大貓也會有自己的「避風港」。雖然沒明講，但大貓們的窩都弄得像十世紀的教堂或大自然裡的樹洞一樣安全。在天時與地利的配合之下，即便是最兇狠的狼王也知道面對到狡兔一窟要先退避三舍。

我有個朋友克爾絲汀是一家廣告代理商的總裁，她每年都會邀請我參加她公司的聖誕派對。有一年，節慶的氣氛特別濃厚，派對上洋溢著歡樂，香檳的開瓶聲此起彼落。

隨著夜色愈來愈深，賓客酒愈喝愈多，派對的聲浪也愈來愈強。事實上克爾絲汀覺得現場有點太嗨了，於是她跟我說她要送我回家，我們可以悄悄地從後門離開。

正朝著出口移動，我們聽到人群中傳出一聲聲咬字不甚清楚的「克爾絲汀，克爾絲汀！」。其中一個收發室的女員工可能真的喝多了，搖搖晃晃地走向克爾絲汀，也就是她的老闆，然後這位員工說：「我跟你說，這個派對……很棒，很……棒，但我算了一下，如果這些錢有一半拿去在公司裡弄個托兒所，公司裡面七個，我數過了，七個小孩還沒上小學的媽媽員工就……。」

說到溝通，克爾絲汀自然不是省油的燈。她握起這位名叫珍的員工的手，給了她一個燦爛的微笑，然後說道：「珍，你的數學顯然很好，你說得沒錯，公司要弄一個內部的托兒所，預算差不多就是這場派對的一半。這件事我們等上班的時候再談。」說完她就帶著我快閃。

在送我回家的途中，她吐了一口大氣，然後說：「咻，終於結束了，真是鬆了口氣。」

「妳不喜歡派對喔，克爾絲汀？」我問。

「喔，沒有，我沒有不喜歡派對，」她說，「但派對上總是會有意外，就像剛剛那位珍跳出來攔轎喊冤。」克爾絲汀解釋說關於要不要替員工設個托兒所，高層已經開過好幾次會。事實上，公司已經開始規劃要把一塊沒在用的倉儲區域整理出來，弄成一個美輪美奐的托育中心。傻不隆咚的我問了克爾絲汀：「那你爲什麼不把這情形告訴珍呢？」

「時間不對，地點也不對。」克爾絲汀的作法正如任何一位贏家會採取的處理方式：當場不會給你難看，但秋後一定偷偷算帳。

可憐的珍，犯下了在「避風港」裡少數決不能做的事情，她不知道的是「派對上可以亂講話，卻不能講實話。」克爾絲汀後來有沒有斥責珍？有沒有處罰她行爲不當？一開始自然沒有，但幾個月後要升遷時，珍就會知道厲害了。更慘的是珍可能連自己升遷被跳過都不會知道。

珍會不會只是一時喝多了呢？珍可能只是在胡言亂語，並不是眞的想要挑戰主管的權威。「當然有可能。」克爾絲汀說，問題是錯就是錯，更別說克爾絲汀不可能容許員工中存在著未爆彈。誰知道，萬一下次哪個脫序的員工在派對上「ㄉㄧㄤ」到的是大客戶，那可怎麼得了？

技巧83：派對上可以亂講話，只要別講實話

在人的叢林當中，存在著三種神聖不可侵犯的避風港，是即便猛獸再怎樣

凶神惡煞，也知道要予以尊重的場所。首先第一種就是派對。

派對上只能做一件事，就是放鬆，就是交朋友，生氣與對峙是大忌，是唯一死刑。強者就算跟死仇一起在自助餐檯邊拿菜，也會彼此點頭微笑。他們要吵，有的是機會。

接下來我們要討論的是第二種避風港。此港一進，大貓可以躲避更大隻貓的利爪，乃至於小隻點貓的吼叫。

第八十四章 怎麼知道吃飯時什麼話不能說

你有沒有納悶過一件事，那就是大老闆們的商務午餐怎麼都要吃那麼久？有時候午餐都快變成下午茶了。你有沒有想過那單純是因爲他們喜歡坐著，喜歡喝東西，喜歡花公司的錢拍彼此的馬屁？也許這樣的心態也不是沒有，但最主要的原因，仍是因爲在餐桌上，那種神聖不可侵犯的感覺又更勝派對。大貓們不論男女，都知道不論這頓飯是早、午，或晚餐，分享食物時絕不能針鋒相對。畢竟有人能邊辯論邊吃飯嗎？

如果可以竊聽典型大老闆們的午餐聚會，我們會聽到酒杯互碰的清脆聲響，我們會聽到他們邊喝邊聊高爾夫、天氣、政壇八卦等輕鬆的話題；精美如藝術品的頂級牛排一來，他們也許會受到啓發，開始談論起食物、藝術、時事，但絕對都是沒有殺傷力的題材。

「浪費時間？」有人可能會問。一點也不！**人生勝利組的成員會非常仔細地彼此觀察、彼此打量，藉此判斷對方掌握哪些技能、懂多少東西、有多少勇氣**。就像美國職業美式足球（NFL）的球探在觀察大學球員練習一樣，強者們會在這樣的過程中弄清楚對方的斤兩。**他們知道人在社交場合的舉措，可以精準反映他們真正做起生意來時的狠勁與能力**。他們表面上互相微笑著，對彼此說的笑話也很捧場，但其實他們都在上著彼此的星光大道，身兼著參賽者與評判的角色。

最後等到咖啡也上了。這時候一兩隻大貓會不經意地拓展話題到生意上。當然，他一定會一副很不情願、很勉強的樣子。雖然其實他們確實是想聊生意，甚至有些人還會有點迫不及待，但他們流露出來的氣場總會是「眞是的，跟大家夥難得相聚，還得談生意、談錢，實在是有點俗氣、有點可惜、有點不太應該」。

只有在玩完上面這樣的猜謎遊戲後，大貓們才會開始進入正題談起生意，而且都是很正經的生意，一點也不隨便。他們會喝著咖啡，腦力激盪，會吃著甜點，討論投資，會小酌醇酒，交換靈感，會邊等著買單邊分享某筆併購有哪些好處。

彼此即便在餐桌上出現任何歧見、誤解或爭議，他們也都會先擱著，留待在會議室裡的談判桌上交鋒。

技巧84：吃飯就是要好好吃飯

大貓們最景仰、最不容許有人砸場的場合就是吃飯。分享食物時就是要說些輕鬆的、有趣的、無害的東西。邊吃飯當然可以邊腦力激盪、邊討論生意經裡的光明面，包括像是企業的願景與產品的設計。他們讓想像力自由發揮，把嚴肅的成分降到最低。

吃飯時不談正事會變成一種約定俗成的習慣，可能是因爲沒人想要消化不良。要知道眞的吵起來，美食當前也食不知味。

這樣的道理，想當然爾，也適用於社交領域。如果朋友或愛人之間有比較沉重的事情要溝通，也一樣請等到甜點之後。最後就算溝通不成，至少巧克力舒芙蕾也吃得很開心。

接下來我們要進入第三類避風港一探究竟。

第八十五章 怎麼知道巧遇時什麼話不能說

賣各種小玩意兒的威廉已經努力了好幾個禮拜，希望能跟一位大貓聯絡上，主要是他希望大貓所屬的公司可以跟他買東西。大貓還在考慮威廉的東西，並且計畫一段時間後回電。但至少在這個階段，我們的小威廉還沒有接到電話。

說巧不巧有這麼一個晚上，苦等電話中的威廉去超級市場買東西，結果大貓竟然就排在他的前面要結帳。

「我運氣也太好了吧！」威廉心想。

「喔，不會吧！」大貓想。「這個節骨眼，希望他不要拿他那些小玩意的生意來煩我。」

各位如果懂避風港的涵義，就會知道這個故事可以有兩種非常不同的結局。威廉如果眼裡閃著「啊哈！可被我逮到了吧」迎向前去，可能會得到非常不好的結果。所謂非常不好，就是大貓即便眞的比較喜歡威廉的玩意兒，超級市場裡的痛苦經驗也足以讓他不理性地選擇把威廉給打槍。

在另外一個平行宇宙裡，如果威廉可以自然而單純地說「哈囉，大貓，你也來買東西喔！」，一副很高興巧遇對方的感覺，至於生意的事情一字不提，那麼大貓就會將威廉也歸爲大貓一族。這一個威廉幾乎可以確定一定能接到回電，說不定就在隔天。這是因爲大貓會很感念威廉的平常心與風度。

技巧85：巧遇就是要隨意，說話不要刻意

如果你正好想賣東西給某人，或者跟某人在談判什麼東西，還是溝通什麼

很敏感的事情，千萬不要在跟對方巧遇的時候接續同一個話題。既然是萍水相逢，就讓這額外的緣分短短的，甜甜的，輕輕鬆鬆，別有壓力。不然人家以後老遠看到你，就會躲得遠遠地，想巧遇也沒那麼容易。

養成替別人創造避風港的習慣，這樣他們就會自動把你歸類為大貓。你會發現自己愈來愈多機會跟其他大貓用餐，跟他們受邀參加同樣的派對，在走廊受到其他大貓熱烈地歡迎，還有就是很多上班時談不成的生意，私下不知怎麼地就談成了。不要覺得不可能，這種事誰也說不準。甚至如果你想的話，努力一點的話，你甚至有機會躋身上流社會，在一個前所未見的層次上去社交。這就是被認同爲大貓的好處，大貓們彼此有互相保護的義務，有不出賣彼此的默契。所以你可以放心地接受邀約去打高爾夫，去鄉村招待所度週末，去私人游泳池享受悠閒時光。大貓們知道在同類的陪伴下，他們可以不用擔心水裡有鯊魚，也不擔心沙拉裡有刀片。

第八十六章
如何讓人準備好聽你說話

幾年前的一天晚上，地點是紐約市的街上，我看到一個男人想要偷車。我大喊著要他停手，而這個偷車未遂的彪形大漢並沒有想要逃走了事，反而作勢想找我報復。他朝著我衝了過來，推了我一把然後離開，我倒在水泥地上，頭重重地撞了街角一下。

暈頭轉向的我搖搖晃晃地走進了附近醫院的急診室。沒一會兒我手壓著冰袋在還蹦蹦跳著的頭上，一邊給急診護士盤問我的住址、電話、社福號碼、保險公司、保單號碼，要回答的問題多到我就算頭沒撞到都想吐了。護士給我的感覺像是「管你頭腫起來也好，腦震盪也罷，那個是之後的事情了，此刻關於你我只想知道一件事，那就是你有沒有保險，有的話保單號碼是多少？」

但對我這位傷者而言，這些技術性的問題一點都不重要，我一點也沒有興趣回答。此刻關於我自己，我只想說一件事，而且任何人想聽我都會說，我只想說我剛剛經歷過的事情，如此而已。但這麼卑微的一個願望，卻要等到我回答完所有那位病態護士想要問的變態問題之後，才得到她的微弱回應：「所以你剛剛怎麼了？」

後來我把自己的悲慘遭遇告訴了一個朋友叫蘇珊，她也是護士，而且也是急診室掛號處的護士。聽完我的故事，她的說法是：「我懂。我也很難理解醫院怎麼會把就診掛號的表格設計成那樣。急診傷者最想講的、最應該馬上講的受傷過程，卻被排到最後一個問題。」根據親身的工作經驗，蘇珊說要在急診室裡從燒傷、骨折的病人口中問出各種重要的數字，可不是件容易的事情。要讓事情好辦，她後來體悟出一個辦法。她會把表格的順序倒過來跑，先問傷患發生什麼事情，對方一定會知無不言，言無不盡，而她也會拿出同理心細細傾聽。「之後，」蘇珊說，「你想問什麼，都會像熱刀切奶油一樣輕鬆寫意。」

好老闆知道人有這種表達的需求。勞勃跟我當過同事，現在是一家製造業公司的小主管，他說每次遇到下面的人有事情要抱怨，他從不會第一時間拖著員工的腳去天牢拷問，他會先把員工想講的話聽完。不論是某個客人超難搞，還是跟其他的員工起內鬨，勞勃都會先耐心聽完。「他把想說的都說了，」勞勃說，「我接下來的調查工作就會容易許多。」

當你有重要的訊息要傳遞時……

在加油站打過工的小朋友都知道你不能往已滿的油箱裡頭再加油，硬要加，就會灑得水泥地上都是汽油。同樣的道理，**聽者的大腦如果裝滿著他自己的心事、煩惱跟熱情，你是沒辦法往裡頭灌輸你的想法的**，硬要這麼幹，你只會讓對方的腦袋一團漿糊，而且這漿糊最終還會滿出來灑得一地。如果你希望自己超級棒的點子可以不受干擾地流入對方的腦袋裡，你就得先把對方腦裡的東西抽乾。

技巧86：漏光油箱

如果你需要問出資訊，記得先讓人把他想說的話說完。有點耐心，讓他把油箱裡最後一滴油都用完，你再適時介入。只有這樣，你才有辦法確保他能「虛心」接納你的意見。

如果你跟人討論的是很敏感、情緒很容易高漲的話題，記得先讓對方暢所欲言，把所有想講的話都講完，然後你再加入，必要的時候你可以數到十再開始。等待可能感覺很漫長，但**讓氣急敗壞的對方發洩完情緒，卻是讓他之後能專心聽你講話的唯一途徑**。

「我要先讓你痛不欲生，然後你才能快樂地成為我的客戶。」

郵購公司可以好好看看下面的技巧，相信可以得到很多啟發。我之所以樂於向LL.Bean這家服飾與運動器材郵購公司下單買東西，其中一個理由是他們會先讓我亂問一通。不論我是要買穿的還是用的，他們都會讓我嘰哩呱啦講個不停，我會問東西的品質、可以選的顏色、產品看起來的樣子、摸起來的觸感、聞起來的味道，如果是運動器材還會問用法。等我問爽了，問夠了，決定要買十號紅褐色軟質無味的鞋墊四組後，他們才會很有氣質地跟我要信用卡號碼。

其他公司就沒這麼好了，他們會先逼問我信用卡的號碼，到期年月，我的郵購會員編號（這一點我自己也不甚清楚），還有我一路以來下單的頻率有多高。要回答完這麼多問題，才能買東西，我要買什麼都忘記了，血拼的興致更是一點都不剩。很多時候，我真的是索性就不買了。

懂得溝通的人不只會給你空間講話，還會用下一章的技巧讓你氣不起來。

第八十七章
如何不出三句話，讓憤怒獲得扭轉

《柯夢波丹》(*Cosmopolitan*) 雜誌幕後的時尚教母海倫．葛莉．布朗 (Helen Gurley Brown) 曾經發明過一個字叫作 Emo，這字是 Emotion 的縮寫，意思是「多用點感情！」曾經《柯夢波丹》請我寫稿，要我談談如何溝通敏感的事情，特別是教導年輕女性如何讓自己的男朋友更熱情。而爲了寫這篇稿子，我訪問了一籮筐的心理學家、溝通專家，甚至是性學學者。但我的初稿看回來之後，上面卻被標上了滿滿的「Emo」，每一頁都有。

我立刻打電話給編輯問說是怎麼回事，她說海倫這樣做，意思是要我降低事實的重要性，不要用性治療師或所謂專家的意見掛頭牌。海倫希望我能多寫些遇到男朋友不夠熱情時，年輕女性的感受如何，被指控不夠熱情的男性感受如何，小倆口討論這事兒的時候感受又如何。海倫身爲正字標記的贏家，除了很清楚自己要什麼，知道怎麼去得到之外，也很習慣於東西成功到手。海倫知道適時放下理性，讓感性指引方向。

換句話說，她會讓感情瀰漫、擴散。

「喔，不會吧！他一定很煎熬吧！」

L.L. Bean 最近就是這麼做的。他們讓我感覺到感情在身旁擴散、蔓延。幾個月前，我的朋友菲爾想要買幾條長褲，問我有沒有推薦的牌子。我把他拖到我的衣櫃前面，讓他感受一下 L.L. Bean 產品的質感與織工。他一摸就很滿意，於是菲爾立刻訂了一件海軍藍的西裝褲。

菲爾第一次把新買的 L.L. Bean 褲子穿出來，是跟新交的女朋友去約會，而且不是普通的約會。他們這天要去的是一家很不錯的餐廳。兩人進了餐廳，正跟著領班走向預訂好的角落包廂時，女朋友突然把包包給掉到了地上，菲爾很快地彎腰把她的名牌包給撿了起來。但是可能巧勁太大，也可能是尺寸的問題，總之清脆的一長聲，菲爾的褲子剛好從正中央的縫線處裂成兩半！

餐廳裡很多食客都從菲爾身後對他報以同情的眼神，甚至有點不忍卒睹的感覺。當然也有幾個比較狠的人笑了出來。菲爾用手拉著褲子的縫線處，好讓自己不要「露餡」，然後慢慢用退的躲進包廂。這一晚他屁股上精美的褲子內裡，反而成了他出醜的刻痕。

剛聽到菲爾的遭遇，我對 L.L. Bean 非常地不諒解。我立刻打電話去給他們的客服代表，而聽了我簡單敘述了菲爾遇到的慘況，這位女性的客服顯得非常同情，但我一時半刻怒氣未消。所幸她聽得很有耐心，還跟我問了事情的前因後果，等我把落落長的故事給說完了，客服小姐才說：「喔，好可憐喔，我可以了解菲爾的感受，那晚他一定超窘的。」

「是啊，那還用說。」我氣憤填膺地說。

「那頓飯他一定吃得很煎熬吧！」客服小姐說。

「是啊，你說的是。」我一邊回答，一邊暗暗佩服著她的同理心。

「而您，您聽到菲爾先生的遭遇時，一定也很火吧，尤其那褲子還是您推薦他買的。」

「嗯，你們家的產品通常都很好。」我說，這時候我已經稍微冷靜下來了。

「很抱歉給您造成困擾，讓您覺得不舒服。」客服小姐說。

「嗯，」我打斷了她，「這不是你的錯啦。」我已經恢復理智了。「你們做的褲子那麼多，難免會有一兩件『掉漆』的啦……。」

技巧87：感情用事，不是壞事

如果事實是用「說」的，那感情就是用「吼」的。任何時候你需要從情緒高漲的人口中問出事實，記得先讓他們把感情宣洩完。**聽他們描述事實，但試著在感受上與他們達成同步。**你的感情用事，往往是讓對方的情感風暴停下的唯一方式。

這故事還有後續，但在這兒先容許我暫停一下，讓我給這個技巧做個簡短的結論。這位聰明的客服小姐不僅讓火大的我一吐為快，還用豐富的感情讓我軟化了。她完全融化了我，用的就是一個「情」字。

第八十八章 如何讓人即便你搞砸了，還是喜歡你

隔天，快遞不僅送來了全新的褲子，包裹裡還附了一張手寫的道歉函，以及一疊厚厚的禮券。我日後還會跟這家郵購買東西嗎？沒錯，肯定會。我日後還會跟朋友推薦他們家的衣服嗎？當然，一定會。**頂級的客服專才一點都不排斥出包，因為他們知道公司請他們來就是為了出包的時候，他們的價值就在這裡**。公司出包時就是他們的上場時間，就是他們大展身手的時候。**當你搞砸了，而害到別人的時候，最高指導原則就是要讓對方占便宜**。**這時候千萬不能小氣**，對出包的一方來說，這時候吃虧眞的才是占便宜。這其實是一項技巧，我稱之爲「我王八，隨你拿」。

有次造訪一位客戶的辦公室，我不小心絆了一下，摔了個大馬趴，定點著陸在她桌上的花瓶上。我的鼻子倒是沒事，但她的花瓶卻無端粉身碎骨。經過了兩大條三秒膠與「這塊應該接哪塊？」的拼圖時間之後，花瓶回到了她的桌上，模樣勉勉強強，可能我們兩個都沒那麼挑剔吧。不過儘管客人好像沒那麼計較，隔天我還是花了十倍的價錢，請人送了一個精美的花瓶過去，裡面還附贈一打芳香的玫瑰。

後來每次我們有機會見面聊天，客戶都會跟我說她看著新的花瓶，臉上就會不自覺露出笑容，顯然比起什麼爛筆，上面還印著你公司的名字，花香要受客人歡迎多了吧，不是嗎？也許以後我再約了要去她的辦公室，她會先把值錢的易碎品藏好，但也是因著這項技巧，這客戶我還是能約得到。

技巧88：我王八，隨你拿

每次搞烏龍，記得最後一定要讓你的苦主「物超所值」。覆水也許難收，「瓶」死也許不能復生，但是，你得問問自己一句：「我可以做點什麼，讓這位苦主覺得塞翁失馬，焉知非福？」想好了，就去執行，而且愈快愈好。這樣你的失誤反而能帶來好處。

接下來，假設犯錯的不是你，而是對方，你要怎樣才能讓他們王八，而你可以隨便拿？讓我們看下去。

第八十九章 如何困住對方但又不失格調

在日本，有些人會寧可死也不願意失面子；在美國，面子一樣比生命還重要，唯一的差別是死的不是丟臉的人，而是讓他丟臉的那位。

樹敵絕非好事。除非你的工作是要抓壞人，除非你從小就立志要當「正義魔人」，不然就得饒人處且饒人吧。你如果實在看不慣，可以睜隻眼閉隻眼，然後儘快將這些人排除在你的生活範圍，或跟你有關的領域以外。即便對方已經是累犯了，即便已經證據確鑿，還是要給這些人留個台階下，給他們留一條生路。

像這樣的敏感度，最好的例子是我從一個客人處聽來的。有一次她受邀去一位社交名媛「史蒂芬妮夫人」的家中吃早午餐。史蒂芬妮夫人的家裡有很多美麗的藝術品作爲擺設，其中有一樣是價值不菲的俄國法貝熱彩蛋（Faberge eggs），在場所有的賓客都爲之讚嘆不已。

優雅的香檳早午餐到了尾聲，我這位客人告訴我她正一邊跟幾位其他賓客聊著天，一邊要走出門的時候，史蒂芬妮夫人游移到了她同行的其中一位女士面前。「喔，你們喜歡我的彩蛋，我好開心，」史蒂芬妮夫人邊這麼說，邊用手俐落地滑進了那位女士的貂皮大衣口袋裡。史蒂芬妮夫人的手再伸出來時，掌中霎時多了一個價值連城的彩蛋。「您一定是想要在陽光下欣賞這顆蛋吧？來來來，我們一起去外面用自然光來看蛋。確實，陽光反射在蛋上會特別美麗！」

身著貂皮大衣的這位女賊呑了一口口水，賊樣畢露，急忙四周張望看有沒有別人看到她被抓包的醜態。我的客人以及所有在場的人都看到了所有的過程，都是證人，但既然史蒂芬妮夫人都這樣說了，他們也就順著演了下去，假裝沒有目睹一宗竊案的發生。

裝傻裝到底，史蒂芬妮夫人跟手腳不乾淨的這位客人還眞的漫步到陽光下「賞蛋」。然後史蒂芬妮夫人用修過指甲的手指安穩地夾著彩蛋，走回了屋內，把寶物放回了原本的地方。沒得手但得以全身而退的女賊則狼狽地爬回了她的車上，從此消失匿跡在史蒂芬妮夫人的宴會上，即便史蒂芬妮夫人的宴會不知有多少人擠破頭想參加。女賊的寶物雖然沒有到手，但總算保留一絲絲的尊嚴可以帶走。

在這樣的過程中，史蒂芬妮夫人究竟明智在哪裡？贏在哪裡？很簡單，因爲現場的證人很多，輾轉聽說的人也很多，於是這精采的故事讓史蒂芬妮夫人的名聲更響亮了，更多人覺得這位女士眞了不起。夠聰明能抓得到賊，又夠有智慧能保留人的尊嚴，讓史蒂芬妮夫人成了大家口中「最大器的名媛」。

爲什麼強者要讓出醜的人保留尊嚴，全身而退？很簡單，因爲就像做媽媽的面對頑皮的孩子的那種感覺，面對混蛋是要指正他們，是要讓他們知道自己錯了，知道不是沒有人在乎。而這種人先是放他一馬，然後再「永不錄用」，就是表示你不想在這種垃圾身上浪費任何唇舌，任何力氣，任何生命。

「是我不好！」

如果這朋友還想交下去，強者會給對方留個台階下，會把所發生的錯誤攬在身上。朋友迷路了，遲到了一個小時，你可以說：「是我報路報得不清楚。」他打破了你的仿青花瓷，你可以說：「是我地方放得不對，那地方本來就很危險。」**把錯誤攬在身上，可以讓朋友對你推心置腹，你的用心朋友不會不知。**

技巧89：留線生機

抓到人說謊、手腳不乾淨、講話愛膨風、愛斷章取義扭曲人意，甚至有詐欺的傾向，你不用拿命去跟他拼。除非你是刑警，或是保全，除非是性命交關的事情，否則你就讓那渾蛋滾開算了，留他一條小命。大家以後你走你的陽關道，我過我的獨木橋，就不要被我堵到。

加拿大多倫多的居民，名符其實地非常有格調。我會這樣想，是因爲去年在多倫多市區的一家藥妝店裡，我目睹了一件這樣的事情。有個人想要「偷渡」口袋裡的一樣東西，希望不要被機器偵測出來，而能夠這樣安安靜靜地走出去。對付這種想要順手牽羊的人，加拿大的做法跟南邊的美國有點不同。在美國很多城市，沒結帳的東西被偵測出來，收銀機處會警鈴大作，所有人的耳膜簡直要被震破；而在加拿大，我看到的是他們代之以一段很悅耳的鐘聲，然後有個主持人等級的女性聲音開始廣播說：「各位親愛的顧客，很抱歉耽誤大家購物的時間，本店的庫存控管系統出現了一點問題，需要大家配合重新啓動，請大家待在原處，由客服人員替您處理。謝謝您的合作，不便之處尚乞見諒。」這樣說，比起「不要動，混帳，我們現在開始一個一個搜身」，你不覺得好很多嗎？

接下來下一項技巧，讓我們來探討怎麼讓人避免搞砸，讓他們爲了你全力以赴。

第九十章 如何面對服務人員能夠予取予求

恭維人的信件在英文裡面，也被叫做是「奶油杯」，因爲就跟奶油一樣，好話總是很好下嚥。奶油杯絕對是個好物，但奶油杯的效果要發揮到極致，並不是交到本人手中，**最聰明的做法，是把好話說給目標對象的老闆聽**。

我曾經需要影印很多東西，東西多到文具店的店長說週末都印不完。但他還是勉爲其難地說了：「我盡力就是了。」對這位店長滿懷著期望，我脫口而出這麼一句：「哇嗚！你好棒喔！你老闆是誰？我眞想恭喜他請到你這麼有服務精神的店長。」果然我的眼光沒錯，我的東西不只提前兩天印好，而且之後每次我去他們店裡，都感覺倍受店長禮遇。

「嗯，」突然間我有了個想法。「這一點或許可以好好利用。」**我想到如果有什麼忙需要人幫，不妨先讓美言走前面**。有了這個想法後，我決定找信得過的人問問看。

我認識一位提姆是頂尖的旅行社經理，人很能幹。朋友不管找他要什麼，他都能很快生出來。想看太陽馬戲團沒票，找他；想訂機票或飯店被打槍，找他；有人想知道自己的新點子會不會有效，找他。

於是我找到提姆，把我的影印店經驗和自己的想法告訴了他。聽完後提姆笑著說：「萊拉，萊拉，你很可愛耶，這不是常識嗎？表示要在老闆的面前誇讚某人，不論是暗示還是確有其事，都是一張很好的保單。就跟白紙黑字的合約一樣，表達這樣的意思可以讓你得到 VIP 等級的服務。」

我現在電腦裡就有一個給老闆的「奶油杯」的範本，內容是這樣寫的：

親愛的【老闆名】：

我知道對像您公司這麼成功的企業，客戶服務是營運上非常重要的一環。在這樣的理解下，我寫了這封信，我想讓您知道我非常肯定您公司裡的一位模範員工，他／她就是【員工名】先生／小姐。他／她所提供的優良服務讓我銘感五內，我願意持續與貴公司【某某企業】合作，有很大一部分要歸功於【員工名】先生／小姐，他／她所提供的服務讓我難以割捨。

專此，順頌時綏。

某某某

這樣的信，我寄出過的對象已經包括停車場的主管、保險公司的董事長，還有數十家我經常光顧的店家經理。我想我的信是有用的，因爲不論什麼情況下，我都找得到停車位，不論任何時間，我的保險業務員都會接我電話，不論我去哪家店買東西，店員都會對我噓寒問暖。

但有一點要小心！那就是不要只問：「你的老闆叫什麼名字？」或「你的主管是誰？」，這樣會讓搞不清楚狀況的員工緊張得像感恩節前兩個禮拜的火雞，或所謂熱鍋上的螞蟻。正確的做法是用肯定的話把這個問題前後包夾起來，就像用潛艇堡夾住熱狗一樣。至於這塊麵包，應該長得像「哇，你好強喔，你老闆叫什麼？我要寫信請他給你表揚。」這樣。當然講完還得照做啦，做完你就可以拿到一張無形的終身貴賓卡。

技巧90：隔山打牛

店員、會計、法律專員、裁縫、修車工、餐廳領班、按摩師、安親班老師，或者其他這兒沒提到的各種角色，有沒有哪一種是你特別需要，特別想要他好好服務你的。有的話，最好的辦法就是跟他說你要在他們老闆的面前說他們的好話。隔山打牛，效果奇佳。

下一個技巧會告訴你如何在一群人當中鶴立雞群，一眼看過去就像個VIP。

第九十一章 想當領頭羊，不想當跟屁蟲，該怎麼辦

美國也有過白色恐怖，當時的代表性人物就是高舉反共大旗的參議員麥卡錫，所以一九四〇年代後期就叫作麥卡錫年代。那時候政府特工會滲透地下政治集會，看看有沒有人「對國家安全構成威脅」。這些特工受過專業訓練，懂得如何去觀察現場鼓掌的模式。他們會鎖定率先鼓掌的人，叫好叫得最大聲的人，聽到熱血的演講而又哭又笑的人，拍下照片並進行調查。在特工的檔案夾裡面，這些人是所謂「高危險」份子。**在官方臥底的認知中，回應最快的人感覺最有自信，最覺得自己有能力說服別人追隨自己，最具個人魅力擔任領袖**。

在政治色彩較淡的集會中，道理也相通。那些會在第一時間鼓掌，第一時間表達意見，不會左顧右盼，觀察風向，隨時準備見風轉舵的人，才是領導人的材料。

鼓掌要快，才酷！

你人坐在演講廳裡，台上的講者是你所任職公司的總裁，而跟你一道聽他介紹新概念的，還有公司裡其他數百名同事。你懶洋洋地身為無名聽眾裡的一員，心想你的表情對台上的講者來說一點都不重要，因為他根本看不到。其實不然！以我擔任講者的經驗，我可以很負責任地告訴各位，任何一位在台上演說的人，都絕對看得到台下的一舉一動。專屬於某人的每一抹微笑、每一筆蹙眉、每一閃眼中的靈光、每一絲智慧的流露，都會從台上射到台下，再從台下反射回台上！

同樣地，在台上主講的企業總裁也看得到台下在幹嘛。事實上，他會很仔細，很在意地看著台下每個人的神情，然後他心裡會很清楚哪些人有同理心，哪些人沒有，他會知道在面前的人海中，哪些人有潛力跟他平起平坐。問題是：總裁是怎麼看出來的？

很簡單，**總裁知道一個人如果是號人物，就會給予台上的人最大的支持。即便講者的看法他們不見得都同意，贏家們還是會給予熱情鼓勵，因為贏家知道站在台上是什麼感覺**。他們知道不論在台上的人是大貓小貓，都是演講的人，而演講的人都需要台下人的接納，那是講者唯一關心的事。

技巧91：領頭鼓掌，給台上的人鼓勵

不論講台上的大貓有多顯赫的頭銜或資歷，他內心都藏有一隻膽怯的小貓，擔心著自己能不能夠得到台下觀眾的肯定與接納。

贏家看到你主動帶著台下的人鼓掌，就知道你跟他是一掛的。如果你希望

讓台上的貴人對你留下印象，就不要吝於給他掌聲，而且要搶先拍手，成為其他觀衆追隨、加入的領頭羊，讓講者知道你是第一個主動肯定他的人。

總裁講完最後一句話，過程中匠心獨具地想要用情緒感染聽眾，用論理說服聽眾，你覺得這麼用心，這麼在乎台下反應的一個人，會不知道在場者誰第一個噗哧，誰第一個點火，誰第一個點頭嗎？你覺得呢？雖然鞠躬的時候他的頭低低的，但就像麥卡錫時代的特工一樣，他對於誰先拍手、拍了多久，拍得是不是眞心，都一清二楚，知之甚詳！所以不要自暴自棄，不要心存僥倖，一馬當先給他手拍下去、腳跳起來，甚至嘴巴喊出來就對了（當然場合也要稍微看一下），總之人在做、天在看（好吧，至少台上有在看），你的熱情絕不會付諸流水。

不要因爲觀眾人數很少就不好意思帶頭鼓掌，不要因爲這演講不是很正式就覺得沒什麼好鼓掌，不要看別人的反應再決定要不要鼓掌。就算只是三四個人聚在一起聊天，你也應該主動表達對某人發言的認同，比方說你可以大聲說句：「說得好！」，這會讓你在所有人面前顯得有主見、有存在感。

第九十二章 如何能怎麼做，怎麼對

任何時候，任何瞬間，美式足球的球迷都不會不知道比賽現在是幾比幾。就算是號稱人肉啤酒桶的大喬治，就算他在週日足球轉播的電視前已經快要睡著了，也不會不知道比數。只要戳一下他肉肉的啤酒肚，他就會立刻醒來，毫無頓點地告訴你哪隊領先哪隊，幾比幾，差幾分。

在人生的競技場上，贏家就像大喬治一樣。就算看起來在睡覺，他們也始終知道自己跟其他人的分數是幾比幾，誰領先誰多少，即便是親朋好友也不例外。

兩個日本商人遇到一塊，高低立判。這兩個人互相鞠躬的角度，就可以精準地說明尊卑。地位相對低的人，鼻子一定離地比較近。

在美國，我們沒有鞠躬的習慣，但我們有另外一套系統可以分別誰上誰下，當然這套系統也不斷地在演進當中。

在美國，地位較低的一方必須展現禮貌。他必須配合上位者，比方說他必須移樽就教，必須主動表示願意前往對方的辦公室見面，必須適時搶著買單，必須尊重在上位者的行程。如果做不到以上種種，他不會被踩在地上，而是連被踩在地上的機會與資格都沒有。

我有位女性朋友蘿拉就有這樣的遭遇。她研發出一種符合健康概念的奶昔，沒錯，她就是「原音重現」那一章裡面的那位蘿拉。我們上次談到她，是因爲她搞砸了跟連鎖超市大亨佛列德的合作機會，當時是因爲她一會兒反覆問佛列德寄信要寄到哪裡，一會兒抱怨筆沒水了，結果就是讓佛列德枯等，最後也沒有抄對門牌號碼，錯誤簡直是罄竹難書。

但其實，這些都還不是最糟的。在佛列德熱情地邀請蘿拉把健康奶昔的樣品寄給她後，她還很天兵地問佛列德該用哪一家的貨運。佛列德可能說的是聯邦快遞（FedEx）吧，因爲我聽到蘿拉說：「嗯，我的奶昔需要冷藏耶，聯邦的車子有冷藏設備嗎？」

聽到這兒我心一涼，我知道蘿拉已經親口把自己的生意給毀了。她不應該用貨運這些雞毛蒜皮的事情去煩做大生意的人。事實上，有這樣千載難逢的出頭機會，蘿拉應該要隔天立刻親自把樣品給佛列德送過去，再怎麼殷勤，再怎麼「惺惺作態」，都不能算是過分。就算要用鼻子一路把奶昔瓶給滾過去，我也會建議蘿拉照辦。蘿拉很明顯沒有看到天空中大大的隱形記分板，上面寫著佛列德滿分，蘿拉零分。

贏家在拿起筆來寫字，舉起手來打字，拿電話要撥號，伸右手要來握之前，都會先快速評估一下。他們會問自己：「這端關係裡誰占上風？這段關係對誰比較重要？最近誰經常得分？誰的分數領先？我要怎麼做才能把分數追平或超前？」

親兄弟，明算帳

前面說到關係中的兩人頭上會有一面大記分板，而這記分板並非只適用於職場上的互動。即便是親如家族成員或熟識的好友，大家只要瞇著眼抬頭仔細看，大家一定都還是能看到燈號在閃。而就像公開交易的上市股票一樣價格會跳上跳下，這塊記分板上的數字也會天天變動。**什麼事情搞砸了，你就得多做點什麼去補償，才能把分數弭平。為了讓愛能延續下去，你得時時刻刻掌握現在幾比幾**。

幾個月前我在一場會議上認識了一個好朋友叫查理。我們聊起了彼此喜歡吃什麼，他的是家常青醬義大利細扁麵。我喜歡查理，又很會做青醬義大利麵，這樣的巧合讓我大膽地決定邀請他到我家吃晚飯。「好啊。」他說。於是我們約了隔週星期二的七點半。

那個星期二下午，我開始在牆上咕咕鐘的監督下，準備起晚餐約會。聽到咕咕鳥叫了五聲，表示是下午五點了，我趕緊跑去店裡買松子；到了六點，我回到家開始研磨蘿勒跟大蒜；到了七點，我開始捲起餐巾布，擺設桌面，取出全新的蠟燭。喔喔！時間快到了，我趕緊去換衣服，打扮打扮。然後七點半到了，我也都準備好了，最後青醬跟我一同加入了等待的行列。

但是八點來了又走，都沒有看到我的朋友。嗯，我想，我先把酒打開，醒個酒好了。然後又過了一個小時，還是沒查理的身影。咕咕鳥這時叫了我九聲，而我實在是不能再假裝沒聽到了，查理眞的把我給「放鳥」了，只是這隻鳥不是咕咕鳥，而是隻鴿仔。

隔天查理來電，很誠懇地道了歉，並且給了個不能說不可能的理由：他的車半途拋錨了。「天啊，眞的喔，你沒事吧。」我說。我內心想的是：你是被火星人綁架了喔？你是被傳送到另外一個電話還沒有發明的星球了喔？但我忍下來了。加上他確實聽起來很誠懇，於是我幾乎決定要原諒他了，我說幾乎，是因爲他問了下面這個問題。

他很明顯沒有抬頭看看天上的記分板，沒意會到自己現在其實是嚴重落後，因爲他不但沒有邀請我去高檔餐廳吃青醬義大利麵做爲補償，反而脫口問了這麼一句：「我們要改約什麼時候到你家吃麵？」

下輩子吧，查理！

技巧92：舉頭三尺有塊計分板

任何兩個人，都有一塊記分板飄在空中。上面的數字會不斷地變動，唯一不變的是：分數落後的人要對領先的人低頭，你要是膽敢不去管現在幾比幾，下場就是被驅逐出場，強迫退休。

你的命運

這本書到了尾聲，你會發現我們在過程中介紹了很多人。很多人的名字不是眞名，但他們的故事都是眞的。最近我決定要去更新這些跟我曾經有緣分相遇的人的現況，看看他們現在過得好不好，看看他們現在在忙些什麼。

蘿拉，那位想要賣奶昔賺大錢但忘了看計分板的蘿拉，現在又回去做原本的正職工作了；山姆，那位想讓我對他請來的人講話卻不先講明而把我惹毛的山姆，已經沒工作了；桑尼，那位急著打電話找工作的表弟，現在還在加油站打工；塔妮亞，那位有恩就要人馬上報的塔妮亞，已經離開了那家高級職業仲介公司，失去了那份人人稱羨的工作；可憐的珍，五年前在聖誕舞會上嗆老闆的收發室職員，現在還是在包包裹；

丹，那位答錄機留言超長的丹，現在在查號台或電話簿裡已經沒有他的電話登記了，這對一位想要以演講爲生的人來說，絕對不是什麼好事。

貝瑞，那位去電就會先問「你現在是什麼燈號，方便嗎？」的貝瑞，後來被美國國家脫口秀主持人協會選爲年度最佳廣播人員；喬治，那位用名片櫃去記錄所有人脈的喬治，現在已經是州參議員了。

眼球行銷專家吉米最近剛被寫進《成功》雜誌；史提夫，那位訓練手下員工去暗示每個來電者「喔，是你喔！」的史提夫，現在是專業收費講者中的當紅炸子雞；提姆，那位四處靠著「隔山打牛」的功夫享受著VIP禮遇的強者提姆，現在是旅行社的老闆；葛蘿莉亞，我那位擅於自我介紹的髮型設計師，最近在紐約最時尚的第五大道開了自己的美髮沙龍。

這些例子是表示某人惹到我，或惹到錯的人，就必須得要萬劫不復嗎？而第二種人只是因爲能讓人開心微笑，就可以平步青雲，心想事成嗎？當然不是。我在書裡提到的是他們的某個個別的行爲，但那些行爲背後其實是正確態度的日積月累。

想想，如果你被蘿拉、山姆、桑尼、塔妮亞、珍、丹惹毛過，然後他們有天突然打電話給你，你會想認眞幫他們的忙嗎？我想不會吧。這是人性，以往的不爽你還是會有記憶。

Change & Transform

想 改 變 世 界 · 先 改 變 自 己

Change & Transform

想改變世界・先改變自己